DeepSeek

Explorando los límites
de la Inteligencia Artificial

DeepSeek

Explorando los límites
de la Inteligencia Artificial

Elsa Rubio Duce

La ley prohíbe
fotocopiar este libro

DeepSeek. Explorando los límites de la Inteligencia Artificial
Thema: UYQD Inteligencia Artificial General
Bisac: COM004000
© Elsa Rubio Duce
© De la edición: Ra-Ma 2025

Editado por:
RA-MA Editorial
Calle Jarama, 3A, Polígono Industrial Igarsa
28860 PARACUELLOS DE JARAMA, Madrid
Teléfono: 91 658 42 80
Fax: 91 662 81 39
Correo electrónico: *info@grupoeditorialrama.com*
Internet: *www.ra-ma.es* y *www.ra-ma.com*
ISBN impreso: 979-13-87764-08-1
ISBN ePub: 979-13-87764-09-8
Depósito legal: M-8012-2025
Maquetación: Antonio García Tomé
Diseño de portada: Antonio García Tomé
Filmación e impresión: Safekat
Impreso en España en abril de 2025

Para quienes saben que entender lleva tiempo.
Y aún así, insisten.

ÍNDICE

ACERCA DE LA AUTORA

Elsa Rubio Duce

Graduada en Antropología Social y Cultural y con una pasión innata por la redacción y creación de contenido. Profesional autónoma especializada en la gestión de proyectos editoriales y el desarrollo de contenido formativo, con una amplia experiencia en tecnologías educativas y desarrollo web. Su dominio abarca el manejo de herramientas de IA como ChatGPT 4.0, Copilot, Perplexity, Gemini y Midjourney. Posee experiencia en lenguajes de programación como HTML5, CSS3 y JavaScript, así como conocimientos en Python, utilizado en el análisis de datos, machine learning y automatización de flujos de trabajo.

INTRODUCCIÓN

En un mundo donde la información es clave, contar con herramientas avanzadas de búsqueda e inteligencia artificial puede marcar la diferencia. Este manual tiene como objetivo proporcionar una visión completa sobre DeepSeek, desde sus fundamentos hasta su aplicación práctica en distintos ámbitos. A lo largo de sus secciones, exploraremos su funcionamiento interno, sus capacidades de inteligencia artificial y cómo puede utilizarse de manera eficiente para mejorar la productividad, el aprendizaje y la toma de decisiones. También abordaremos aspectos esenciales como la ética, la seguridad y las perspectivas futuras de esta tecnología, asegurando un enfoque equilibrado entre su potencial y los desafíos que plantea.

INTRODUCCIÓN A DEEPSEEK

En esta sección exploraremos qué es DeepSeek, cómo ha evolucionado y quiénes pueden beneficiarse de su uso. DeepSeek es una inteligencia artificial avanzada que permite acceder a información de manera eficiente y precisa, pero ¿qué lo hace diferente de otras herramientas? Aquí analizaremos su propósito, su desarrollo a lo largo del tiempo y los sectores que pueden aprovechar su potencial. También veremos su impacto en la sociedad, desde la mejora de la productividad personal hasta su papel en la reducción de la brecha digital.

1.1 ¿QUÉ ES DEEPSEEK?

DeepSeek es como un buscador de información, pero con superpoderes. mientras que los motores de búsqueda tradicionales solo te muestran enlaces, DeepSeek va un paso más allá: entiende lo que estás buscando, analiza la información relevante y te la presenta de forma clara y organizada gracias a su inteligencia artificial basada en redes neuronales y aprendizaje profundo, puede responder preguntas complejas, filtrar datos poco fiables y ofrecer explicaciones detalladas sin que tengas que perder tiempo revisando cientos de páginas, su objetivo es facilitar el acceso al conocimiento y hacerlo más preciso, útil y rápido para cualquier tipo de usuario.

1.1.1 Definición y propósito

DeepSeek es un **modelo avanzado de inteligencia artificial especializado en el procesamiento y búsqueda de información**. Su tecnología se basa en **redes neuronales y aprendizaje profundo (Deep Learning)**, lo que le permite interpretar preguntas complejas, analizar grandes volúmenes de datos, identificar información relevante, filtrar contenido poco fiable y presentar resultados adaptados a cada contexto generando respuestas con un alto nivel de precisión. A diferencia de los motores de búsqueda tradicionales, que simplemente devuelven enlaces a páginas web, DeepSeek **comprende el significado de las consultas**, extrae información clave y la presenta de manera estructurada y comprensible.

El propósito de DeepSeek es **hacer que el acceso a la información sea más rápido, eficiente y útil para el usuario**, reduciendo la necesidad de explorar múltiples fuentes o realizar búsquedas repetitivas. Su tecnología no solo mejora la precisión de los resultados, sino que también **filtra información irrelevante, detecta fuentes poco confiables y ofrece explicaciones detalladas sobre los temas consultados**. Esto lo hace especialmente valioso en entornos donde la información está fragmentada o es difícil de interpretar, como documentos técnicos, investigaciones científicas o textos legales.

Además, DeepSeek **se adapta a distintos tipos de usuarios**. Puede ayudar a profesionales a analizar grandes volúmenes de datos, a estudiantes a encontrar material educativo sin perder tiempo en fuentes poco fiables y a empresas a optimizar sus procesos de búsqueda de información. Gracias a su capacidad para **procesar múltiples idiomas y formatos de texto**, es una herramienta versátil que amplía el acceso al conocimiento en todo el mundo.

En pocas palabras, DeepSeek no es solo un buscador, sino un **asistente de conocimiento impulsado por inteligencia artificial**, diseñado para ofrecer información relevante, bien estructurada y adaptada a cada usuario. Su propósito final es **hacer que la información sea más accesible y útil, optimizando el tiempo y mejorando la comprensión de los datos en cualquier ámbito**.

DeepSeek destaca por su enfoque de código abierto, lo que significa que cualquier persona o empresa puede acceder a su tecnología y adaptarla a sus necesidades, algo poco común en la industria. Actualmente, ofrece tres modos principales de uso, según lo que necesites:

▼ **Modo por defecto (DeepSeek-V3)**

- Es la opción estándar y más sencilla.

- Ideal para búsquedas generales, generación de texto y atención al cliente.

- Su rendimiento es comparable al de modelos como GPT-4.

▼ **Modo R1 (DeepSeek-R1)**

- Especializado en análisis de problemas complejos.

- Muestra cómo llega a sus conclusiones, desglosando el razonamiento paso a paso.

- Muy útil para matemáticas, optimización de código y estrategias empresariales.

▼ **Modo Search**

- Accede a información en tiempo real desde internet.

- Perfecto para consultas actualizadas, seguimiento de noticias y resultados en vivo.

Uno de sus puntos fuertes es su eficiencia. Mientras que entrenar un modelo similar en OpenAI cuesta cientos de millones, DeepSeek ha conseguido resultados comparables con mucha menos inversión. Además, su sistema **DeepThink** permite analizar contextos más complejos y dar respuestas más detalladas, algo muy útil para quienes necesitan información bien estructurada.

DeepSeek utiliza redes neuronales y aprendizaje profundo para analizar datos con gran precisión. Su funcionamiento sigue una secuencia estructurada: primero, recopila información de diversas fuentes, luego aplica procesamiento de lenguaje natural (NLP) para comprender y organizar los datos, después optimiza los resultados utilizando modelos predictivos que identifican patrones y, finalmente, genera resúmenes y recomendaciones útiles basadas en el análisis realizado.

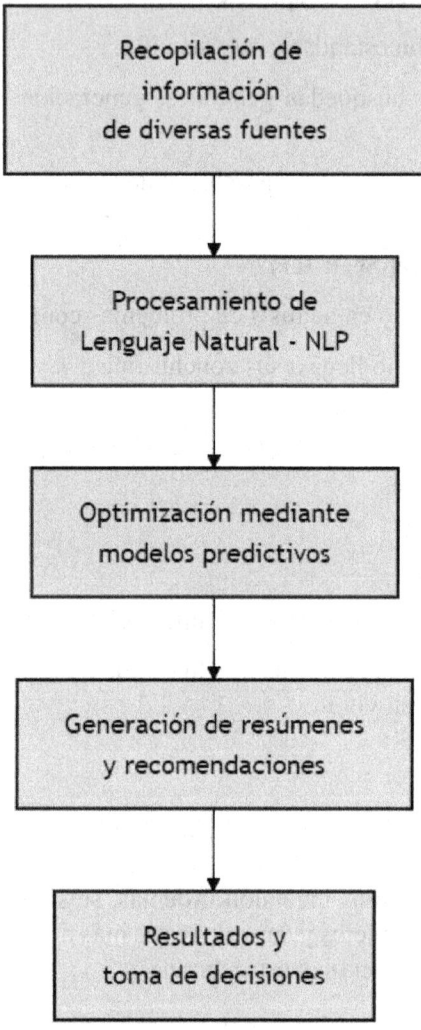

Flujo lógico del proceso, desde la recopilación de datos hasta la
obtención de resultados útiles para la toma de decisiones.

¿Cómo empezar a usar DeepSeek-V3?

Si te interesa probar **DeepSeek-V3**, existen dos maneras de hacerlo:

- ▶ **Ejecutarlo en tu propio ordenador** (descargable en *https://lmstudio.ai*).
- ▶ **Usarlo en la nube** sin necesidad de descargar nada.

1.1.2 Comparación con otros sistemas de búsqueda e inteligencia artificial

Para entender las ventajas de DeepSeek, conviene compararlo con otros motores de búsqueda e inteligencias artificiales que se usan habitualmente. La mayoría de los buscadores tradicionales, por ejemplo, se centran en **encontrar coincidencias de palabras clave** y **mostrar enlaces** relacionados, dejando al usuario la tarea de filtrar los resultados. En cambio, otras IA pueden enfocarse en **generar texto** o en **clasificar contenido** sin ofrecer una experiencia de búsqueda tan completa.

DeepSeek combina lo mejor de ambos enfoques: **comprende la intención** detrás de la consulta y **analiza en profundidad** la información disponible, lo que facilita recibir respuestas más precisas y útiles. A diferencia de muchas IA que se entrenan para un propósito específico, DeepSeek **integra diversas tecnologías** (procesamiento del lenguaje natural, filtrado avanzado y detección de fuentes poco fiables) para dar un **servicio de búsqueda y análisis más amplio**. De esta manera, se consigue reducir el ruido en los resultados y se favorece un acceso más rápido a contenidos realmente relevantes.

Además de los motores de búsqueda clásicos y de las inteligencias artificiales orientadas a la generación de texto, existen otras herramientas diseñadas para propósitos muy específicos, como la traducción automática o la clasificación de grandes volúmenes de datos. Muchas de ellas se basan en algoritmos que funcionan bien dentro de un ámbito limitado, pero que no siempre ofrecen una solución integral a la hora de encontrar información y presentarla de manera sencilla. En estos casos, si se requiere, por ejemplo, entender el contexto completo de un documento extenso o comprobar la fiabilidad de las fuentes, se necesita complementar ese sistema con otras aplicaciones.

DeepSeek aporta un **enfoque integral** que no se limita a una sola función, sino que **combina capacidades avanzadas** de inteligencia artificial para cubrir un abanico amplio de necesidades. En primer lugar, procesa el lenguaje natural con mayor profundidad, por lo que no se centra únicamente en las palabras clave introducidas, sino que también **detecta la intención** y el **contexto** de la pregunta. Esto permite, por ejemplo, que, si se formulan dudas complejas o se redactan consultas con cierto grado de ambigüedad, DeepSeek logre interpretar el significado real y evitar malentendidos.

Por otro lado, se diferencia de los sistemas de generación de texto puro, que a menudo devuelven respuestas coherentes, pero pueden carecer de veracidad si no disponen de una buena base de datos o de un proceso que evalúe la fiabilidad de la información. En este sentido, DeepSeek se apoya en **módulos de filtrado inteligente** que revisan la consistencia de la información y descartan fuentes poco confiables, reduciendo así el riesgo de desinformación o datos inexactos. De este modo, no solo se obtiene una respuesta, sino que se puede tener mayor seguridad de que los contenidos estén respaldados por referencias sólidas.

Asimismo, conviene destacar que, a diferencia de ciertos motores de búsqueda tradicionales que muestran enlaces genéricos, DeepSeek **prioriza la relevancia** de los resultados para cada tipo de consulta. Al no basarse únicamente en la popularidad o en la optimización de posicionamiento, se minimiza la posibilidad de perder información valiosa que no haya sido ampliamente divulgada en la red. Para ello, hace uso de **mecanismos de indexación y categorización** que jerarquizan el conocimiento de manera más precisa y contextual.

Otra de las características que marcan la diferencia es la **integración con herramientas analíticas**. Muchos sistemas de IA están pensados para una tarea concreta y requieren de extensiones para llevar a cabo análisis más complejos, como la detección de patrones avanzados o el seguimiento de tendencias a lo largo del tiempo. Con DeepSeek, es posible **recopilar y examinar información procedente de múltiples fuentes** (bases de datos, textos académicos, redes sociales, etc.) en un mismo proceso, lo que ofrece una visión panorámica de los datos. Esto resulta útil, por ejemplo, en investigaciones académicas, proyectos empresariales o para la toma de decisiones estratégicas basadas en datos más completos.

También vale la pena resaltar que DeepSeek **adopta un enfoque más personalizado**, ya que se ajusta al perfil de cada usuario o proyecto. Por ejemplo, cuando se realizan consultas con un alto nivel de detalle, el sistema puede profundizar en subtemas y hasta generar enlaces explicativos o resúmenes temáticos. De esta forma, **no se obliga** a quien investiga a revisar decenas de resultados aparentemente similares, sino que la información se organiza en bloques de conocimiento más manejables.

Si se compara con sistemas enfocados en la traducción automática, DeepSeek también incorpora esa función de manera secundaria, pero la complementa con la **capacidad de contextualizar y explicar términos** en el idioma de destino, lo que contribuye a que el entendimiento sea más preciso. Esto significa que no solo traduce, sino que también aclara dudas léxicas, sin que sea necesario consultar un diccionario aparte o emplear otra aplicación que cumpla ese rol.

Respecto a la **explotación de datos** (Big Data), DeepSeek ofrece facilidades para la exploración y el análisis, pero sin demandar que la persona tenga conocimientos técnicos especializados. Por ello, si se precisa localizar patrones en informes extensos, identificar tendencias de búsqueda en redes sociales o extraer la esencia de un documento legal, la IA puede realizar buena parte de la tarea de forma automática y presentar solo los resultados más pertinentes o destacados.

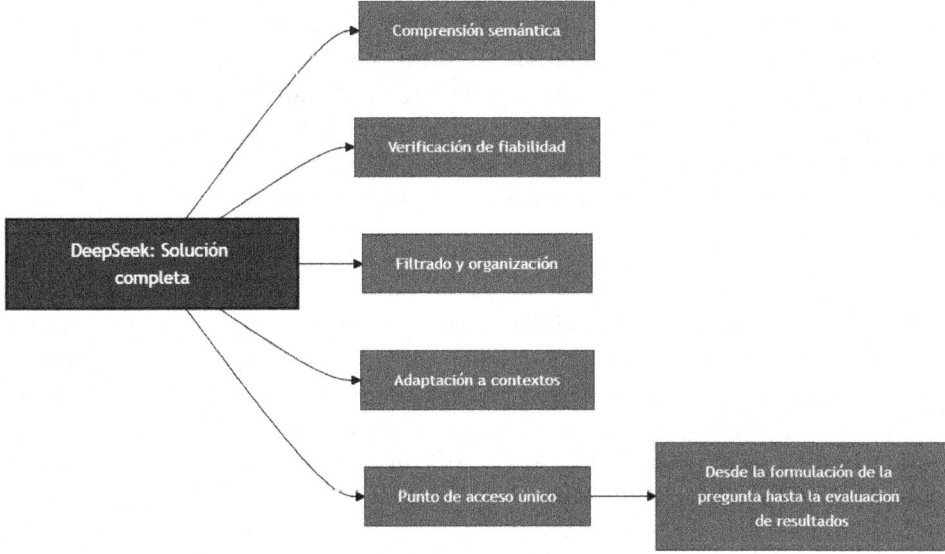

En suma, frente a otros sistemas, DeepSeek se perfila como una **solución de búsqueda y análisis más completa**, al abarcar la comprensión semántica, la verificación de la fiabilidad de las fuentes, la capacidad de filtrar y organizar información diversa, y la adaptación a contextos específicos. De esta manera, se reduce la necesidad de recurrir a varias plataformas para cubrir las distintas facetas de una investigación o búsqueda, y se ofrece un punto de acceso único que concentra todo el proceso.

En comparación con otros modelos de generación de texto como **ChatGPT (OpenAI), Gemini (Google) y Claude (Anthropic)**, **DeepSeek** se presenta como una alternativa que prioriza la eficiencia y el acceso abierto. Mientras que modelos como **ChatGPT y Gemini** cuentan con un alto grado de desarrollo y una fuerte integración con sus respectivos ecosistemas tecnológicos, **DeepSeek** se enfoca en ofrecer un rendimiento competitivo con un enfoque más optimizado en términos de recursos y accesibilidad.

A diferencia de **Claude**, que destaca por su alineación con valores de seguridad y ética en la generación de texto, **DeepSeek** se orienta más hacia la eficiencia computacional y el desarrollo de modelos accesibles para la comunidad de código abierto. Comparado con **Mistral o LLaMA**, que también ofrecen modelos de código abierto, **DeepSeek** busca equilibrar el rendimiento con un enfoque adaptable a múltiples usos, especialmente en el ámbito del lenguaje chino y en aplicaciones técnicas.

Cuando se dice que **DeepSeek** es de código abierto, significa que su arquitectura, entrenamiento y pesos del modelo están disponibles públicamente para que cualquier persona o empresa los use, modifique y personalice. Esto lo diferencia de modelos como **ChatGPT (OpenAI), Gemini (Google) o Claude (Anthropic)**, que son cerrados y solo pueden usarse a través de sus plataformas sin acceso directo al código fuente. En términos prácticos, el código abierto de DeepSeek permite que investigadores, desarrolladores y empresas adapten el modelo a sus propias necesidades sin depender de una licencia propietaria o de los servidores de una empresa específica.

Otra diferencia importante es el **enfoque principal** de cada modelo. Mientras que modelos como **ChatGPT, Gemini y Claude** están optimizados para conversación y generación de contenido con un énfasis en seguridad y control de sesgos, **DeepSeek** se centra en ofrecer una IA eficiente y accesible, especialmente en el ámbito del código abierto y la optimización para uso práctico. Esto lo acerca más a modelos como **Mistral, LLaMA y Falcon AI**, que también apuestan por la apertura y la personalización.

Modelo	Última versión	Código abierto	Enfoque principal	Idiomas principales	Ventajas	Popularidad
ChatGPT (OpenAI)	GPT-4 Turbo	No	Conversación, contenido, código	Multilingüe	Popular, potente, integración con API	Muy alta
Gemini (Google)	Gemini 1.5	No	Conversación, integración con Google	Multilingüe	Acceso a web en tiempo real, Google Docs	Alta
Claude (Anthropic)	Claude 3	No	Conversación, ética y seguridad	Inglés	Respuestas más seguras y éticas	Creciendo
DeepSeek (China)	DeepSeek-V3	Sí	Código abierto, IA eficiente	Chino, inglés	Eficiencia, código abierto	Alta en China, creciendo globalmente
Mistral (Francia)	Mistral 7B, Mixtral	Sí	Investigación, código abierto	Multilingüe	Optimizado para investigación	En crecimiento
LLaMA (Meta)	LLaMA 2	Sí	Investigación, IA de código abierto	Multilingüe	Modelo personalizable de código abierto	Alta en investigación
Copilot (Microsoft)	GPT-4 (base de Copilot)	No	Productividad, integración con Microsoft	Multilingüe	Integración con Office, productividad	Alta en empresas
Perplexity AI	Propio + GPT	No	Búsqueda con IA	Multilingüe	Respuestas con fuentes verificables	Creciendo como alternativa a Google
Falcon AI (EAU)	Falcon 40B	Sí	NLP, modelos abiertos para investigación	Multilingüe	Alta capacidad, IA abierta	Alta en código abierto

En cuanto a los **idiomas**, DeepSeek está optimizado principalmente para **chino e inglés**, lo que refleja su origen en China y su enfoque en la comunidad de habla china, aunque con una expansión progresiva al ámbito internacional. En contraste, modelos como **ChatGPT, Gemini, Mistral y Falcon AI** tienen un enfoque más multilingüe, mientras que **Claude** se especializa más en inglés.

En términos de **ventajas**, DeepSeek destaca por su **eficiencia y accesibilidad**, lo que lo hace atractivo para desarrolladores y empresas que buscan una alternativa abierta y optimizable. Sin embargo, su popularidad sigue concentrada en China y su expansión global aún está en proceso, a diferencia de modelos como **ChatGPT o Gemini**, que ya tienen una adopción masiva a nivel mundial.

En términos de **popularidad**, DeepSeek tiene un alto reconocimiento en China y está creciendo a nivel global, aunque todavía está lejos de la presencia que tienen los modelos de OpenAI, Google o Microsoft. Sin embargo, al ser de código abierto, tiene el potencial de ser adoptado y modificado ampliamente, lo que podría aumentar su uso en entornos académicos, empresariales y de investigación, como ha sucedido con **LLaMA, Mistral y Falcon AI**.

Gracias a su naturaleza de código abierto y eficiencia optimizada, DeepSeek tiene aplicaciones diversas que lo diferencian de otros modelos de IA. En el ámbito de la **investigación y desarrollo**, puede ser una opción ideal para universidades, centros de investigación y startups que necesitan entrenar modelos específicos sin depender de plataformas comerciales. Su accesibilidad permite que se realicen experimentos con procesamiento de lenguaje natural (NLP), generación de texto o incluso traducción automática sin restricciones de licencias propietarias.

En el **sector empresarial**, DeepSeek ofrece oportunidades a compañías que buscan integrar inteligencia artificial en sus productos sin depender de terceros.

Empresas que manejan grandes volúmenes de datos pueden utilizarlo para crear asistentes personalizados, herramientas de análisis de documentos o soluciones de automatización que se adapten completamente a sus necesidades. Además, al ser más eficiente, puede representar un ahorro en costos computacionales frente a otros modelos más pesados y cerrados.

En el **desarrollo de software y programación**, DeepSeek puede ser una alternativa para generar código, revisar errores y mejorar la productividad de los desarrolladores. Aunque modelos como Copilot de Microsoft se centran en este ámbito, el hecho de que DeepSeek sea abierto permite su integración en entornos donde se prefiera una mayor personalización y control de datos, especialmente en empresas que buscan independencia de grandes proveedores tecnológicos.

Otro sector donde puede tener impacto es en la **traducción y procesamiento de idiomas**, especialmente en chino e inglés, los idiomas para los que está mejor optimizado. Esto lo hace útil en herramientas de traducción automática, chatbots para empresas con presencia en mercados asiáticos o aplicaciones de aprendizaje de idiomas. A medida que se expanda su soporte para más idiomas, su adopción en mercados internacionales podría crecer.

Por último, su potencial en **ciberseguridad y privacidad** es notable. Al ser un modelo abierto, permite que empresas e instituciones diseñen soluciones seguras sin depender de servidores externos, lo que reduce riesgos asociados a la privacidad de los datos. Esto es una ventaja en sectores donde la confidencialidad es prioritaria, como el financiero, el legal o el gubernamental, donde la adopción de modelos cerrados puede implicar riesgos de acceso no autorizado a la información.

DeepSeek se posiciona como una alternativa atractiva para quienes buscan un equilibrio entre eficiencia, accesibilidad y adaptabilidad. A medida que crezca su comunidad de usuarios y desarrolladores, es probable que su aplicación se diversifique aún más, abarcando desde el análisis de datos hasta el desarrollo de soluciones de inteligencia artificial personalizadas.

1.1.2.1 COMPARATIVA CON GPT-4

El mundo de la inteligencia artificial ha entrado en una nueva era con la llegada de **DeepSeek**, un modelo de IA desarrollado en China que promete desafiar el dominio de **ChatGPT**. Con una filosofía basada en el código abierto y un enfoque en la eficiencia, DeepSeek ha generado un impacto notable en el mercado tecnológico. Pero, ¿realmente tiene lo necesario para desplazar a ChatGPT como el modelo de referencia en IA conversacional?

DeepSeek nació con una visión clara: **hacer la inteligencia artificial accesible para todos** a través de un modelo de código abierto. En contraste con el enfoque comercial de OpenAI con ChatGPT, DeepSeek apuesta por la transparencia y la colaboración comunitaria.

Uno de los aspectos más llamativos de su desarrollo es su **eficiencia en costes y tiempo**. Mientras que el entrenamiento de ChatGPT requirió una inversión estimada de **500 millones de dólares**, DeepSeek se entrenó en **solo dos meses con un presupuesto de 6 millones de dólares**. Esto demuestra que es posible desarrollar IA avanzada sin necesitar infraestructuras masivas.

Desde su lanzamiento, el modelo ha evolucionado rápidamente, alcanzando hitos clave como:

- Capacidades comparables a modelos comerciales como ChatGPT.

- Uso de arquitecturas avanzadas, incluyendo la estructura Mixture of Experts (MoE) y técnicas innovadoras como atención latente de múltiples cabezas (MLA) y predicción de múltiples tokens (MTP).

- Aplicaciones específicas para sectores industriales, optimizando tareas técnicas y matemáticas.

- Colaboración con la comunidad de desarrolladores, permitiendo mejoras constantes a través de su código abierto.

DeepSeek-V3 representa una alternativa poderosa y accesible para quienes buscan integrar inteligencia artificial en el sector de la arquitectura y la construcción. Con un enfoque eficiente y de código abierto, promete ser una herramienta clave para optimizar procesos y mejorar la toma de decisiones.

DeepSeek-V3 es un modelo de IA de última generación basado en la arquitectura **Mixture of Experts (MoE)**. En lugar de activar todos sus parámetros al mismo tiempo, como hacen los modelos tradicionales, DeepSeek utiliza solo los necesarios para cada tarea específica. Esto se traduce en un menor consumo de recursos y tiempos de respuesta más rápidos. En cambio, **GPT-4 utiliza una arquitectura densa**, donde todos los parámetros se activan simultáneamente, lo que garantiza precisión en respuestas generales, pero con un mayor consumo de recursos.

Esta diferencia implica que **DeepSeek-V3** es más eficiente en tareas específicas como el análisis técnico, mientras que **GPT-4** es más adecuado para un uso versátil en diferentes áreas sin necesidad de personalización.

Ambos modelos cuentan con **ventanas de contexto amplias de hasta 128.000 tokens**, lo que les permite procesar grandes volúmenes de información en una sola consulta. Esto es especialmente útil en proyectos que requieren el manejo de planos, normativas y documentación extensa.

GPT-4, aunque ofrece una capacidad avanzada en generación de texto y análisis, tiene un coste mucho más alto, lo que puede representar una barrera para empresas pequeñas o medianas.

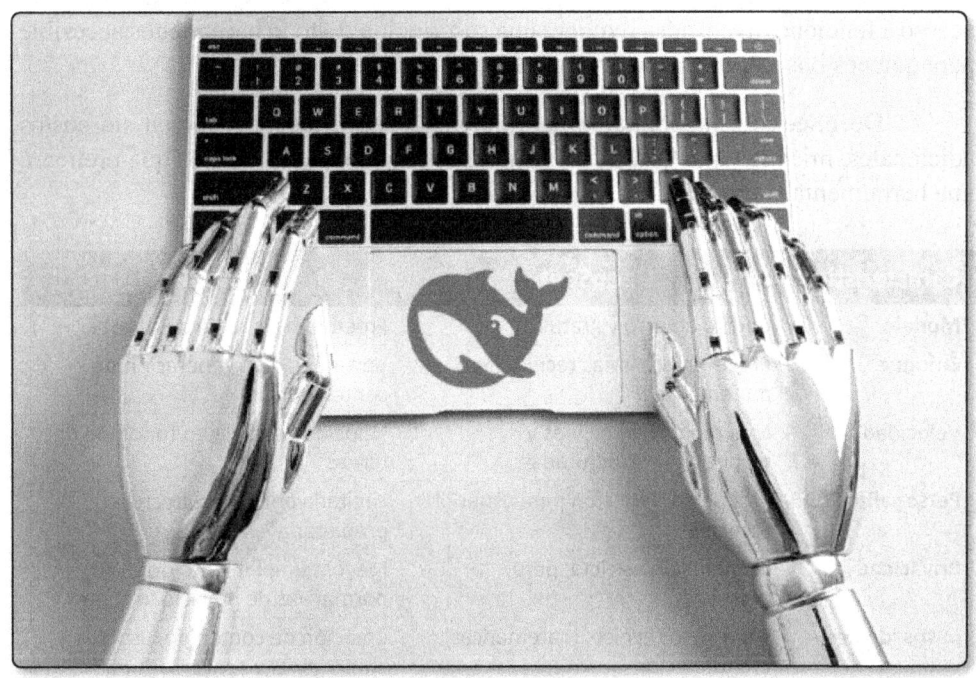

Si bien ambos modelos ofrecen soluciones avanzadas en inteligencia artificial, sus diferencias en arquitectura, rendimiento y accesibilidad hacen que cada uno sea más adecuado para distintos casos de uso.

DeepSeek utiliza un sistema basado en **Mixture of Experts (MoE)**, lo que le permite activar solo los parámetros necesarios para cada tarea. Con **671.000 millones de parámetros**, su diseño lo hace más eficiente en tareas matemáticas y técnicas, logrando **un 90% de precisión en cálculos complejos**.

Por su parte, **ChatGPT utiliza una arquitectura de transformador tradicional**, donde todos los parámetros se activan simultáneamente. Esto lo hace más versátil en el manejo de conversaciones y generación de contenido, pero con un mayor consumo de recursos.

En pocas palabras: DeepSeek es más preciso en tareas técnicas, mientras que ChatGPT ofrece una mejor comprensión contextual en conversaciones generales.

Uno de los mayores atractivos de DeepSeek es que es **gratuito y de código abierto**, permitiendo que cualquier persona o empresa lo adapte a sus necesidades sin pagar suscripciones o depender de licencias propietarias.

En cambio, **ChatGPT funciona bajo un modelo freemium**, donde el acceso a funciones avanzadas requiere una suscripción. Esto lo hace menos accesible para quienes buscan una solución completamente libre.

DeepSeek es más rentable para quienes buscan personalización sin costos adicionales, mientras que ChatGPT es más conveniente para usuarios que prefieren una herramienta lista para usar.

Característica	DeepSeek	ChatGPT
Modelo	Código abierto y gratuito	Freemium (modelo de pago)
Enfoque	Precisión en tareas técnicas y matemáticas	Versatilidad en generación de contenido
Velocidad	Más rápido en cálculos y respuestas estructuradas	Velocidad estable en todo tipo de tareas
Personalización	Alta personalización para usuarios técnicos	Limitada por la arquitectura propietaria
Privacidad	Moderación estricta, pero accesible	Mayor cumplimiento de normativas de privacidad
Casos ideales	Desarrollo técnico, matemáticas, programación	Creación de contenido, uso empresarial y conversacional

Como sabemos, uno de los aspectos más innovadores de DeepSeek es su **apuesta por el código abierto**. Esto permite que cualquier persona pueda acceder a su tecnología, modificarla y adaptarla según sus necesidades.

Este enfoque ha generado un ecosistema colaborativo donde desarrolladores de todo el mundo han comenzado a crear herramientas personalizadas basadas en DeepSeek, algo que no es posible con ChatGPT, cuyo código base es propietario y cerrado.

> ▶ **Beneficios para desarrolladores:** posibilidad de personalizar la IA para aplicaciones específicas sin restricciones.

> ▶ **Democratización de la IA:** empresas y organizaciones sin grandes presupuestos pueden acceder a modelos avanzados sin pagar costos elevados.

> ▶ **Aplicaciones diversas:** desde educación hasta salud, el código abierto permite que DeepSeek se utilice en sectores donde antes no era viable implementar IA de alto nivel.

1.2 HISTORIA Y EVOLUCIÓN DE DEEPSEEK

DeepSeek nació con la idea de ofrecer un modelo de inteligencia artificial potente y accesible. A diferencia de otras IA que requieren grandes inversiones en infraestructura, su equipo de desarrollo apostó por un enfoque más eficiente y de código abierto. En poco tiempo, la herramienta ha evolucionado con nuevas versiones optimizadas, logrando un rendimiento equiparable al de gigantes del sector como OpenAI.

1.2.1 Orígenes del proyecto y equipo de desarrollo

DeepSeek nació en **China en 2023**, impulsada por la startup del mismo nombre con sede en **Hangzhou**. Su fundador principal es **Liang Wenfeng**, un emprendedor que también dirige el fondo de cobertura cuantitativo High-Flyer. A finales de ese año, el proyecto comenzó a ganar notoriedad en círculos especializados de IA por su propuesta de crear **modelos de inteligencia artificial abiertos y eficientes**, con el fin de competir directamente con grandes actores del sector como OpenAI. El equipo, formado inicialmente por graduados de prestigiosas universidades chinas, centró sus esfuerzos en desarrollar un **modelo de búsqueda y análisis** capaz de procesar información compleja sin requerir una infraestructura excesivamente costosa.

La empresa tiene su sede en **Hangzhou** y ha despertado un gran interés por su **modelo de inteligencia artificial "R1"**, el cual se ha comparado con las tecnologías de OpenAI y Microsoft Corp. Parte de la relevancia de DeepSeek radica en que **opera con un coste de desarrollo muy inferior** al de otros grandes proyectos de IA, lo que ha generado preocupación en Silicon Valley y en la industria tecnológica estadounidense.

Aunque no se detalla el tamaño exacto de su equipo de desarrollo, sí se sabe que la mayoría de los investigadores de DeepSeek son **recién graduados de prestigiosas universidades chinas**, según declaraciones del propio Liang. También se ha enfatizado la relevancia de contar con un **ecosistema nacional robusto** para sortear las restricciones de Estados Unidos a la exportación de chips avanzados, algo que, según los fundadores, ha impulsado un enfoque más eficiente de la investigación y desarrollo de la inteligencia artificial dentro de China.

Este enfoque más "ligero" y económico permite al equipo de DeepSeek **avanzar con menor dependencia de la última generación de hardware** y, a la vez, ha propiciado que los ingenieros optimicen al máximo los recursos disponibles. En ese sentido, el trabajo de este grupo se orienta tanto a la búsqueda de **soluciones de IA de alto rendimiento** como a la construcción de una **infraestructura en la nube** capaz de sostener el rápido crecimiento de usuarios que ha experimentado la plataforma.

1.2.2 Grandes hitos tecnológicos en su evolución

El primer hito de gran relevancia se produjo el **11 de enero de 2025**, cuando DeepSeek lanzó su aplicación en la App Store. En cuestión de tres semanas, logró **superar en descargas a ChatGPT** y se convirtió en una alternativa muy llamativa para usuarios que buscaban un asistente de inteligencia artificial más abierto y económico. El **27 de enero de 2025**, los resultados de la plataforma provocaron un fuerte impacto en el mercado tecnológico: varias empresas consolidadas en el sector, como Nvidia, sufrieron caídas significativas en sus cotizaciones debido a la demostración de que DeepSeek podía obtener **rendimientos similares a un costo muy inferior**.

En el ámbito técnico, la aparición de **dos modelos principales** (DeepSeek-V3 y DeepSeek-R1) marcó un nuevo estándar en la eficiencia de la inteligencia artificial. DeepSeek-V3 aplicó **aprendizaje profundo** para ofrecer resultados rápidos y concretos, mientras que DeepSeek-R1, la versión más reciente, introdujo un **análisis más interactivo y personalizado** que situó a la herramienta a la altura de modelos líderes de empresas como Microsoft Corp. o Meta.

Evolución de los modelos de DeepSeek:

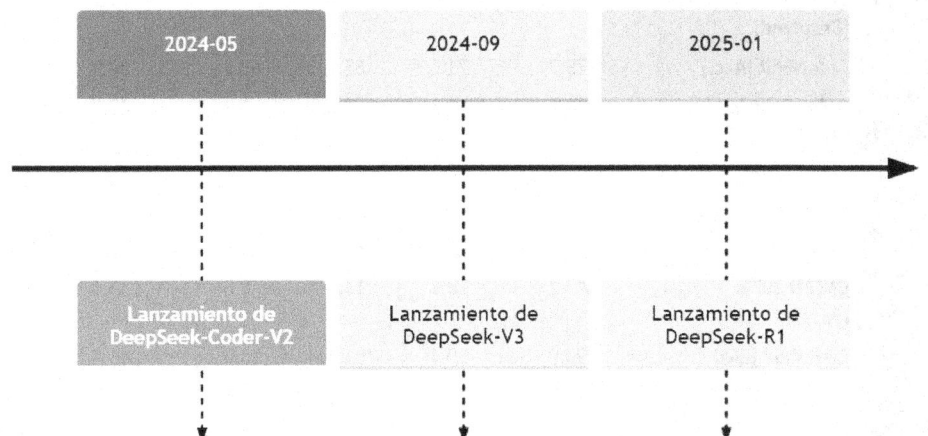

	Benchmark (Metric)	DeepSeek V3	DeepSeek V2.5	Qwen2.5	Llama3.1	Claude-3.5	GPT-4o
English	Architecture	MoE	MoE	Dense	Dense	-	-
	# Activated Params	37B	21B	72B	405B	-	-
	# Total Params	671B	236B	72B	405B	-	-
	MMLU (EM)	88.5	80.6	85.3	88.6	88.3	87.2
	MMLU-Redux (EM)	89.1	80.3	85.6	86.2	88.9	88.0
	MMLU-Pro (EM)	75.9	66.2	71.6	73.3	78.0	72.6
	DROP (3-shot F1)	91.6	87.8	76.7	88.7	88.3	83.7
	IF-Eval (Prompt Strict)	86.1	80.6	84.1	86.0	86.5	84.3
	GPQA-Diamond (Pass@1)	59.1	41.3	49.0	51.1	65.0	49.9
	SimpleQA (Correct)	24.9	10.2	9.1	17.1	28.4	38.2
	FRAMES (Acc.)	73.3	65.4	69.8	70.0	72.5	80.5
	LongBench v2 (Acc.)	48.7	35.4	39.4	36.1	41.0	48.1
Code	HumanEval-Mul (Pass@1)	82.6	77.4	77.3	77.2	81.7	80.5
	LiveCodeBench (Pass@1-COT)	40.5	29.2	31.1	28.4	36.3	33.4
	LiveCodeBench (Pass@1)	37.6	28.4	28.7	30.1	32.8	34.2
	Codeforces (Percentile)	51.6	35.6	24.8	25.3	20.3	23.6
	SWE Verified (Resolved)	42.0	22.6	23.8	24.5	50.8	38.8
	Aider-Edit (Acc.)	79.7	71.6	65.4	63.9	84.2	72.9
	Aider-Polyglot (Acc.)	49.6	18.2	7.6	5.8	45.3	16.0
Math	AIME 2024 (Pass@1)	39.2	16.7	23.3	23.3	16.0	9.3
	MATH-500 (EM)	90.2	74.7	80.0	73.8	78.3	74.6
	CNMO 2024 (Pass@1)	43.2	10.8	15.9	6.8	13.1	10.8
Chinese	CLUEWSC (EM)	90.9	90.4	91.4	84.7	85.4	87.9
	C-Eval (EM)	86.5	79.5	86.1	61.5	76.7	76.0
	C-SimpleQA (Correct)	64.1	54.1	48.4	50.4	51.3	59.3

▶ **DeepSeek-Coder-V2**: 236.000 millones de parámetros y una ventana de contexto de **128.000 tokens**, ideal para programadores y análisis de textos largos.

▶ **DeepSeek-V3**: un modelo de **671.000 parámetros**, con gran eficiencia y rendimiento.

▶ **DeepSeek-R1**: lanzado en enero de 2025, se especializa en **razonamiento, codificación y matemáticas**, compitiendo con los modelos más avanzados de ChatGPT.

En la propia web de DeepSeek se presenta la siguiente tabla comparativa, donde se muestra que DeepSeek-V3 logra un avance significativo en la velocidad de inferencia en comparación con modelos anteriores. Además, encabeza la clasificación entre los modelos de código abierto y rivaliza con los modelos de código cerrado más avanzados a nivel mundial.

Los datos de la tabla representan el rendimiento de varios modelos de inteligencia artificial en diferentes pruebas y métricas. A continuación, se explica el significado de cada sección y métrica:

Encabezados

▶ Benchmark (Metric): indica la prueba o métrica utilizada para evaluar los modelos.

▶ DeepSeek V3, DeepSeek V2.5, Qwen2.5, Llama3.1, Claude-3.5, GPT-4o: representan distintos modelos de inteligencia artificial comparados en la tabla.

Sección 1: arquitectura y parámetros

▶ Architecture: indica el tipo de arquitectura utilizada en cada modelo.
  ● MoE (Mixture of Experts): arquitectura especializada que usa múltiples expertos para mejorar la eficiencia.
  ● Dense: arquitectura más convencional donde todos los parámetros están activados en cada inferencia.

▶ # Activated Params: número de parámetros activados durante la inferencia.
  ● Los modelos MoE activan solo una parte de sus parámetros, lo que permite mayor eficiencia.
  ● Los modelos "Dense" activan todos sus parámetros en cada inferencia.

▶ # Total Params: número total de parámetros del modelo.

Sección 2: evaluación en comprensión de Lenguaje Natural (English)

Estas métricas evalúan la capacidad de los modelos en diversas tareas de procesamiento del lenguaje.

- MMLU (EM): evaluación en comprensión de múltiples materias, como historia, matemáticas, ciencias, etc.

- MMLU-Redux (EM): variante reducida de MMLU con menos preguntas.

- MMLU-Pro (EM): versión más avanzada y difícil del conjunto de pruebas MMLU.

- DROP (3-shot F1): evaluación en razonamiento basado en documentos. Se mide la precisión en responder preguntas complejas.

- IF-Eval (Prompt Strict): prueba de evaluación sobre la capacidad de los modelos para seguir instrucciones de manera estricta.

- GPQA-Diamond (Pass@1): prueba de generación de respuestas a preguntas generales.

- SimpleQA (Correct): evalúa la capacidad del modelo para responder preguntas simples.

- FRAMES (Acc.): evaluación de modelos en comprensión de narrativas con múltiples elementos interconectados.

- LongBench v2 (Acc.): prueba para evaluar la capacidad del modelo en tareas que requieren contexto de largo plazo.

Sección 3: evaluación en programación (Code)

Estas métricas miden la capacidad de los modelos para escribir y evaluar código.

- HumanEval-Mul (Pass@1): evalúa la capacidad del modelo para resolver problemas de programación dados en lenguaje natural.

- LiveCodeBench (Pass@1-COT): evaluación en la capacidad de resolver problemas de codificación con el método "Chain of Thought" (razonamiento paso a paso).

- LiveCodeBench (Pass@1): prueba de capacidad en generación de código sin razonamiento paso a paso.

▰ Codeforces (Percentile): clasificación del modelo en desafíos de programación en la plataforma Codeforces.

▰ SWE Verified (Resolved): mide cuántos problemas de software engineering (SWE) puede resolver el modelo.

▰ Aider-Edit (Acc.): evaluación en la capacidad de editar código de manera efectiva.

▰ Aider-Polyglot (Acc.): evalúa la capacidad del modelo para manejar múltiples lenguajes de programación.

Sección 4: evaluación en matemáticas (Math)

AIME 2024 (Pass@1): prueba basada en el American Invitational Mathematics Examination.

▰ MATH-500 (EM): evaluación en resolución de problemas matemáticos de nivel avanzado.

▰ CNMO 2024 (Pass@1): prueba basada en el China National Mathematical Olympiad.

▰ Sección 5: evaluación en comprensión de lenguaje chino (Chinese).

▰ CLUEWSC (EM): evaluación de resolución de referencias pronominales en chino.

▰ C-Eval (EM): evaluación general de comprensión en chino.

▰ C-SimpleQA (Correct): evalúa la precisión en preguntas de respuesta corta en chino.

1.2.3 Cómo se adaptó DeepSeek a las necesidades de los usuarios

Para llegar a un público amplio, DeepSeek adoptó un enfoque de **código abierto**, lo que facilita que desarrolladores e investigadores externos contribuyan a mejorar o personalizar la herramienta según sus requerimientos. Esta estrategia ha permitido que **cualquiera pueda revisar el software, adaptarlo a entornos específicos o integrarlo en distintos dispositivos**. Además, la plataforma **lanzó una aplicación móvil** para sistemas iOS y Android, haciendo más sencilla la interacción y el acceso para usuarios de todo el mundo.

De igual modo, en sus versiones V3 y R1, DeepSeek se centró en dotar de herramientas que **simplificaran la experiencia**: desde la posibilidad de **cargar archivos PDF** para obtener resúmenes rápidos, hasta la incorporación de funciones de **traducción multilingüe**. Gracias a esta versatilidad, la plataforma se ha popularizado en España y otros mercados globales, ofreciendo una alternativa competitiva a los grandes modelos propietarios y presentándose como un **asistente AI capaz de procesar datos con un gasto menor de recursos**.

1.2.4 Impacto de DeepSeek en el futuro de la IA

El impacto de **DeepSeek** en el futuro de la inteligencia artificial podría ser significativo en varios niveles. Su enfoque de **código abierto** marca un cambio en la forma en que se desarrollan y distribuyen los modelos de IA, ofreciendo una alternativa más accesible y colaborativa. Hasta ahora, el dominio de la IA ha estado en manos de grandes empresas como OpenAI, Google y Microsoft, cuyos modelos son cerrados y dependen de infraestructuras costosas. DeepSeek demuestra que es posible desarrollar modelos avanzados sin necesitar presupuestos exorbitantes ni hardware de última generación, lo que abre nuevas oportunidades para empresas pequeñas, investigadores y desarrolladores independientes.

Uno de los principales efectos de DeepSeek es la **democratización del acceso a la IA**. Su naturaleza abierta permite que más personas puedan experimentar con inteligencia artificial, modificarla y adaptarla a necesidades específicas. Esto significa que sectores como la educación, la medicina o la industria pueden desarrollar soluciones personalizadas sin depender de licencias costosas ni de restricciones impuestas por grandes corporaciones. En lugar de tener que ajustarse a herramientas predefinidas, los usuarios pueden construir modelos que realmente respondan a sus problemas específicos.

Por otro lado, su enfoque eficiente en términos de **consumo de recursos** plantea un reto para la industria del hardware. Tradicionalmente, entrenar y ejecutar modelos de IA ha requerido grandes inversiones en chips y servidores, beneficiando a compañías como Nvidia. DeepSeek ha demostrado que con una arquitectura optimizada, es posible alcanzar un alto rendimiento sin necesidad de infraestructura tan costosa. Esto podría llevar a una mayor investigación sobre cómo hacer que los modelos sean más eficientes, en lugar de simplemente aumentar la potencia del hardware.

Sin embargo, no todo es un camino sencillo. Para que DeepSeek pueda mantenerse competitivo frente a modelos propietarios como **ChatGPT o Gemini**, necesitará seguir evolucionando y contar con una comunidad activa que continúe mejorándolo. Un modelo de IA de código abierto solo es tan fuerte como la comunidad que lo respalda, y su éxito dependerá de si logra atraer suficiente interés de investigadores y desarrolladores que contribuyan a su desarrollo continuo.

A largo plazo, el auge de modelos como DeepSeek podría generar dos caminos paralelos en el futuro de la inteligencia artificial. Por un lado, las grandes empresas seguirán apostando por **modelos cerrados con capacidades avanzadas** y un enfoque más comercial. Por otro, surgirán modelos abiertos que permitan una mayor personalización y flexibilidad para quienes buscan soluciones específicas sin depender de grandes infraestructuras. Esta competencia beneficiará a los usuarios, ya que obligará a las empresas a innovar más rápido, reducir costos y ofrecer opciones más accesibles.

DeepSeek es un modelo que desafía la manera en que concebimos la inteligencia artificial. Su impacto no solo está en su capacidad técnica, sino en lo que representa: un paso hacia una IA más accesible, flexible y eficiente. A medida que más actores entren en el juego y se exploren nuevos enfoques, el futuro de la inteligencia artificial será más diverso y equilibrado, con opciones tanto para grandes corporaciones como para pequeños desarrolladores y usuarios individuales.

1.3 ¿QUIÉN PUEDE USAR DEEPSEEK?

DeepSeek es una herramienta versátil que se adapta a distintos tipos de usuarios. Para el público general, funciona como un asistente que ayuda a buscar información, generar textos y traducir contenido sin perder tiempo. En el ámbito académico, es un recurso útil para estudiantes y profesores, ya que permite resumir textos largos, encontrar referencias fiables y preparar material educativo. Las empresas también pueden beneficiarse de su capacidad para analizar datos, optimizar la atención al cliente y automatizar tareas.

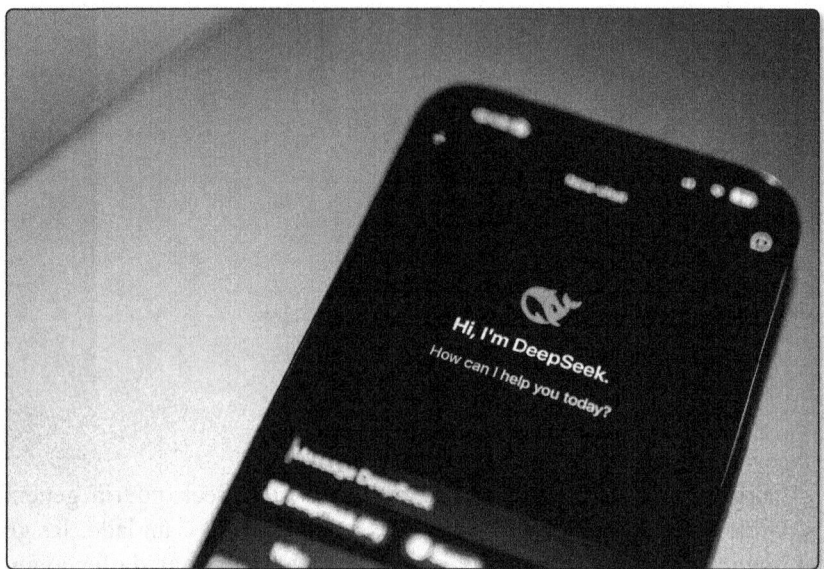

1.3.1 Usuarios individuales

DeepSeek es una **herramienta de inteligencia artificial** lo suficientemente versátil como para adaptarse a distintos perfiles de usuarios. Los usuarios individuales pueden sacar provecho de DeepSeek en su día a día, ya sea para buscar información en internet o para **resolver dudas específicas**. También sirve para quienes necesitan **generar textos personalizados**, como correos electrónicos, resúmenes o incluso pequeñas publicaciones en redes sociales. Además, algunos prefieren DeepSeek porque **funciona a través de una aplicación móvil**, lo que facilita el acceso desde cualquier lugar sin tener que encender un ordenador. Para muchas personas, esta herramienta se ha convertido en un **asistente virtual** que ayuda a automatizar pequeñas tareas y a encontrar respuestas rápidas y relevantes.

Para las personas que necesitan revisar correos, tomar notas o recopilar datos de diferentes páginas web, DeepSeek puede servir como un **pequeño asistente virtual** que unifica toda esa información. Por ejemplo, si se quiere encontrar la mejor receta de cocina o comparar precios de vuelos, la IA puede **filtrar y resumir** rápidamente el contenido más relevante, ahorrando tiempo y permitiendo tomar decisiones con más criterio.

Quienes están estudiando por cuenta propia, preparando un examen o explorando un nuevo hobbie, pueden usar DeepSeek para **entender conceptos complejos o buscar referencias** en un tema específico. La capacidad de la herramienta para **resumir textos largos** y proporcionar explicaciones directas facilita mucho el proceso de aprendizaje, sobre todo cuando hay que procesar gran cantidad de información en poco tiempo.

Desde redactar correos o artículos informales hasta elaborar **pequeños guiones o textos para redes sociales**, DeepSeek es útil si se busca **generar ideas o estructurar un texto** de manera clara. Además, se adapta bien a distintos estilos de redacción, así que puede ayudar a quienes no dominan la escritura a presentar contenido con mejor coherencia y fluidez.

La herramienta cuenta con **funciones de traducción multilingüe** que permiten leer artículos, noticias o manuales en idiomas distintos al propio, manteniendo un nivel de fidelidad razonable. De esta forma, si alguien quiere consultar documentos extranjeros o entender un recurso que solo existe en inglés, DeepSeek **simplifica la barrera idiomática** y hace más accesible la información.

En el día a día, surgen múltiples preguntas al planificar viajes, gestionar tareas domésticas o elegir un producto determinado. Gracias a su capacidad de **resumir y comparar datos**, DeepSeek puede arrojar recomendaciones útiles y rápidas, por ejemplo, comparando reseñas de hoteles, precios de productos o incluso mostrando pros y contras de diferentes opciones, para que el usuario tome **decisiones más informadas**.

1.3.2 Empresas y organizaciones

Empresas y organizaciones de diferentes tamaños pueden utilizar DeepSeek para **optimizar sus procesos internos**. Por ejemplo, si se necesita **analizar grandes volúmenes de documentos** o **resumir información de múltiples fuentes**, DeepSeek puede reducir significativamente el tiempo que se emplea en tareas de búsqueda y compilación de datos. También es útil para **atención al cliente**, pues su tecnología basada en IA puede integrarse en chats de soporte, respondiendo preguntas comunes de forma rápida y coherente. Además, el **modelo de código abierto** de DeepSeek permite a departamentos de TI o desarrollo **adaptar la plataforma** a necesidades específicas, sin verse obligados a depender de un software completamente cerrado o muy costoso.

DeepSeek puede actuar como una especie de **recepcionista virtual** para responder dudas frecuentes de los clientes. Gracias a su **chatbot basado en IA**. Además, la capacidad de filtrar información de diversas fuentes permite proporcionar respuestas más precisas, mejorando la experiencia del usuario y liberando al equipo de atención al cliente de las consultas más rutinarias.

En organizaciones que manejan información compleja, como informes financieros, estudios de mercado o documentos técnicos, DeepSeek ayuda a **sintetizar la información** y a presentarla de forma clara y ordenada. Esto resulta especialmente útil para equipos de análisis e investigación, pues pueden identificar patrones o conclusiones relevantes sin invertir tanto tiempo revisando manualmente cada archivo.

Al integrar DeepSeek con bases de datos internas y externas, las empresas pueden obtener **informes personalizados** sobre tendencias de mercado, comportamientos de la competencia o cambios en el entorno legal. Este tipo de información actualizada y organizada facilita la **planificación de estrategias**, ya sea para lanzar un nuevo producto o para ajustarse a regulaciones internacionales.

DeepSeek puede crear resúmenes de reuniones o documentos internos y hasta **redactar correos electrónicos o comunicados** basados en la información proporcionada por el equipo. Esta función es de gran ayuda en las áreas donde se generan muchos documentos, ya que reduce la carga de trabajo de los empleados y optimiza los procesos administrativos de la compañía.

Otra ventaja para las empresas es la posibilidad de **crear materiales de capacitación** usando las funciones de generación de texto y traducción de DeepSeek. Por ejemplo, si se cuenta con manuales extensos o cursos en línea en otro idioma, la IA puede ayudar a **traducir y resumir** el contenido de manera comprensible para el equipo. Esto favorece la formación continua del personal y agiliza la incorporación de nuevos empleados.

1.3.3 Estudiantes y profesionales educativos

La **comunidad académica** encuentra en DeepSeek un aliado para **investigaciones y proyectos**, ya que su capacidad para **filtrar y resumir textos** puede ahorrar tiempo a la hora de revisar bibliografía o preparar trabajos. Por otro lado, permite traducir y entender mejor fuentes en otros idiomas, algo que resulta fundamental en campos donde la literatura científica no siempre está disponible en español. Asimismo, los **profesores** pueden valerse de DeepSeek para planificar clases o crear material educativo con información precisa y actualizada. Para **estudiantes**, es una herramienta de consulta que **va más allá de los buscadores tradicionales**, ofreciendo explicaciones más completas y facilitando la comprensión de conceptos complejos.

Para estudiantes que preparan ensayos o proyectos de investigación, DeepSeek puede **buscar, comparar y resumir** datos de diferentes fuentes con rapidez. Esta capacidad ahorra tiempo y ayuda a encontrar referencias académicas sin la necesidad de navegar por múltiples páginas web. Además, el acceso a información especializada permite que los trabajos tengan un sustento más sólido y que las hipótesis se respalden con hechos concretos.

Los profesionales educativos pueden valerse de las **funciones de generación de texto** para crear apuntes, guías de estudio o incluso exámenes. Con DeepSeek, se obtiene un **borrador bien estructurado** que se puede ajustar al nivel de los alumnos, adecuando el contenido para que sea fácil de entender y al mismo tiempo riguroso. De esta forma, se agiliza la planificación de clases y se da un enfoque más personalizado a cada tema.

La herramienta resulta muy útil para quienes trabajan con documentos en otros idiomas o para quienes necesitan mostrar a sus alumnos materiales originales de distintas partes del mundo. DeepSeek **traduce textos complejos** y a la vez puede ofrecer sinónimos y definiciones, lo que enriquece el vocabulario y la comprensión lectora. Esto es especialmente valioso en asignaturas de idiomas o en investigaciones que requieren acceder a bibliografía internacional.

Cuando se redactan ensayos o informes académicos, es fundamental contar con una segunda opinión que ayude a **detectar incoherencias o falta de claridad** en la exposición de ideas. DeepSeek puede servir para **evaluar la coherencia de los textos**, sugerir mejoras de estilo o detectar posibles errores de sintaxis. Así, tanto estudiantes como docentes pueden pulir el contenido sin depender exclusivamente de la corrección manual.

Muchos estudiantes se encuentran en proceso de escoger su especialización o desean aprender sobre áreas que no conocen a fondo. La capacidad de DeepSeek para **procesar información** y ofrecer explicaciones claras permite que los jóvenes exploren distintos campos académicos o profesionales. Además, resulta beneficioso para los docentes al preparar charlas o presentaciones sobre carreras emergentes, pues la IA ayuda a **mantenerse actualizado** sobre tendencias y avances en diferentes sectores.

1.3.4 Desarrolladores

Uno de los mayores atractivos de **DeepSeek** es su acceso abierto, lo que permite a los desarrolladores no solo usar el modelo, sino también **modificar su código, entrenarlo con datos propios e integrarlo en sistemas personalizados**. Como sabemos, esto representa una gran ventaja frente a modelos cerrados como **ChatGPT o Gemini,** donde los usuarios están limitados a interactuar con la IA sin posibilidad de alterar su funcionamiento interno. Aquí hay algunos usos específicos que los desarrolladores pueden explotar gracias a esta apertura.

> ▼ Al tener acceso al código y los pesos del modelo, los desarrolladores pueden **entrenar a DeepSeek con conjuntos de datos propios,** ajustándolo a necesidades específicas. Esto es particularmente útil en sectores como:

> ▼ **Medicina**: un hospital puede alimentar a DeepSeek con literatura médica para desarrollar un asistente de diagnóstico basado en casos clínicos específicos.

> ▼ **Legal**: despachos de abogados pueden entrenarlo con legislaciones y jurisprudencias locales para mejorar la precisión en consultas legales automatizadas.

> ► **Ingeniería y construcción**: empresas pueden integrar normativas y manuales técnicos en el modelo para optimizar la generación de informes o el análisis de proyectos.

Esta personalización no es posible en modelos cerrados como **ChatGPT**, donde solo se pueden utilizar los datos preexistentes sin posibilidad de modificar el entrenamiento base.

A diferencia de modelos propietarios, DeepSeek permite a los desarrolladores **ajustar su arquitectura interna** según sus necesidades. Algunos ejemplos incluyen:

> ► **Optimización para hardware específico**: se pueden ajustar los parámetros del modelo para que funcione en **servidores con menor capacidad**, reduciendo los costos de implementación.

> ► **Reducción de tamaño**: los desarrolladores pueden eliminar capas o módulos innecesarios para adaptar DeepSeek a dispositivos de menor consumo energético, como teléfonos o sistemas embebidos.

> ► **Mejoras en el procesamiento**: se pueden modificar sus mecanismos de predicción para **acelerar el tiempo de respuesta en tareas específicas**, algo clave en aplicaciones de análisis en tiempo real.

Muchos modelos de IA comerciales dependen de servidores remotos y APIs de pago, lo que genera costos recurrentes y posibles problemas de privacidad. DeepSeek, al ser de código abierto, puede ser **ejecutado localmente o en servidores privados**, lo que permite:

▶ **Independencia total**: empresas y desarrolladores pueden usarlo sin preocuparse por políticas de uso, cambios de precios o restricciones de proveedores externos.

▶ **Mayor privacidad**: aplicaciones que manejan datos sensibles, como banca o ciberseguridad, pueden utilizar DeepSeek sin enviar información a servidores de terceros.

▶ **Menor latencia**: al ejecutarse localmente, se pueden obtener respuestas más rápidas sin depender de la conexión a internet ni de los tiempos de respuesta de servidores remotos.

Por ejemplo, una **empresa de ciberseguridad** podría usar DeepSeek en sus propios servidores para detectar vulnerabilidades en código fuente, sin exponer información crítica a plataformas externas como OpenAI o Google.

Gracias a su acceso abierto, los desarrolladores pueden utilizar DeepSeek como **base para crear sus propios modelos de IA personalizados**, optimizados para tareas específicas. Esto permite, por ejemplo:

▶ **Un asistente técnico para desarrolladores**, entrenado con documentación de programación avanzada y adaptado a lenguajes de código específicos.

▶ **Un modelo de IA para traducción automática**, especializado en terminología técnica de sectores como la ingeniería aeroespacial o la biotecnología.

▶ **Un sistema de generación de código**, mejorado para adaptarse a las prácticas y estándares de una empresa en particular.

Esto ya ha sucedido con modelos como **LLaMA** de Meta, que ha dado origen a múltiples variantes creadas por la comunidad. DeepSeek tiene el mismo potencial para derivaciones personalizadas que resuelvan problemas específicos.

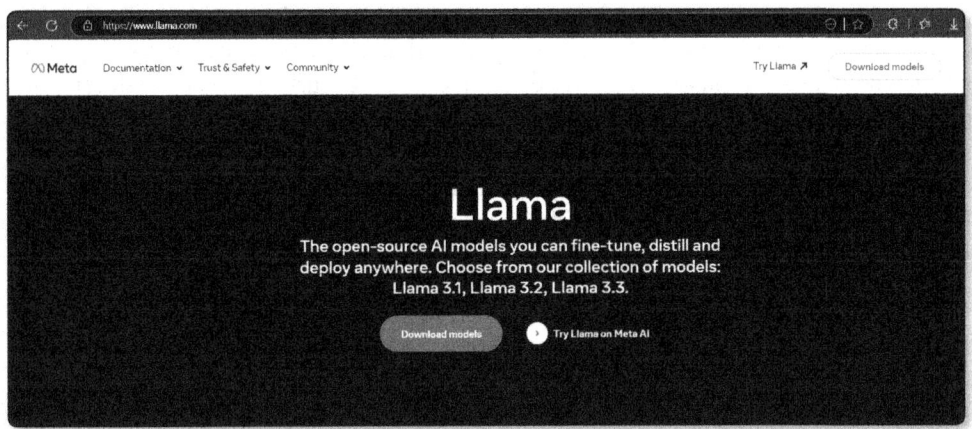

Los modelos propietarios suelen ser costosos, ya que requieren el pago por el uso de sus APIs o el acceso a versiones avanzadas. Con DeepSeek, los desarrolladores pueden **eliminar estos costos y optimizar su infraestructura de IA**, beneficiándose de:

- ⚐ **Menos gasto en computación en la nube**, ya que el modelo puede ejecutarse en servidores propios sin depender de OpenAI o Google.

- ⚐ **Ahorro en licencias de software**, al poder modificar y adaptar el código sin pagar por funcionalidades adicionales.

- ⚐ **Escalabilidad sin restricciones comerciales**, ya que el modelo puede ser utilizado sin límites de consultas o costos por usuario.

Esto hace que DeepSeek sea una opción viable para startups y empresas con presupuestos ajustados que buscan soluciones de IA sin costes recurrentes.

Otra ventaja clave de tener acceso al código es que los desarrolladores pueden **entrenar a DeepSeek en idiomas o dialectos específicos**, mejorando su precisión en regiones donde otras IA no están optimizadas.

Por ejemplo:

- ⚐ Una empresa en **Latinoamérica** podría entrenarlo con español técnico local para mejorar la comprensión de términos especializados.

- ⚐ Un gobierno podría usarlo para desarrollar modelos de IA en **idiomas indígenas**, preservando y promoviendo lenguas minoritarias.

- ⚐ Equipos de traducción automática podrían ajustarlo para manejar mejor las diferencias entre español de España y español de América Latina.

Mientras que otros modelos comerciales solo pueden aprender lo que sus desarrolladores permiten, DeepSeek ofrece total libertad para mejorar y expandir sus capacidades lingüísticas. A medida que más desarrolladores exploren sus posibilidades, es probable que surjan nuevas aplicaciones y mejoras que amplíen aún más su impacto. En un mundo donde la inteligencia artificial se está volviendo cada vez más centralizada en manos de grandes corporaciones, herramientas como DeepSeek representan una oportunidad para que la comunidad tenga mayor control sobre la evolución de la IA.

1.4 IMPACTO DE DEEPSEEK EN LA SOCIEDAD

El impacto de DeepSeek va más allá de la productividad individual. Al ofrecer un acceso más eficiente a la información, ayuda a mejorar la toma de decisiones y a reducir el tiempo dedicado a búsquedas ineficientes. También contribuye a combatir la desinformación, ya que filtra fuentes poco fiables y prioriza contenido verificado. Además, juega un papel importante en la reducción de la brecha digital, permitiendo que más personas accedan a conocimiento estructurado sin necesidad de conocimientos técnicos avanzados. Con su enfoque accesible e inclusivo, DeepSeek se posiciona como una herramienta clave para democratizar el acceso al conocimiento.

1.4.1 Mejora de la productividad personal

DeepSeek no solo ofrece un asistente virtual potente, sino que también **modifica la forma en que las personas y organizaciones se aproximan a la información**. Al combinar análisis de datos, generación de textos y traducción multilingüe en una misma plataforma, contribuye a que distintos grupos—desde estudiantes y profesionales hasta empresas y entidades públicas—mejoren su productividad y amplíen su acceso a recursos informativos. Además, al estar diseñada con una filosofía de código abierto, la herramienta favorece la colaboración y la evolución constante de sus capacidades.

Para muchos usuarios individuales, DeepSeek se traduce en **una forma ágil de encontrar respuestas y procesar datos** sin invertir tanto tiempo en búsquedas manuales. También resulta útil para planificar proyectos personales, ya que la IA puede filtrar el contenido irrelevante y ayudar a organizarlo de manera lógica, permitiendo que las personas dediquen más tiempo a tareas que requieren creatividad o pensamiento crítico.

1.4.2 Fomento del acceso a información confiable

Otro de los aportes significativos de DeepSeek es su habilidad para **facilitar el acceso a información veraz y relevante**. Al contar con algoritmos que detectan y descartan fuentes dudosas, el sistema busca mostrar datos que provienen de sitios y documentos confiables. Esto beneficia tanto a estudiantes que necesitan referencias académicas, como a profesionales que dependen de estudios actualizados para tomar decisiones. En un contexto donde circula mucha información falsa o de poca calidad, la función de filtrar y jerarquizar los contenidos pertinentes se vuelve esencial para evitar confusiones y fomentar **una cultura de consulta de fuentes confiables** en ámbitos tan variados como la investigación, la educación y la toma de decisiones empresariales.

1.4.3 Su papel en la reducción de la brecha digital

La brecha digital se refiere a la diferencia que existe entre las personas que tienen acceso y saben usar las tecnologías digitales, como internet, ordenadores y smartphones, y aquellas que no cuentan con ese acceso o no saben cómo utilizarlas. Como vemos, esta brecha no se limita solo a poseer un dispositivo o una conexión a internet, sino que también abarca las habilidades necesarias para aprovechar estas herramientas de manera efectiva. Por ejemplo, hay personas que pueden tener un smartphone, pero no saben cómo sacarle provecho para buscar trabajo, estudiar en línea o incluso hacer trámites bancarios.

Esta desigualdad puede deberse a múltiples factores, como la falta de infraestructura en zonas rurales o remotas, problemas económicos que impiden costear una buena conexión a internet o un dispositivo moderno, e incluso la ausencia de educación digital que impide a muchas personas utilizar correctamente la tecnología. Su impacto es enorme en distintos aspectos de la vida, ya que quienes no tienen acceso o conocimientos digitales quedan rezagados en ámbitos como la educación, el trabajo, la salud e incluso la participación social. Por ello, reducir la brecha digital es una tarea fundamental.

A pesar de que este problema puede parecer invisible para quienes tienen acceso a la tecnología, afecta a millones de personas en todo el mundo. En este contexto, DeepSeek, con su enfoque en inteligencia artificial y procesamiento de información, juega un papel interesante en la reducción de esta brecha. Su desarrollo se basa en modelos avanzados de inteligencia artificial capaces de procesar y generar información de manera accesible y eficiente. ¿Qué significa esto en la práctica? Una persona sin acceso a educación formal de calidad podría utilizar herramientas basadas en DeepSeek para aprender por su cuenta, traducir textos, generar contenido educativo o incluso resolver problemas complejos con la ayuda de la IA. En un mundo donde el conocimiento está cada vez más vinculado a lo digital, esta tecnología actúa como un puente para quienes no tienen las mismas oportunidades.

Además, la brecha digital no solo está relacionada con el acceso a la tecnología, sino también con las barreras idiomáticas y la comprensión de la información. A pesar de la gran cantidad de contenido disponible en internet, no siempre está en el idioma que necesita el usuario ni en un formato fácil de entender. DeepSeek puede contribuir significativamente con modelos de traducción, generación de contenido simplificado y asistencia en tiempo real, permitiendo así que más personas puedan aprovechar lo que la red tiene para ofrecer sin sentirse excluidas por razones lingüísticas o técnicas.

Otro aspecto clave es la inclusión de comunidades que tradicionalmente han estado al margen del avance tecnológico. Muchas zonas rurales o comunidades con bajos recursos carecen de personal capacitado para impartir formación digital. En este sentido, DeepSeek podría ofrecer soluciones basadas en IA para que la gente aprenda de forma autónoma mediante asistentes virtuales o sistemas adaptados a distintos niveles de conocimiento, logrando así que la educación digital sea más equitativa.

Sin embargo, la implementación de tecnologías como DeepSeek en la reducción de la brecha digital también conlleva ciertos desafíos. El acceso a internet sigue siendo una barrera en muchas regiones, y la alfabetización digital continúa siendo una tarea pendiente. Además, es fundamental garantizar que estas herramientas sean inclusivas y no reemplacen la interacción humana donde esta sea necesaria. No obstante, su potencial para democratizar el conocimiento y generar nuevas oportunidades es innegable.

Más allá del acceso y el conocimiento, la brecha digital también implica una cuestión de poder y autonomía. En un mundo donde la información es un recurso estratégico, quienes pueden procesarla, interpretarla y utilizarla tienen una ventaja significativa sobre quienes no. DeepSeek y otras tecnologías basadas en inteligencia artificial pueden convertirse en herramientas de empoderamiento, permitiendo que personas con menos recursos accedan a conocimientos que antes estaban reservados para quienes tenían formación especializada o acceso a instituciones educativas de prestigio. Esto podría cambiar las reglas del juego en múltiples ámbitos, desde el emprendimiento hasta la participación ciudadana, ya que el acceso a información estructurada y procesada con IA facilita la toma de mejores decisiones, la defensa de derechos y el aprovechamiento de oportunidades que antes parecían inalcanzables.

Sin embargo, es importante reflexionar sobre el papel de la inteligencia artificial en la creación de nuevas desigualdades. Si bien DeepSeek puede ayudar a reducir la brecha digital, también podría profundizarla si su desarrollo y acceso quedan en manos de un pequeño grupo de empresas o países. La pregunta clave es: ¿quién controla estas tecnologías y bajo qué principios se desarrollan? Si el acceso a herramientas de IA avanzadas se convierte en un privilegio exclusivo para quienes pueden pagarlas o para determinadas regiones del mundo, corremos el riesgo de crear una nueva brecha, donde el conocimiento no solo esté limitado por la conexión a internet, sino también por la capacidad de interactuar con sistemas de IA que beneficien únicamente a unos pocos. Para que DeepSeek sea realmente un agente de cambio positivo, debe desarrollarse bajo principios de accesibilidad, equidad y transparencia, asegurando que su impacto no solo sea tecnológico, sino también socialmente responsable.

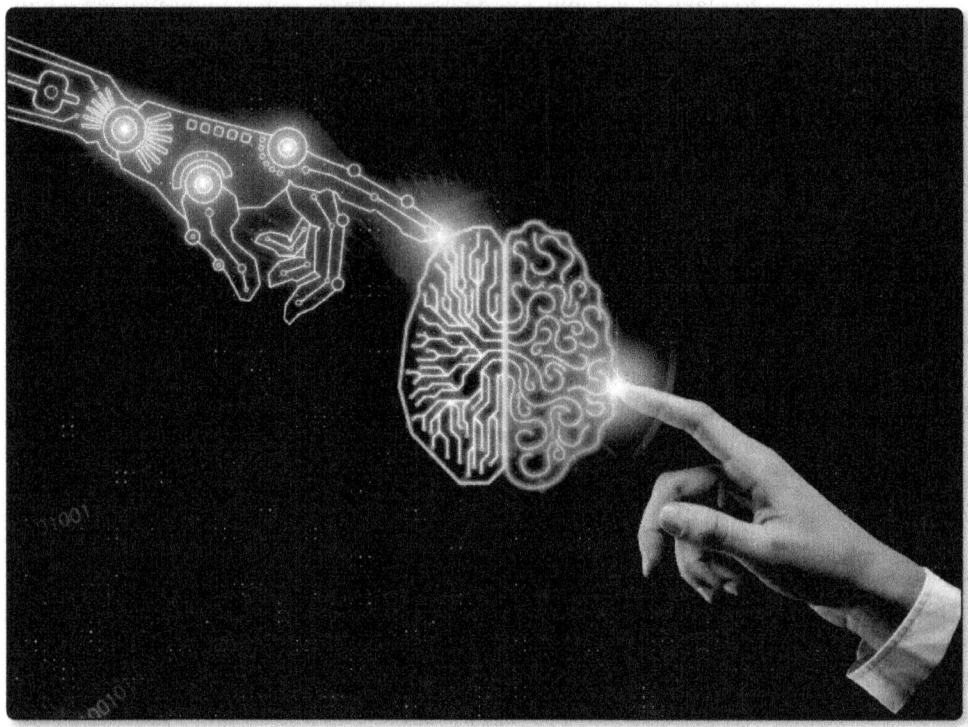

En teoría, muchas de las tecnologías de inteligencia artificial, incluido DeepSeek, se presentan con la promesa de democratizar el acceso a la información y reducir desigualdades. Sin embargo, en la práctica, cumplir con los principios de accesibilidad, equidad y transparencia no es tan sencillo y depende de múltiples factores. Herramientas como DeepSeek pueden facilitar el acceso a información y conocimientos de manera más intuitiva que los motores de búsqueda tradicionales. No obstante, su efectividad real depende de aspectos como la disponibilidad en múltiples idiomas, la facilidad de uso para personas con diferentes niveles de alfabetización digital y el diseño de una experiencia verdaderamente inclusiva. Actualmente, muchas IA avanzadas requieren conexión a internet, infraestructura tecnológica adecuada e incluso suscripciones o pagos por servicios premium, lo que limita su alcance en comunidades más desfavorecidas. Aunque algunas iniciativas buscan ofrecer acceso gratuito o de bajo costo, la barrera económica y tecnológica sigue siendo un desafío importante.

Uno de los mayores riesgos es que la IA termine reforzando las desigualdades existentes en lugar de reducirlas. Si los modelos de DeepSeek están entrenados principalmente con información en ciertos idiomas o provenientes de fuentes con sesgos específicos, podrían generar respuestas que favorezcan a ciertos grupos o regiones sobre otros. Además, la equidad no solo implica disponibilidad, sino también representación. ¿Se están incluyendo datos de diversas culturas y contextos socioeconómicos en el entrenamiento de estos modelos? ¿Se están evitando sesgos algorítmicos que perpetúen desigualdades? Si la respuesta es negativa, entonces la IA no está actuando realmente como un agente democratizador.

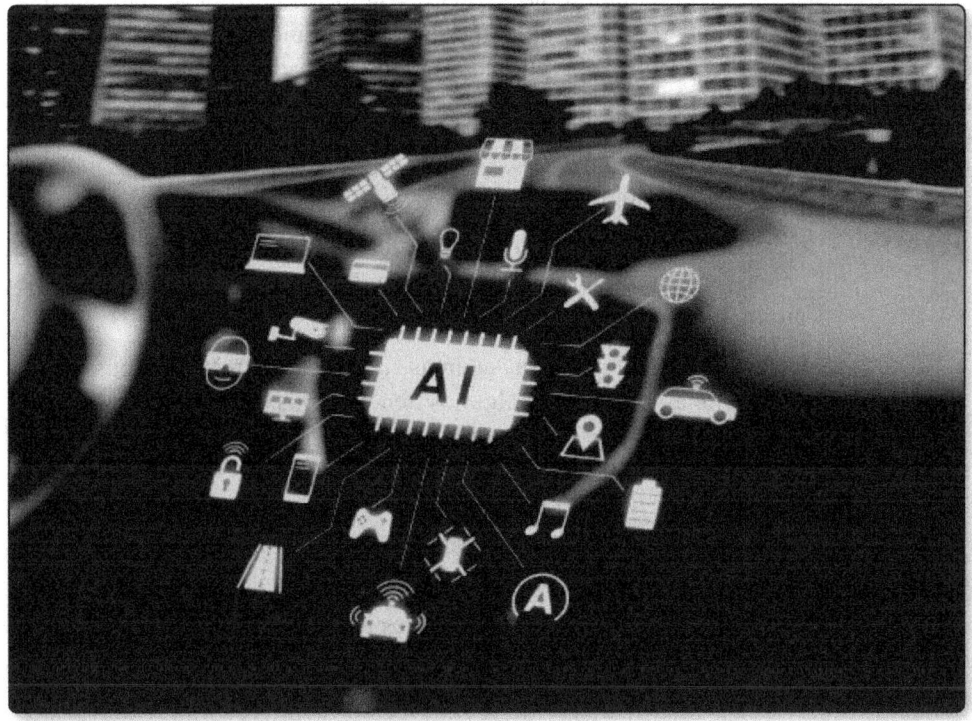

La transparencia es otro aspecto delicado. Muchas tecnologías de IA operan como una "caja negra", donde los usuarios no tienen claridad sobre cómo se generan las respuestas o qué fuentes se utilizan. Si DeepSeek no proporciona información sobre sus modelos de entrenamiento, sus criterios de decisión o sus limitaciones, los usuarios podrían estar interactuando con un sistema cuyo funcionamiento desconocen. En un mundo donde la desinformación es un problema serio, es esencial que cualquier IA que pretenda reducir la brecha digital ofrezca cierto nivel de explicabilidad y control sobre sus resultados.

Por ahora, DeepSeek y tecnologías similares tienen el potencial de contribuir positivamente a la reducción de la brecha digital, pero aún queda mucho por hacer para garantizar que realmente cumplen con los principios de accesibilidad, equidad y transparencia. La clave estará en cómo se desarrollan y regulan en el futuro. Si los desarrolladores priorizan modelos abiertos, accesibles y diseñados con una visión ética, podrían convertirse en herramientas poderosas para la inclusión digital. Sin embargo, si su crecimiento está impulsado únicamente por intereses comerciales o por la concentración del poder en unas pocas manos, podríamos estar frente a una nueva forma de desigualdad tecnológica.

Calcular la brecha digital no es tan sencillo como sacar una cuenta matemática, porque no se trata solo de números, sino también de factores sociales, económicos y educativos. Sin embargo, hay algunos indicadores y métodos que se usan para medirla y entender mejor su alcance. Aquí te explico de manera sencilla cómo se hace:

1. Acceso a la tecnología

   - Conexión a internet: se mide el porcentaje de personas o hogares que tienen acceso a internet. Por ejemplo, si en una región el 70% tiene internet y el 30% no, ahí ya hay una brecha.

   - Dispositivos: se analiza cuántas personas tienen computadoras, smartphones o tablets. Si algunos tienen varios dispositivos y otros no tienen ninguno, eso también refleja una desigualdad.

2. Calidad del acceso

   - No basta con tener internet o un dispositivo; también importa qué tan bueno es ese acceso. Por ejemplo:
     - ¿Es internet de alta velocidad o es lento y limitado?
     - ¿El dispositivo es moderno o tan viejo que no soporta aplicaciones actuales?

3. Habilidades digitales

   - Aquí se evalúa si las personas saben usar la tecnología de manera efectiva. Por ejemplo:
     - ¿Saben buscar información en internet?
     - ¿Pueden usar herramientas como correo electrónico, redes sociales o aplicaciones de trabajo?
     - ¿Tienen conocimientos básicos de seguridad en línea?
     - Esto se mide a través de encuestas o estudios que preguntan sobre el nivel de confianza y conocimiento en el uso de la tecnología.

4. Uso de la tecnología

- No solo se trata de tener acceso, sino de cómo se usa. Por ejemplo:
  - ¿La gente usa internet para estudiar, trabajar o mejorar su calidad de vida?
  - ¿O solo lo usa para redes sociales y entretenimiento?
  - Esto también se mide con encuestas o análisis de hábitos digitales.

5. Factores socioeconómicos

- La brecha digital no es solo tecnológica, también está ligada a la pobreza, la educación y la ubicación geográfica. Por ejemplo:
  - ¿Las personas tienen ingresos suficientes para pagar internet o dispositivos?
  - ¿Viven en zonas urbanas con buena cobertura o en áreas rurales con poca infraestructura?
  - ¿Tienen acceso a educación que les enseñe a usar la tecnología?

6. Comparaciones entre grupos

- La brecha digital también se mide comparando grupos de personas. Por ejemplo:
  - Diferencias entre zonas urbanas y rurales.
  - Diferencias entre países ricos y pobres.
  - Diferencias entre generaciones (jóvenes vs. adultos mayores).

España muestra valores de uso de internet bastante elevados en comparación con la media de la UE-27. Para 2024, el 95,4% de los hombres y el 96,2% de las mujeres han utilizado internet en los últimos tres meses, lo que la sitúa por encima de la media de la UE-27, que es del 93,1% para hombres y 92,6% para mujeres. Esto indica que el acceso y uso de internet en España es relativamente alto y estable en los últimos años.

Sin embargo, un dato destacable es la brecha de género, que mide la diferencia entre el uso de internet entre hombres y mujeres. En el caso de España, esta brecha es negativa en 2024 (-0,8), lo que significa que un porcentaje mayor de mujeres usa internet en comparación con los hombres. Esta tendencia también se mantiene en los años anteriores, con valores de -0,4 en 2023 y 0,0 en 2022, lo que indica que la diferencia de uso entre géneros ha sido mínima o inexistente.

Población que ha usado Internet en los últimos tres meses en la UE. 2021-2024 (% de población de 16 a 74 años)

	Hombres				Mujeres				Brecha de género (hombres–mujeres)			
	2024	2023	2022	2021	2024	2023	2022	2021	2024	2023	2022	2021
UE-27	93,1	91,8	90,4	(B)89,5	92,6	91,1	89,5	(B)88,5	0,4	0,7	0,9	1,0
Bélgica	96,5	94,6	94,6	92,9	95,3	94,7	93,4	92,7	1,3	-0,2	1,2	0,3
Bulgaria	83,3	81,0	80,1	76,5	81,7	79,8	78,1	74,1	1,6	1,3	2,0	2,5
República Checa	93,2	92,4	91,4	89,1	94,2	91,8	89,9	88,7	-1,0	0,6	1,5	0,4
Dinamarca	99,7	98,9	97,7	98,5	99,9	98,7	98,0	99,3	-0,2	0,1	-0,4	-0,8
Alemania	94,0	93,5	92,8	(b)92,3	93,0	91,5	90,5	(b)90,6	1,0	2,0	2,3	1,7
Estonia	91,6	91,9	91,0	90,2	92,9	94,4	92,0	91,7	-1,3	-2,5	-0,9	-1,5
Irlanda	98,3	97,4	92,7	(b)98,8	98,9	89,4	91,3	(b)99,1	..	..	1,4	-0,3
Grecia	87,9	85,2	83,8	79,2	84,7	84,8	82,6	77,9	3,2	0,4	1,2	1,3
ESPAÑA	95,4	95,3	94,5	93,9	96,2	95,6	94,5	93,9	-0,8	-0,4	0,0	0,0
Francia	93,6	92,1	89,7	90,8	94,7	93,5	91,5	92,3	-1,1	-1,3	-1,8	..
Croacia	86,3	86,9	83,8	85,8	81,1	80,0	80,4	76,9	5,2	7,0	3,4	8,9
Italia	90,1	87,9	86,3	83,2	88,3	86,0	83,8	80,0	1,8	2,0	2,5	3,3
Chipre	94,9	90,6	88,3	91,1	94,3	91,8	90,8	90,5	0,6	-1,2	-2,5	0,6
Letonia	92,5	92,2	90,6	90,6	93,9	92,5	92,0	91,9	-1,4	-0,3	-1,4	-1,3
Lituania	87,9	86,1	87,0	86,5	90,4	90,7	88,4	87,3	-2,5	-4,6	-1,4	-0,8
Luxemburgo	99,2	99,4	99,0	99,1	98,3	99,3	97,5	98,3	0,9	0,1	1,4	0,8
Hungria	93,7	91,1	88,7	88,9	93,8	91,8	89,6	88,4	-0,1	-0,7	-0,8	0,5
Malta	93,0	90,3	91,9	87,2	93,6	94,0	91,2	87,8	-0,6	-3,7	0,7	-0,6
Países Bajos	99,7	99,2	95,3	94,0	99,3	99,1	94,2	95,1	0,4	0,1	1,1	-1,1
Austria	95,4	96,5	94,4	94,2	94,4	94,2	92,9	90,9	1,0	2,3	1,5	3,3
Polonia	88,7	86,1	87,7	85,6	88,5	86,7	86,2	85,1	0,2	-0,6	1,6	0,5
Portugal	88,4	86,6	85,5	83,6	88,6	85,0	83,6	81,2	-0,2	1,6	1,9	2,4
Rumanía	91,7	90,0	86,3	84,5	90,9	88,5	84,8	82,7	0,8	1,5	1,5	1,9
Eslovenia	90,5	90,9	89,7	88,8	91,0	89,8	88,1	89,2	-0,5	1,1	1,6	-0,4
Eslovaquia	90,8	87,4	88,3	89,5	88,8	87,1	89,8	88,4	2,0	0,3	-1,5	1,1
Finlandia	97,7	97,7	96,5	96,4	98,2	97,7	98,0	97,0	-0,5	0,0	-1,4	-0,7
Suecia	98,3	97,6	95,9	96,2	97,9	97,6	97,7	97,3	0,3	0,0	-1,8	-1,1

Datos extraídos del Instituto Nacional de Estadística.

El alto porcentaje de uso de internet en España y la baja brecha de género reflejan que el país tiene una infraestructura digital consolidada y que tanto hombres como mujeres tienen acceso a la tecnología en condiciones similares. Sin embargo, esto no significa que la brecha digital esté completamente erradicada. Todavía pueden existir diferencias en la calidad del acceso, la alfabetización digital o el uso avanzado de tecnologías en ciertos sectores de la población, especialmente en grupos con menor nivel educativo o en zonas rurales.

DeepSeek podría contribuir a mejorar aún más la situación de España en términos de brecha digital, especialmente en tres aspectos clave: alfabetización digital, acceso equitativo a la información y personalización del aprendizaje tecnológico. Aunque España tiene un alto porcentaje de población usuaria de internet y una brecha de género baja, todavía existen desafíos relacionados con el uso avanzado de la tecnología, la calidad del acceso y la inclusión de sectores más vulnerables.

1. Alfabetización digital: enseñar a aprovechar la tecnología

   Uno de los retos en la brecha digital no es solo acceder a internet, sino usar la tecnología de manera efectiva. Muchas personas, aunque tengan conexión y dispositivos, no saben aprovecharlos más allá del consumo básico (redes sociales, mensajería, etc.). DeepSeek podría ayudar mediante:

   - Asistentes de IA personalizados que guíen a los usuarios en tareas tecnológicas comunes, como realizar trámites en línea, usar herramientas de productividad o mejorar la seguridad digital.

   - Explicaciones en lenguaje sencillo sobre términos y conceptos tecnológicos, facilitando la comprensión de personas con poca experiencia digital.

   - Cursos interactivos automatizados que adapten el contenido al nivel de conocimiento del usuario y ofrezcan recomendaciones personalizadas para mejorar sus habilidades digitales.

2. Acceso equitativo a la información: reducir barreras lingüísticas y técnicas

   Aunque España tiene un alto nivel de conectividad, ciertas comunidades pueden quedar rezagadas debido a barreras idiomáticas o dificultades para entender información técnica. DeepSeek puede:

   - Traducir contenido técnico o administrativo a diferentes idiomas o niveles de comprensión, permitiendo que más personas accedan a información clave sin necesidad de conocimientos avanzados.

- Proporcionar resúmenes simplificados de documentos complejos, haciendo que trámites administrativos, tutoriales o guías digitales sean más accesibles para toda la población.

- Ayudar a personas mayores o con menos formación digital a comprender cómo realizar tareas en línea, mejorando su integración en la sociedad digital.

3. Personalización del aprendizaje tecnológico: adaptar la experiencia a cada usuario

Cada persona tiene necesidades diferentes en cuanto a formación digital. Mientras que algunos necesitan aprender desde cero, otros solo requieren mejorar habilidades específicas. DeepSeek podría:

- Analizar el nivel de conocimientos del usuario y recomendarle recursos personalizados para mejorar su formación tecnológica.

- Ofrecer respuestas dinámicas y adaptadas a cada perfil, desde principiantes hasta usuarios avanzados.

- Guiar a los usuarios en el uso de herramientas digitales mediante explicaciones detalladas y ejemplos prácticos en tiempo real.

Si bien España tiene una buena posición en cuanto a conectividad y brecha de género, todavía existen desafíos en la calidad del acceso y el uso eficiente de la tecnología. Con una implementación adecuada, DeepSeek podría convertirse en un puente entre el acceso a internet y el aprovechamiento real de la tecnología.

1.5 AUTOEVALUACIÓN DE LA SECCIÓN

1.5.1 Actividades recomendadas

Una buena forma de entender las diferencias entre DeepSeek y un motor de búsqueda tradicional es realizar la misma consulta en ambos sistemas y comparar los resultados. Primero, se puede buscar una información en Google o Bing y luego hacer la misma consulta en DeepSeek. Luego, es útil analizar qué herramienta ofrece respuestas más claras, organizadas y precisas. ¿Cuál de ellas evita información irrelevante? ¿Cuál presenta mejor la respuesta? Comparar estas diferencias ayuda a comprender mejor cómo funciona DeepSeek y qué ventajas aporta frente a otros sistemas.

DeepSeek no es una herramienta para un solo tipo de usuario, sino que puede ser útil en diferentes ámbitos. Para visualizar esto, se puede elegir un perfil (estudiante, docente, profesional, investigador, empresa, etc.) y reflexionar sobre cómo DeepSeek podría facilitar su trabajo diario. Por ejemplo, un estudiante podría usarlo para resumir textos, mientras que una empresa podría emplearlo para automatizar tareas de búsqueda de información. Escribir un breve texto de cinco líneas sobre cómo un usuario específico aprovecharía DeepSeek ayuda a entender su versatilidad.

Existen muchas herramientas de búsqueda e inteligencia artificial, y cada una tiene características distintas. Para profundizar en esto, se puede investigar sobre una IA o motor de búsqueda similar (por ejemplo, ChatGPT, Google Search, Bing AI) y hacer una comparación con DeepSeek. Para organizar mejor la información, se recomienda hacer una tabla con al menos tres diferencias clave entre ambas herramientas. Esto permite ver en qué aspectos DeepSeek destaca o qué otras soluciones pueden ser útiles dependiendo del contexto.

Aunque DeepSeek tiene muchas ventajas, ninguna herramienta es perfecta. Para analizar esto, se puede hacer un listado con al menos tres puntos fuertes y tres posibles limitaciones de DeepSeek. Por ejemplo, entre sus ventajas está la capacidad de filtrar información poco fiable, pero una posible limitación es que, al ser relativamente nueva, podría no tener tanta base de datos como los buscadores tradicionales. Reflexionar sobre estos aspectos ayuda a formar una visión crítica y realista sobre la herramienta.

DeepSeek no solo mejora la búsqueda de información, sino que también puede tener un impacto social, por ejemplo, en la reducción de la brecha digital. Para reflexionar sobre esto, se puede investigar qué es la brecha digital y escribir un breve análisis sobre cómo DeepSeek podría ayudar a reducirla. ¿Podría facilitar el acceso a información en regiones con menor conectividad? ¿Podría hacer más accesibles documentos técnicos o educativos? Pensar en estas cuestiones permite entender el potencial de la inteligencia artificial en la democratización del conocimiento.

1.5.2 Preguntas tipo test

1. **¿Qué hace diferente a DeepSeek de un motor de búsqueda tradicional?**

   a) Comprende la intención de la consulta y organiza la información.

   b) Muestra más enlaces en los resultados.

   c) Solo busca en bases de datos científicas.

   d) Funciona solo en dispositivos móviles.

   Respuesta correcta: a)

2. ¿Cuál es el propósito principal de DeepSeek?

a) Crear contenido multimedia.

b) Optimizar búsquedas y filtrar información relevante.

c) Reemplazar a los motores de búsqueda tradicionales.

d) Funcionar como un antivirus inteligente.

Respuesta correcta: b)

3. ¿Cuál de los siguientes no es un modo de uso de DeepSeek?

a) DeepSeek-V3.

b) DeepSeek-R1.

c) DeepSeek-SmartBrain.

d) DeepSeek-Search.

Respuesta correcta: c)

4. ¿Cuál de las siguientes afirmaciones es cierta sobre DeepSeek?

a) Funciona exclusivamente con información almacenada en su base de datos.

b) Puede filtrar contenido poco fiable y proporcionar explicaciones detalladas.

c) No permite la integración con herramientas empresariales.

d) Solo está disponible en inglés.

Respuesta correcta: b)

5. ¿Qué factor hace que DeepSeek sea competitivo frente a otras IA?

a) Su capacidad para generar imágenes en 3D.

b) Su capacidad para jugar videojuegos mejor que los humanos.

c) Su exclusivo uso para investigación académica.

d) Su arquitectura optimizada y costo de desarrollo más bajo.

Respuesta correcta: d)

1.5.3 Frases con huecos para rellenar

1. **DeepSeek utiliza _____ para analizar y estructurar información de manera eficiente.**

    (respuesta: redes neuronales)

2. **A diferencia de otros buscadores, DeepSeek no solo muestra enlaces, sino que también _____ la información y la organiza.**

    (respuesta: interpreta)

3. **Uno de los objetivos de DeepSeek es reducir la _____ digital al facilitar el acceso a información estructurada.**

    (respuesta: brecha)

4. **El modo de DeepSeek especializado en análisis de problemas complejos se llama _____.**

    (respuesta: DeepSeek-R1)

5. **La empresa desarrolladora de DeepSeek tiene su sede en _____.**

    (respuesta: Hangzhou)

2

CONCEPTOS BÁSICOS DE INTELIGENCIA ARTIFICIAL PARA DEEPSEEK

Para entender cómo funciona DeepSeek, primero es importante conocer los principios básicos de la inteligencia artificial. En esta sección explicaremos qué es la IA, cómo se diferencia del aprendizaje automático y las redes neuronales, y cómo DeepSeek interpreta nuestras preguntas mediante el procesamiento del lenguaje natural. Además, veremos los módulos clave que hacen posible su funcionamiento y reflexionaremos sobre la ética y la transparencia en su desarrollo.

2.1 ¿QUÉ ES LA INTELIGENCIA ARTIFICIAL?

La Inteligencia Artificial (IA) es un área de la tecnología que busca crear programas o máquinas capaces de realizar tareas que, hasta hace poco, solo se creía que podían hacer los humanos. Estas tareas incluyen reconocer voces, entender textos o tomar decisiones basadas en análisis de datos. Hoy en día, la IA se encuentra en aplicaciones tan comunes como los asistentes virtuales de los teléfonos, los sistemas de recomendación de películas y los filtros de correo no deseado.

2.1.1 Definición simple y usos generales

Si lo explicamos de forma sencilla, la IA es como darle "inteligencia" a un software para que observe el entorno, aprenda de la experiencia y actúe con base en lo que ha aprendido. Gracias a ello, puede reconocer patrones, procesar información y encontrar soluciones a problemas de manera más rápida y eficiente que un programa tradicional. Por ejemplo, en la medicina se emplea para analizar radiografías y detectar signos de enfermedades, en los coches para la conducción autónoma y en las redes sociales para moderar contenido inapropiado. De esta manera, la IA aporta beneficios en distintos ámbitos como la salud, la industria, el entretenimiento y la educación, entre otros. A continuación, se presentan algunos de sus usos más importantes en la actualidad:

Asistentes virtuales y chatbots

Los asistentes de voz como Siri, Alexa o Google Assistant utilizan IA para responder preguntas, programar recordatorios y controlar dispositivos inteligentes. Además, los chatbots en páginas web y redes sociales ayudan a resolver dudas de los clientes, ofreciendo respuestas rápidas sin necesidad de intervención humana.

Reconocimiento de voz y procesamiento del lenguaje natural

La IA permite que los dispositivos comprendan y transcriban lo que decimos. Esto se usa en aplicaciones de dictado, subtítulos automáticos y sistemas de traducción, facilitando la comunicación en diferentes idiomas y mejorando la accesibilidad para personas con discapacidad auditiva.

Recomendaciones personalizadas

Plataformas como Netflix, Spotify y YouTube utilizan IA para sugerir contenido basado en los gustos y hábitos de los usuarios. Lo mismo ocurre con tiendas en línea como Amazon, que analizan el historial de compras para ofrecer productos que pueden interesar al cliente.

Seguridad informática y detección de fraudes

Los sistemas de IA analizan grandes volúmenes de datos para detectar patrones sospechosos en transacciones bancarias o intentos de ciberataques. Esto ayuda a prevenir fraudes en tarjetas de crédito y protege la información personal de los usuarios en internet.

Diagnóstico médico y salud

En el sector de la salud, la IA se usa para analizar radiografías, identificar síntomas en imágenes médicas y predecir posibles enfermedades basándose en el historial clínico de los pacientes. También se emplea en la investigación de nuevos medicamentos y en la gestión de hospitales para optimizar recursos.

Vehículos autónomos y navegación

Los coches sin conductor, como los desarrollados por Tesla, utilizan IA para interpretar señales de tráfico, detectar obstáculos y tomar decisiones en tiempo real. Además, aplicaciones como Google Maps o Waze analizan el tráfico en directo y sugieren rutas más rápidas.

Automatización en la industria y la robótica

Las fábricas han integrado robots con IA para realizar tareas repetitivas, como ensamblar productos o controlar la calidad de estos. Esto aumenta la eficiencia y reduce los errores humanos en la producción.

Inteligencia Artificial en la educación

Las plataformas de aprendizaje en línea utilizan IA para personalizar el contenido según el nivel y el ritmo de cada estudiante. También ayudan a corregir exámenes automáticamente y a generar explicaciones detalladas de los errores cometidos.

Predicción del clima y gestión del medio ambiente

Los sistemas de IA analizan datos meteorológicos para predecir fenómenos como tormentas o huracanes con mayor precisión. También ayudan a optimizar el consumo de energía en edificios inteligentes y a mejorar la gestión de recursos naturales.

Creación de contenido y generación de imágenes

Los modelos de IA pueden generar texto, música, arte e incluso vídeos de manera automatizada. Por ejemplo, algunas herramientas permiten escribir artículos, componer melodías o diseñar imágenes realistas a partir de descripciones textuales.

Finanzas y análisis de inversiones

Las instituciones bancarias y las plataformas de inversión utilizan IA para analizar mercados financieros y predecir tendencias. Los algoritmos de trading automatizado pueden tomar decisiones en milisegundos basándose en patrones de datos históricos y noticias económicas. También ayudan a los bancos a evaluar riesgos de crédito al analizar el historial financiero de los clientes.

Control de calidad en la industria

En fábricas y líneas de producción, la IA se usa para inspeccionar productos y detectar defectos en tiempo real. Gracias a cámaras de alta resolución y modelos de aprendizaje automático, las máquinas pueden identificar errores en piezas y corregirlos sin necesidad de intervención humana, reduciendo el desperdicio de materiales.

Agricultura inteligente

La IA ayuda a mejorar la productividad agrícola mediante drones y sensores que analizan el estado del suelo y los cultivos. También permite predecir plagas o enfermedades en las plantas y optimizar el riego con base en datos climáticos, reduciendo el consumo de agua y mejorando los rendimientos de las cosechas.

Inteligencia artificial en la música y el arte

Los sistemas de IA pueden componer canciones, crear ilustraciones o generar textos de manera autónoma. Herramientas como DALL·E, Stable Diffusion o ChatGPT permiten a los artistas y creadores generar contenido original basándose en ideas o descripciones textuales. También se utilizan en la restauración de obras de arte antiguas.

Control de tráfico y planificación urbana

Las ciudades inteligentes emplean IA para mejorar la movilidad, ajustando semáforos en función del tráfico en tiempo real. También se usan modelos predictivos para planificar infraestructuras de transporte y reducir la congestión vehicular.

Supervisión y análisis de redes sociales

Plataformas como Facebook, Twitter o Instagram usan IA para moderar contenido, detectar discursos de odio o eliminar noticias falsas. También analizan tendencias y sugieren publicaciones en función de los intereses de cada usuario.

Búsqueda de empleo y selección de personal

Las empresas utilizan IA para filtrar currículums y encontrar candidatos adecuados para una vacante. También hay asistentes virtuales que pueden realizar entrevistas preliminares, analizando el tono de voz y las respuestas de los postulantes.

Inteligencia Artificial en el deporte

Los entrenadores y atletas utilizan IA para analizar el rendimiento en tiempo real. Cámaras y sensores registran movimientos y generan datos que ayudan a mejorar técnicas en deportes como el fútbol, el tenis o el atletismo. También se emplea para predecir lesiones y optimizar la recuperación de los deportistas.

Detección de terremotos y desastres naturales

Sistemas avanzados de IA analizan patrones sísmicos y datos geológicos para predecir terremotos o alertar sobre posibles tsunamis. Estos sistemas pueden salvar vidas al emitir advertencias tempranas y permitir evacuaciones a tiempo.

Análisis de ADN y genética

En biotecnología, la IA se usa para analizar el ADN y encontrar relaciones entre genes y enfermedades. Esto permite personalizar tratamientos médicos y desarrollar terapias más eficaces para enfermedades genéticas o cáncer.

Videojuegos y entretenimiento interactivo

Los videojuegos modernos incorporan IA para mejorar la experiencia del jugador. Desde personajes no jugables (NPCs) con comportamientos realistas hasta la generación automática de mundos y misiones, la IA crea experiencias más inmersivas y dinámicas.

Seguridad y videovigilancia inteligente

Los sistemas de seguridad usan IA para detectar movimientos sospechosos en cámaras de vigilancia. Algunos incluso pueden identificar rostros y alertar sobre actividades inusuales en tiempo real, mejorando la protección en lugares públicos y privados.

Energía y sostenibilidad

Las compañías eléctricas utilizan IA para optimizar el consumo de energía y gestionar redes inteligentes. También se emplea en plantas solares y eólicas para mejorar la eficiencia y predecir la producción energética en función de las condiciones climáticas.

Administración pública y servicios gubernamentales

Los gobiernos están implementando IA para mejorar la atención al ciudadano, agilizar trámites burocráticos y detectar fraudes fiscales. También se usa en la planificación de políticas públicas basadas en el análisis de datos socioeconómicos.

Exploración espacial

Las agencias espaciales como la NASA y SpaceX emplean IA para analizar datos del espacio, planificar misiones y controlar vehículos autónomos en Marte. También se usa en telescopios avanzados para procesar imágenes y descubrir nuevos planetas o galaxias.

2.1.2 Diferencias entre IA, aprendizaje automático y redes neuronales

Dentro de la IA existen diferentes enfoques, siendo uno de los más relevantes el **aprendizaje automático (Machine Learning)**, que permite a las máquinas mejorar su rendimiento analizando grandes volúmenes de datos y detectando patrones sin necesidad de seguir instrucciones predefinidas. Un ejemplo común es el filtro de spam en los correos electrónicos, que con el tiempo aprende a distinguir mejor entre mensajes legítimos y no deseados. Dentro del aprendizaje automático, un método especialmente avanzado es el de las **redes neuronales**, que imitan la estructura del cerebro humano a través de capas de nodos interconectados. Las redes neuronales profundas (**Deep Learning**) utilizan múltiples capas para analizar información de manera progresiva, permitiendo grandes avances en reconocimiento de voz, visión por computadora y traducción automática, entre otras aplicaciones.

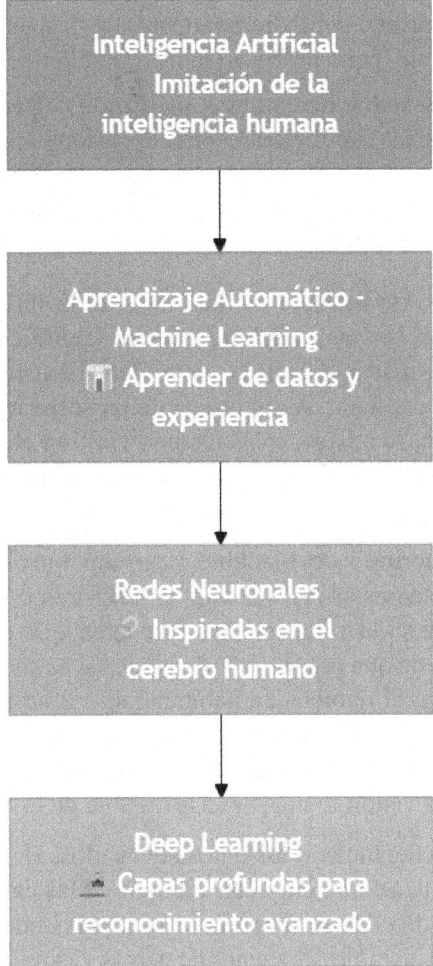

▸ **IA (Inteligencia Artificial):** es el concepto general que incluye cualquier sistema que tenga la capacidad de imitar comportamientos "inteligentes" humanos, ya sea aprendiendo, razonando o resolviendo problemas. Dentro de la IA, encontramos varios enfoques y métodos.

- **Aprendizaje Automático (Machine Learning):** se refiere a la forma en que las máquinas "aprenden" de la experiencia. En lugar de seguir una lista de reglas fijas, estos sistemas analizan grandes cantidades de datos y detectan patrones para mejorar sus respuestas a lo largo del tiempo. Un ejemplo es un filtro de spam que, tras revisar miles de correos, va puliendo su capacidad para separar lo que es correo normal de lo que no lo es.

  - **Redes Neuronales:** son uno de los métodos más populares dentro del aprendizaje automático. Se inspiran en la forma en que funciona el cerebro humano, usando "capas" de nodos (o neuronas artificiales) que procesan la información de forma jerárquica.

    - **Las redes neuronales profundas (Deep Learning) utilizan** muchas capas para reconocer patrones cada vez más complejos, lo que ha permitido avances importantes en áreas como el reconocimiento de voz, la visión por computadora y la traducción automática.

El **Aprendizaje Automático** es una rama de la Inteligencia Artificial que se basa en la idea de que las computadoras pueden identificar patrones en grandes cantidades de datos y, a partir de ellos, "aprender" para realizar tareas sin estar programadas de manera explícita. A diferencia de un software tradicional, donde se indican todas las reglas paso a paso, en Machine Learning el sistema encuentra esas reglas por sí mismo al analizar ejemplos y extraer conclusiones que luego aplica a información nueva.

Para que un algoritmo de Machine Learning funcione, necesita datos de calidad. Estos datos suelen estar organizados en registros o conjuntos de ejemplos que contienen la información relevante para la tarea que se quiere realizar. Por ejemplo, si un modelo tiene que predecir el precio de las casas, necesitará datos sobre el tamaño de la vivienda, el número de habitaciones, la ubicación y otros factores que influyen en su valor. Antes de entrenar el modelo, es habitual limpiar los datos para eliminar valores erróneos, duplicados o inconsistentes, y así asegurarse de que el algoritmo obtenga una visión lo más precisa posible de la realidad.

Una vez que se cuentan con los datos adecuados, el siguiente paso es elegir el tipo de aprendizaje que se va a emplear. Existen varias categorías principales en Machine Learning. Una de ellas es el aprendizaje supervisado, donde se trabaja con datos ya etiquetados (por ejemplo, imágenes de perros y gatos con su correspondiente etiqueta). Con estos datos, el algoritmo aprende a reconocer qué características diferencian a un perro de un gato, y luego puede clasificar nuevas imágenes que no había visto antes. En el aprendizaje no supervisado, el sistema intenta descubrir patrones por su cuenta, sin etiquetas previas. Esto se utiliza mucho para segmentar clientes o detectar comportamientos anormales sin tener que definir qué es "anormal" desde el principio. Existe también el aprendizaje por refuerzo, en el que el algoritmo aprende mediante la interacción con un entorno, recibiendo recompensas o penalizaciones según sus acciones (muy útil en el desarrollo de robots o sistemas de recomendación).

El proceso de entrenamiento consiste en alimentar al modelo con ejemplos de entrada (los datos) y la salida esperada (si se trata de un aprendizaje supervisado). El algoritmo ajusta internamente sus parámetros para minimizar los errores y mejorar su capacidad de predicción. Estos parámetros pueden ser coefficients en un modelo de regresión, pesos sinápticos en una red neuronal o reglas de clasificación en un árbol de decisión, dependiendo del tipo de algoritmo. Con cada iteración, se reduce la diferencia entre la predicción y la respuesta real, lo que se conoce como error. Una vez finalizado el entrenamiento, es esencial probar el modelo con datos nuevos o un conjunto de validación para comprobar si ha aprendido de forma adecuada o si está sobreajustado (lo que significa que aprendió demasiado los detalles de los datos de entrenamiento y no generaliza bien).

En la práctica, existen múltiples algoritmos y técnicas de Machine Learning. Algunos son más sencillos, como la regresión lineal o los árboles de decisión, útiles cuando se necesita un modelo rápido y comprensible. Otros, como las redes neuronales profundas, son capaces de detectar patrones extremadamente complejos en voz, texto o imágenes, aunque requieren más recursos de computación y pueden ser menos fáciles de interpretar. La elección del algoritmo depende de varios factores: el tipo de datos, la complejidad del problema y el nivel de precisión que se busca.

Además de los algoritmos y del entrenamiento en sí, el Aprendizaje Automático implica un seguimiento constante. Una vez que un modelo se pone en producción (por ejemplo, en una aplicación que recomienda productos), se necesita revisar su rendimiento y actualizarlo con datos recientes para que no se quede desfasado. Con el paso del tiempo, las condiciones pueden cambiar, y un modelo que funcionaba bien en un momento dado puede ir perdiendo precisión si no se mantiene al día.

Esquema del proceso de Aprendizaje Automático en un contexto de predicción de precios de casas

1. RECOLECCIÓN DE DATOS

- Se recopilan 5.000 registros de viviendas de una ciudad específica.
- Cada registro incluye información como tamaño en metros cuadrados (por ejemplo, entre 50 y 300 m²), número de habitaciones (1 a 5), ubicación (código postal) y antigüedad de la vivienda (en años).
- El precio de venta de cada casa (entre 80.000 y 500.000 euros) se registra como la variable que se desea predecir.

2. LIMPIEZA Y PREPROCESAMIENTO

- Se eliminan los registros con información incompleta o claramente errónea (por ejemplo, números de metros cuadrados extremadamente altos o negativos).
- Se convierten las variables de texto (código postal) en representaciones numéricas o "one-hot encoding" si se requiere que el modelo interprete distintas zonas geográficas.
- Se normalizan valores muy dispersos, como los metros cuadrados, para que el rango de datos quede más equilibrado (por ejemplo, a un rango de 0 a 1).

3. DIVISIÓN DEL CONJUNTO DE DATOS

- Se separan los 5.000 registros en tres subconjuntos:
  - Entrenamiento (70%): datos usados para ajustar los parámetros del modelo.
  - Validación (15%): datos para comprobar la precisión del modelo y evitar que se ajuste en exceso al conjunto de entrenamiento.
  - Prueba (15%): datos finales para comprobar la calidad del modelo después de todos los ajustes.

4. SELECCIÓN DEL MODELO DE APRENDIZAJE AUTOMÁTICO

- Se opta por un modelo de regresión lineal múltiple como primer paso, dado que es sencillo de interpretar.
- También se considera un modelo de bosque aleatorio (Random Forest) para comparar su rendimiento y ver si mejora la precisión.
- Cada modelo se entrena por separado con los mismos datos de entrenamiento para comparar cuál ofrece mejor resultado.

5. ENTRENAMIENTO DE LOS MODELOS

- **Regresión lineal múltiple**: el modelo ajusta coeficientes para cada variable (metros cuadrados, número de habitaciones, etc.).
- **Bosque aleatorio**: se crean múltiples árboles de decisión, cada uno entrenado en una parte de los datos. La predicción final se obtiene promediando las salidas de todos los árboles.
- Durante el entrenamiento, se mide la diferencia (error) entre la predicción del modelo y el precio real de cada casa.

6. EVALUACIÓN INTERMEDIA CON EL CONJUNTO DE VALIDACIÓN

- Se calculan métricas de rendimiento (por ejemplo, Error Cuadrático Medio, RMSE) para ver qué tan cerca están las predicciones de los precios reales.
- Si un modelo presenta un error más bajo, se analiza si puede mejorarse ajustando parámetros (hiperparámetros en el caso del Bosque aleatorio).

7. AJUSTE DE HIPERPARÁMETROS

- Para el modelo de Bosque aleatorio, se prueban diferentes valores de hiperparámetros (como la cantidad de árboles o la profundidad máxima de cada árbol) para encontrar la mejor combinación.
- Se vuelve a entrenar el modelo con estos parámetros óptimos y se verifica nuevamente el rendimiento en el conjunto de validación.

8. EVALUACIÓN FINAL CON EL CONJUNTO DE PRUEBA

- Una vez seleccionados y ajustados los modelos, se prueban con el 15% de datos que no se usaron ni en entrenamiento ni en validación.
- Se comparan los resultados finales y se elige el modelo que ofrece mejores predicciones en precios de casas.
- Este modelo es el que se implementa, por ejemplo, en una aplicación o en un sistema de recomendaciones para valoraciones inmobiliarias.

9. MANTENIMIENTO Y ACTUALIZACIÓN

- Con el paso del tiempo, los precios de las casas pueden cambiar por factores económicos o nuevas tendencias.
- Periódicamente, se recopilan nuevos registros de viviendas para volver a entrenar o actualizar el modelo y mantenerlo en sintonía con la realidad del mercado.

Las **redes neuronales** funcionan inspirándose en el cerebro humano, utilizando **neuronas artificiales** organizadas en capas que procesan información y aprenden patrones a partir de los datos. Su principal ventaja es que pueden detectar relaciones complejas en grandes volúmenes de información sin que sea necesario programar reglas específicas.

Una **red neuronal artificial** está compuesta por varias capas de nodos (neuronas artificiales):

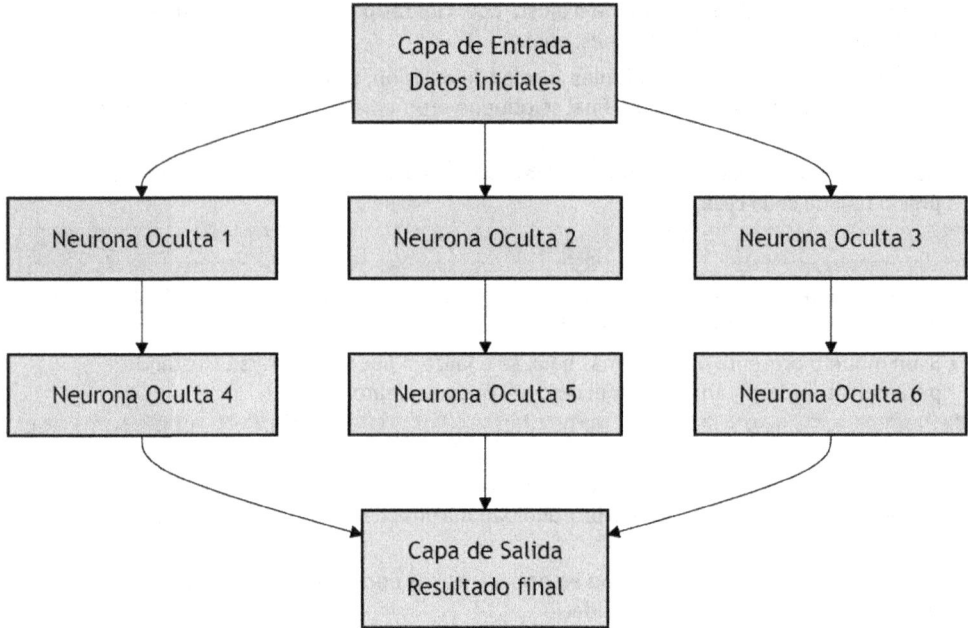

▸ **Capa de entrada:** recibe los datos iniciales y los distribuye a la red.

▸ **Capas ocultas:** procesan la información a través de múltiples transformaciones matemáticas.

▸ **Capa de salida:** entrega el resultado final del modelo.

Cada conexión entre neuronas tiene un **peso**, que indica la importancia de una entrada en la predicción final. Estos pesos se ajustan durante el **entrenamiento** de la red.

El proceso de funcionamiento es el siguiente:

• **PASO 1. Entrada de datos**

▶ Los datos de entrada (imágenes, texto, valores numéricos, etc.) se representan en forma de números y se ingresan a la **capa de entrada**.

▶ Por ejemplo, en una red que reconoce imágenes de gatos y perros, los píxeles de la imagen se convierten en valores numéricos antes de procesarse.

• **PASO 2. Propagación hacia adelante (Forward Propagation)**

▶ Los datos avanzan por la red, pasando de una neurona a otra. En cada capa oculta, se aplican **operaciones matemáticas**, como:

- **Multiplicación por pesos** (ajustan la importancia de cada dato).

- **Aplicación de una función de activación** (determina si una neurona debe activarse).

▶ Por ejemplo, en una red de traducción automática, una palabra en español se transforma en varias representaciones numéricas antes de obtener su equivalente en inglés.

• **PASO 3. Cálculo del error**

▶ Al final, la red genera una **salida**, que se compara con la respuesta real. Se mide la diferencia entre la predicción y el resultado correcto con una función llamada **función de pérdida**.

▶ Por ejemplo, si la red predice que una imagen es un perro con un 70% de certeza, pero en realidad es un gato, se mide cuánto se equivocó la red.

• **PASO 4. Ajuste de pesos (Backpropagation)**

▶ Para mejorar sus predicciones, la red ajusta sus pesos usando un método llamado **retropropagación del error (backpropagation)**.

- Se calcula cuánto influyó cada peso en el error.

- Se ajustan los pesos usando un algoritmo de optimización como el **Descenso del Gradiente**.

- Se repite el proceso miles de veces hasta que la red aprende correctamente.

▶ Por ejemplo, en reconocimiento de voz, la red va mejorando con cada iteración hasta distinguir mejor las palabras.

• PASO 5. Predicción con datos nuevos

> ⚑ Una vez entrenada, la red puede hacer predicciones sobre nuevos datos que no había visto antes.

> ⚑ Por ejemplo, un asistente de voz como Siri o Google Assistant entiende nuevas frases gracias al aprendizaje previo.

2.1.3 Tipos de Redes Neuronales

> ⚑ Dependiendo de la tarea, se pueden usar diferentes tipos de redes neuronales:
>
> - **Perceptrón multicapa (MLP):** para datos tabulares y problemas simples de clasificación y regresión.
> - **Redes Convolucionales (CNN):** para procesamiento de imágenes y reconocimiento facial.
> - **Redes Recurrentes (RNN):** para texto, voz y series temporales.
> - **Transformers:** utilizadas para el procesamiento de lenguaje natural.

Dentro del Aprendizaje Automático, las **redes neuronales profundas** (Deep Learning) juegan un papel clave cuando se necesitan modelos capaces de detectar patrones extremadamente complejos en datos como imágenes, texto, audio o grandes volúmenes de información estructurada.

A diferencia de otros métodos más simples como la regresión lineal o los árboles de decisión, que funcionan bien con datos más estructurados y fáciles de interpretar, las redes neuronales profundas destacan en problemas donde la relación entre los datos de entrada y la salida no es evidente a simple vista. En este contexto, la complejidad del modelo se traduce en una mayor capacidad para captar detalles sutiles y combinaciones de características que otros enfoques no detectarían fácilmente.

Por ejemplo, en el caso de **clasificación de imágenes**, una red neuronal profunda no solo reconoce que una imagen contiene un gato o un perro, sino que también puede distinguir razas específicas basándose en patrones visuales avanzados. Lo hace gracias a su estructura en capas, donde las primeras identifican formas y bordes simples, y las más profundas combinan esa información para detectar patrones más abstractos.

En el ámbito del **procesamiento de lenguaje natural (PLN)**, como en sistemas de traducción automática o asistentes de voz, las redes neuronales profundas permiten entender el significado de frases completas en lugar de analizar palabra por palabra de forma aislada. Esto es lo que hace posible que herramientas como Google Translate o ChatGPT generen respuestas más naturales y precisas.

Cuando se trata de **predicción de datos estructurados**, como en el ejemplo de estimar el precio de viviendas mencionado en el texto, las redes neuronales pueden ser útiles si se manejan grandes volúmenes de información con múltiples factores interconectados. Por ejemplo, podrían analizar no solo los datos básicos de una vivienda (tamaño, ubicación, número de habitaciones), sino también características más sutiles como la tendencia del mercado, la demanda en la zona y la evolución de precios en el tiempo.

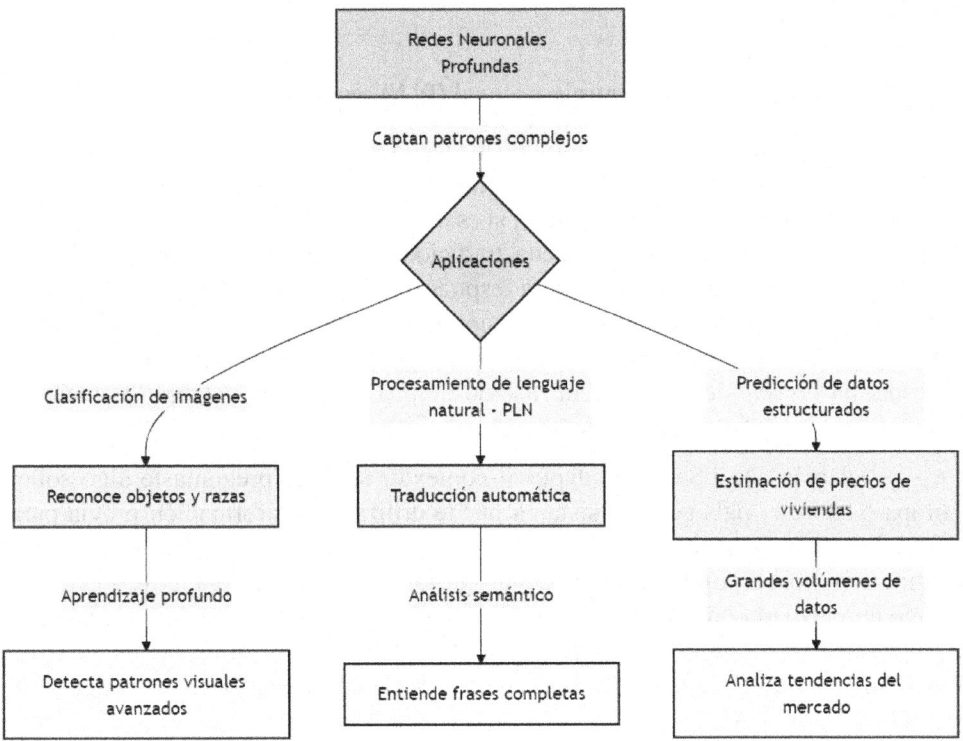

Sin embargo, su uso no siempre es necesario ni recomendable. Si el problema se puede resolver con modelos más sencillos y explicables, como la regresión lineal o los árboles de decisión, es preferible optar por estos, ya que las redes neuronales profundas requieren más **datos, potencia de cálculo y tiempo de entrenamiento**. Además, su "caja negra" hace que interpretar sus decisiones sea más difícil, lo que puede ser un inconveniente en entornos donde se necesita justificar cada predicción.

2.2 ¿CÓMO ENTIENDE DEEPSEEK NUESTRAS PREGUNTAS?

Para comprender cómo DeepSeek interpreta nuestras preguntas, primero debemos imaginar el tipo de "inteligencia" que emplea para procesar el lenguaje humano. Como ya sabemos, a diferencia de un simple motor de búsqueda que identifica palabras clave y devuelve resultados exactos sin mayor análisis, DeepSeek va más allá. Utiliza modelos de inteligencia artificial entrenados específicamente para entender la intención de la pregunta, identificar los elementos relevantes que la componen y, a partir de ahí, ofrecer una respuesta precisa o una serie de resultados útiles. Este proceso implica descomponer la frase o el enunciado del usuario en sus partes más esenciales, relacionarlas con una base de conocimiento o una red de datos, y luego reconstruir una respuesta coherente.

2.2.1 Procesamiento del lenguaje natural (PLN) explicado

Cuando hacemos una pregunta a DeepSeek, el sistema no solo "ve" la palabra clave, sino que también trata de interpretar la relación semántica que hay entre las distintas palabras. Por ejemplo, si escribimos algo como "¿Cuál es la capital de Francia?", un sistema de búsqueda tradicional se centraría en términos como "capital" y "Francia" para localizar una respuesta, mientras que DeepSeek, haciendo uso de algoritmos avanzados de comprensión lingüística, identificaría que el usuario solicita una ciudad específica asociada con un país. Esta diferencia sutil hace que la respuesta no sea simplemente un listado de páginas con la palabra "Francia" y "capital", sino que se oriente directamente a la información solicitada: "París".

Además, DeepSeek se adapta al contexto: si antes preguntaste algo sobre Europa o sobre el país galo, el sistema puede utilizar esa información previa para refinar la búsqueda. Así, se construye una especie de "memoria" a corto plazo que permite al motor responder de manera más ajustada y natural, acercándose a la forma en que interactuaría un ser humano en una conversación. Esta capacidad de análisis y adaptación proviene de la forma en que DeepSeek integra diversas técnicas de Procesamiento del Lenguaje Natural, reconocimiento de patrones y modelos de aprendizaje profundo.

El Procesamiento del **Lenguaje Natural (PLN)**, o NLP por sus siglas en inglés (Natural Language Processing), es la rama de la inteligencia artificial que se centra en permitir que las máquinas "entiendan" y "generen" lenguaje de manera similar a los seres humanos. El PLN se apoya en disciplinas como la lingüística, la informática y la estadística para analizar y extraer significado de textos o de discurso hablado. Una de sus bases principales es la segmentación de las oraciones en diferentes componentes lingüísticos, como palabras, sintagmas y oraciones, para así poder determinar qué función gramatical cumple cada elemento.

Para DeepSeek, el PLN resulta indispensable, ya que le permite diferenciar, por ejemplo, los sujetos y objetos de una frase, las relaciones temporales, y la estructura lógica que define la intención del usuario. Imaginemos que preguntas: "¿Qué tiempo hace hoy en Madrid?". DeepSeek utilizará técnicas de PLN para descomponer la frase en tokens (palabras clave como "tiempo", "hoy", "Madrid"), identificar la intención principal (información meteorológica) y luego buscar en su base de datos o a través de servicios conectados cuál es la temperatura, la previsión de lluvia o la velocidad del viento.

Este proceso se vuelve complejo cuando nos enfrentamos a lenguaje ambiguo o con matices culturales y contextuales. Por ejemplo, la palabra "banco" puede referirse a una institución financiera o a un asiento. Para resolver estas ambigüedades, los modelos de PLN de DeepSeek tienen en cuenta el contexto que rodea a la palabra, así como el historial de búsquedas o el diálogo previo, de manera que identifiquen con la mayor precisión posible a qué se está refiriendo el usuario.

El PLN ha evolucionado de sistemas basados en reglas y gramáticas rígidas hacia arquitecturas de redes neuronales de aprendizaje profundo (Deep Learning). Como ya sabemos, estas redes se entrenan con enormes conjuntos de datos para "aprender" patrones estadísticos que ayudan a clasificar, agrupar y entender el texto de formas que anteriormente habrían requerido un análisis manual interminable. Para DeepSeek, esto se traduce en la capacidad de realizar inferencias más complejas y adaptarse mejor a cada estilo de comunicación, generando respuestas más naturales y precisas.

2.2.2 Reconocimiento de patrones y contexto

Además del PLN, un factor clave en la forma en que DeepSeek comprende nuestras preguntas es su capacidad de "reconocer patrones" tanto en el lenguaje como en la información previa. El reconocimiento de patrones implica que el sistema detecte regularidades, similitudes y estructuras repetitivas en grandes volúmenes de datos. Gracias a ello, DeepSeek puede anticipar qué tipo de información suele solicitarse cuando se plantea determinada pregunta o qué términos suelen aparecer asociados a cierto tema. Así, cuando alguien consulta "recomendaciones de restaurantes italianos en el centro", el motor no solo ve las palabras "restaurantes" e "italianos", sino que cruza datos de geolocalización, reseñas y horarios comerciales, encontrando patrones de calidad y popularidad que ayudarán a personalizar la respuesta.

El contexto es igualmente esencial. No siempre formulamos nuestras preguntas de manera clara y cerrada; a veces empezamos con dudas parciales o incompletas, o cambiamos repentinamente de un tema a otro. Mediante el uso de algoritmos de aprendizaje profundo, DeepSeek "recuerda" elementos de búsquedas anteriores o pistas dadas en mensajes previos para entender mejor el trasfondo de la conversación. Por ejemplo, si primero preguntas sobre "Museos famosos en París" y luego comentas "¿Cuánto cuesta la entrada?", DeepSeek infiere que sigues hablando de los museos parisinos y no necesita que repitas explícitamente el nombre del lugar para saber a qué te refieres.

En la práctica, este reconocimiento de patrones y contexto se logra a través de modelos de lenguaje como las redes neuronales de tipo Transformer, que tienen la capacidad de procesar grandes secuencias de palabras y asignarles distintos "pesos" de relevancia para generar la respuesta más acertada. Esto se complementa con el análisis de la "historia" de interacciones en tiempo real, de modo que el sistema pueda hilar varias preguntas sucesivas y ofrezca información de manera coherente. Esto hace que la experiencia de usar DeepSeek sea más fluida y conversacional, alejándose de la idea de una simple búsqueda de palabras clave para acercarse a un diálogo inteligente.

A continuación, se presenta un ejemplo práctico que ilustra cómo DeepSeek emplea el reconocimiento de patrones y el análisis de contexto en una conversación real sobre planes en Madrid. En cada fase del diálogo, verás cómo el sistema retiene la información previa y adapta sus respuestas para ofrecer datos más pertinentes y coherentes.

Pregunta inicial y sugerencias generales

Usuario: *"Hola DeepSeek, ¿qué lugares de interés puedo visitar en Madrid este fin de semana?"*.

Lugares de interés para visitar en Madrid

Hola DeepSeek, ¿qué lugares de interés puedo visitar en Madrid este fin de semana?"

 ¡Hola! Madrid es una ciudad llena de lugares increíbles para visitar. Aquí tienes algunas sugerencias para este fin de semana:

1. Museo del Prado

- Uno de los museos más importantes del mundo, con obras maestras de artistas como Velázquez, Goya y El Bosco.

2. Parque del Retiro

- Perfecto para un paseo relajante. Puedes alquilar una barca en el estanque, visitar el Palacio de Cristal o simplemente disfrutar de los jardines.

3. Palacio Real

- La residencia oficial de la Familia Real Española. No te pierdas los lujosos salones y la armería real.

4. Plaza Mayor y Puerta del Sol

- Dos de los lugares más emblemáticos de Madrid. Ideal para tomar un café o disfrutar de la animada vida callejera.

5. Museo Reina Sofía

- Aquí podrás ver el famoso cuadro "Guernica" de Picasso, junto con una impresionante colección de arte contemporáneo.

6. Mercado de San Miguel

- Un lugar perfecto para probar tapas y productos típicos españoles en un ambiente único.

7. Templo de Debod

- Un antiguo templo egipcio donado a España. Es un gran lugar para ver el atardecer.

Message DeepSeek

 DeepThink (R1)   Search

▼ **Cómo actúa DeepSeek**:

- En esta primera interacción, el sistema reconoce las palabras clave "lugares de interés", "Madrid" y "este fin de semana".

- A partir de estas pistas, DeepSeek consulta su base de datos o su modelo de conocimiento sobre qué sitios suelen ser relevantes para un plan turístico en la capital española, considerando también la cercanía temporal ("fin de semana").

- El sistema no se limita a listar páginas web relacionadas con "Madrid", sino que integra técnicas de Procesamiento de Lenguaje Natural (PLN) para comprender que el usuario quiere sugerencias de lugares para visitar, y no simplemente datos aleatorios.

- El resultado es una serie de recomendaciones bien estructuradas (Museo del Prado, Parque del Retiro, Palacio Real, etc.), cada una con una breve descripción.

Profundizando en un lugar específico:

Usuario: *"He oído que el Museo del Prado es muy famoso por su colección de arte. ¿Cuánto cuesta la entrada para adultos?"*

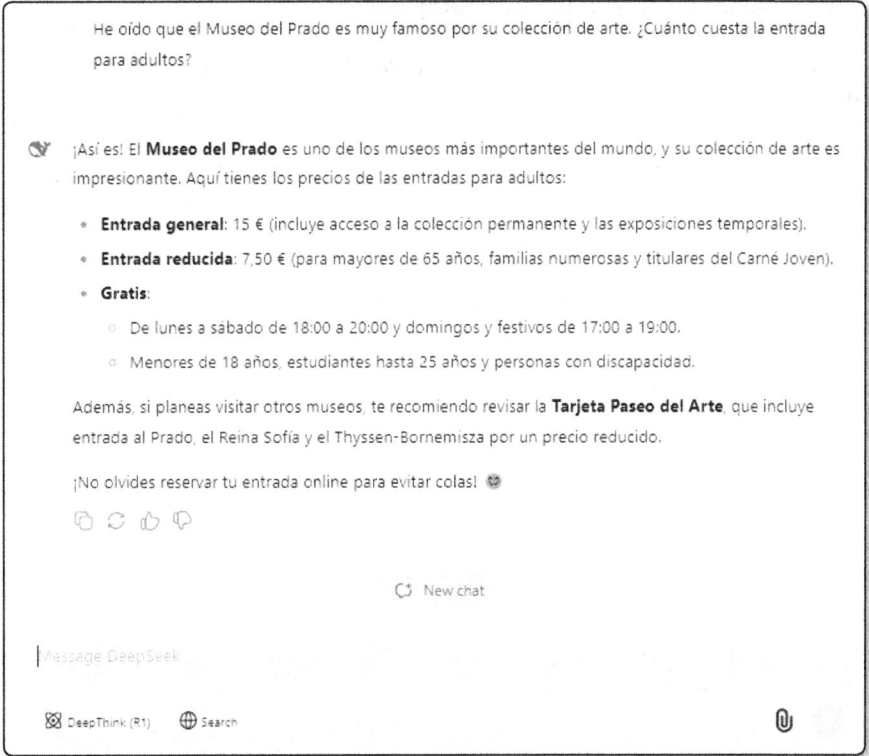

▶ **Cómo actúa DeepSeek:**

- Aquí se observa el **reconocimiento de patrones**: el usuario menciona "Museo del Prado" y plantea explícitamente una pregunta acerca del **precio de la entrada**.

- DeepSeek recuerda que hace un momento se habló de "lugares de interés en Madrid" y que dentro de la lista estaba precisamente el Museo del Prado.

- Mediante el **análisis de contexto**, el sistema asocia la frase "colección de arte" con un museo, confirmando que el usuario busca información sobre el coste de las entradas para adultos en ese lugar concreto.

- Los modelos de lenguaje tipo Transformer permiten que la IA tome en cuenta tanto las palabras usadas en la nueva consulta ("colección de arte", "entrada para adultos") como la referencia previa (el Museo del Prado en Madrid).

- La respuesta indica diferentes opciones de entrada (general, reducida, gratuita), reflejando cómo DeepSeek integra datos actualizados y específicos.

Ajuste de la respuesta según la nueva pregunta:

Usuario: *"¿Hay algún día en que la entrada sea gratis y cómo reservo mis entradas?"*

¿Hay algún día en que la entrada sea gratis y cómo reservo mis entradas?

 ¡Sí! El **Museo del Prado** ofrece **entrada gratuita** en horarios específicos, lo que es una gran oportunidad para visitarlo sin costo. Aquí te detallo cómo y cuándo:

Horarios de entrada gratuita:

- **De lunes a sábado**: de 18:00 a 20:00 horas.
- **Domingos y festivos**: de 17:00 a 19:00 horas.

Cómo reservar entradas:

1. **Entrada gratuita**:
   - No es necesario reservar para acceder en los horarios gratuitos, pero te recomiendo llegar con anticipación, ya que suele haber colas.
2. **Entrada de pago**:
   - Puedes reservar tus entradas online a través de la **página oficial del Museo del Prado**: museodelprado.es.
   - Selecciona la fecha y hora de tu visita.
   - Recibirás un código QR que deberás mostrar en la entrada.

Consejos:

- Si visitas en horario gratuito, intenta llegar al menos 30 minutos antes para evitar largas esperas.
- Si prefieres evitar aglomeraciones, la entrada de pago te permitirá acceder con mayor comodidad.

¡Disfruta de tu visita al Museo del Prado! 😊

🖒 New chat

Message DeepSeek

 DeepThink (R1)   Search

▼ **Cómo actúa DeepSeek**:

- En este punto, el usuario desea información adicional: la **existencia de días con entrada gratuita** y el **método de reserva**.

- DeepSeek, otra vez, no pierde el hilo de la conversación. Gracias a la memoria de la interacción, sabe que se sigue hablando del Museo del Prado, aunque el usuario no lo mencione de forma explícita.

- El motor aplica el **PLN** para interpretar que "entrada gratuita" y "reservar mis entradas" siguen vinculados a la temática previa de las tarifas del museo, y no a otro sitio de interés.

- La respuesta se centra, por tanto, en ofrecer los datos concretos de los horarios con entrada gratuita (de lunes a sábado, domingos y festivos) y explica cómo adquirir las entradas, ya sean gratuitas o de pago.

- Gracias a los **modelos de lenguaje de tipo Transformer**, la IA puede "recordar" la conversación completa y relacionar estas nuevas preguntas con la información previa sin necesidad de que el usuario repita los detalles.

¿Por qué funciona?

1. **Procesamiento de Lenguaje Natural (PLN)**:

- DeepSeek analiza la sintaxis y la semántica de la frase para extraer la intención. Las palabras clave y su posición en la frase son procesadas para generar la respuesta apropiada.

- En la pregunta sobre el precio de la entrada, el sistema entiende que la palabra "colección de arte" describe el tipo de museo; cuando luego pregunta por "cómo reservo mis boletos", sabe que se refiere a la entrada al mismo lugar (Museo del Prado).

2. **Reconocimiento de patrones**:

- Mediante el entrenamiento con grandes volúmenes de datos, DeepSeek ha "aprendido" que las personas suelen preguntar precios, horarios, días gratuitos y métodos de reserva al buscar información sobre museos.

- Estos patrones le permiten generar respuestas completas y no solo centrarse en una parte de la duda.

3. **Análisis de contexto y memoria conversacional**:

- Cada paso de la conversación se "encadena" al anterior. Si el usuario omite volver a mencionar "Museo del Prado", DeepSeek infiere que el tema no ha cambiado y puede responder con más detalle.

- Las redes neuronales de tipo Transformer utilizan mecanismos de auto-atención para determinar qué partes de la conversación previa siguen siendo relevantes en la pregunta actual.

4. **Diálogo inteligente en lugar de búsqueda de palabras clave**:

- A diferencia de un buscador tradicional que listaría sitios web con la expresión "precio entrada Museo del Prado", DeepSeek construye una respuesta clara y directa.

- Esto se traduce en una experiencia más cercana a la interacción con un experto humano, capaz de razonar y recordar información de turnos de conversación anteriores.

Gracias a todo este proceso:

▸ El usuario obtiene una lista de recomendaciones específicas y detalladas sobre lugares de interés en Madrid.

▸ Puede profundizar en uno de ellos (Museo del Prado) pidiendo más información sobre precios, descuentos y horarios gratuitos, recibiendo datos claros sin tener que repetir el contexto.

▸ Conoce la posibilidad de reservar las entradas y hasta obtiene enlaces para consultar más detalles.

▸ El sistema se adapta a cada nueva consulta, demostrando una capacidad de mantener la coherencia a lo largo de varias preguntas sucesivas.

En conclusión, este ejemplo real evidencia cómo el **uso de redes neuronales de tipo Transformer** y el **PLN** permiten a DeepSeek reconocer patrones de conversación, analizar el contexto y ofrecer respuestas coherentes y útiles. Cada turno de la conversación está conectado al anterior, generando una interacción fluida y personalizada, muy diferente de las búsquedas estáticas basadas únicamente en palabras clave. De esta manera, DeepSeek logra acercarse más a la experiencia de dialogar con un experto humano en lugar de limitarse a devolver resultados desordenados e impersonales.

¿Cómo encaja todo esto en la arquitectura de redes neuronales tipo Transformer?

1. Procesamiento secuencial y auto-atención: las redes Transformer procesan el texto completo de forma que cada palabra (o token) "ve" a las demás dentro de la misma oración y a lo largo de la conversación previa. Esto permite que el sistema entienda que "Museo del Prado" sigue siendo relevante cuando el usuario pregunta por "la entrada" o "días gratuitos" en mensajes posteriores.

2. Asignación de pesos de relevancia: la técnica conocida como "self-attention" calcula la importancia de cada palabra en relación con las otras. En el ejemplo, "entrada" tiene un peso específico cuando se habla de precios y tickets; "Museo del Prado" retiene un alto nivel de relevancia mientras el usuario no cambie de tema.

3. Análisis de la "historia" de interacciones: DeepSeek no trata cada pregunta como un evento aislado. Más bien, analiza las conversaciones como un flujo en el que cada turno añade información sobre lo que el usuario desea. Si el usuario cambia abruptamente de tema a mitad de la conversación, la red ajusta ese cambio de contexto aprovechando los mismos mecanismos de auto-atención, pero modifica los pesos relativos a la temática anterior y se centra en la nueva.

Las principales ventajas de este enfoque son las siguientes:

▶ Mayor precisión: al mantener el contexto entre varias preguntas, DeepSeek responde con información más pertinente, evitando confusiones típicas de motores de búsqueda que se basan solo en palabras clave.

▶ Conversaciones naturales: el usuario no siente que deba repetir la misma información continuamente. DeepSeek recuerda la referencia a "Museo del Prado" sin necesidad de que se mencione en cada mensaje.

▶ Aprovechamiento de patrones: al haber visto múltiples variantes de la misma pregunta ("¿Cuánto vale la entrada?", "¿Cuánto cuesta?", "¿Cuál es el precio?"), el sistema reconoce la intención y unifica la respuesta, independientemente de la formulación exacta.

▶ Respuestas más completas: el modelo puede ofrecer datos adicionales (horarios, descuentos, etc.) basados en patrones previos de lo que habitualmente interesa a los usuarios.

2.3 COMPONENTES CLAVE DE DEEPSEEK

Para comprender la arquitectura completa de DeepSeek y por qué es tan eficaz en la búsqueda y procesamiento de información, es necesario detenerse en los componentes que lo hacen funcionar. De forma general, podemos decir que DeepSeek está construido sobre varios pilares que, trabajando en conjunto, ofrecen una experiencia de consulta casi conversacional. En primer lugar, destacan los módulos de búsqueda y procesamiento, que son el "motor" encargado de rastrear, extraer y analizar la información pertinente a cada consulta. A continuación, está el sistema de aprendizaje continuo, una pieza fundamental que garantiza la mejora constante del desempeño, adaptándose a los cambios en el lenguaje, en las fuentes de datos y en los intereses del usuario.

Cada uno de estos componentes cumple una misión específica, pero, al mismo tiempo, están interconectados para garantizar una interacción coherente y precisa. Por ejemplo, si un usuario realiza una pregunta sobre un tema complejo, los módulos de búsqueda y procesamiento se ponen en marcha para encontrar información actualizada y filtrarla con precisión, mientras que el sistema de aprendizaje continuo incorpora esa experiencia a su acervo, extrayendo patrones que le permitirán responder con mayor acierto en futuras interacciones similares. La evolución de DeepSeek depende, en gran medida, de la capacidad de estos componentes de comunicarse entre sí, retroalimentarse y ajustarse a las necesidades cambiantes de los usuarios.

2.3.1 Módulos de búsqueda y procesamiento

Los módulos de búsqueda y procesamiento de DeepSeek constituyen el corazón operativo que permite, en primer lugar, **localizar** la información en una amplia base de datos o en la web, y luego **procesarla** para elaborar respuestas claras y ajustadas. Podríamos pensar en esta parte de la arquitectura como el "filtro inteligente" que, ante una pregunta, busca en un océano de datos solo aquellas referencias relevantes, las organiza y les da forma de respuesta.

1. **Indexación avanzada**:

   Uno de los pasos clave en todo motor de búsqueda es la indexación. En el caso de DeepSeek, se lleva a cabo un proceso de indexación avanzado, donde además de almacenar palabras clave, se generan representaciones semánticas de los documentos. Esto implica analizar la relación entre diferentes términos y frases, de modo que el sistema entienda no solo que dos palabras aparecen juntas, sino también **cómo** y **por qué** se relacionan.

2. **Procesamiento semántico del lenguaje**:

   Una vez localizados los documentos potencialmente relevantes, el sistema pasa a la fase de comprensión. Aquí, entra en juego el Procesamiento del Lenguaje Natural (PLN), que va mucho más allá de emparejar palabras clave. DeepSeek analiza la intención de la consulta, identifica sinónimos, reconoce construcciones gramaticales complejas e incluso comprende matices contextuales. Por ejemplo, si en la búsqueda se menciona "banco" en el contexto de un mobiliario urbano, DeepSeek diferenciará este significado de "banco" como entidad financiera, gracias a sus métodos de análisis semántico.

3. **Recuperación de información estructurada**:

   Tras refinar y comprender la petición, el módulo de búsqueda extrae las partes más relevantes y las compila. Si la pregunta tiene una respuesta directa (por ejemplo, una fecha, un precio o una definición), DeepSeek la presentará. En caso de que se trate de un tema más amplio, el sistema ordenará la información, destacando los puntos más importantes y ofreciendo enlaces o sugerencias adicionales para profundizar.

Estos módulos de búsqueda y procesamiento funcionan, por lo tanto, como un engranaje que combina velocidad y precisión, respaldado por algoritmos de machine learning entrenados para entender el lenguaje natural. A medida que aumenta el volumen de datos, estos algoritmos siguen optimizando sus procesos, asegurando que el tiempo de respuesta se mantenga bajo y la pertinencia de la información sea elevada.

Veamos un ejemplo para cada una de las tres fases principales: indexación avanzada, procesamiento semántico del lenguaje y recuperación de la información de forma estructurada.

1. Indexación avanzada

- Supongamos que DeepSeek recibe una gran colección de artículos científicos sobre biología marina. En lugar de limitarse a anotar palabras clave como "pez" o "océano", el sistema lleva a cabo una indexación avanzada. Así, cuando un artículo menciona "ecosistema marino" y otro habla de "entorno submarino", DeepSeek comprende que ambos describen el mismo fenómeno de manera distinta. Para lograrlo, el motor analiza no solo la frecuencia de aparición de las palabras, sino también la relación semántica entre ellas.

- Un usuario busca "¿Cuáles son los efectos del cambio climático en los arrecifes de coral?". DeepSeek ya ha indexado cientos de documentos relacionados y sabe que términos como "acidez del océano", "pérdida de biodiversidad" y "blanqueamiento del coral" están asociados entre sí. Gracias a esa indexación, puede "poner en la misma carpeta" estos temas, de modo que la búsqueda sea mucho más precisa y rápida.

2. Procesamiento semántico del lenguaje

- Una vez que DeepSeek identifica los documentos pertinentes, aplica técnicas de Procesamiento del Lenguaje Natural (PLN) para comprender la intención de la consulta y el contexto en el que se formulan las palabras.

- Si alguien pregunta "¿Cuál es el mejor banco en mi ciudad?", DeepSeek analizará si se refiere a un banco financiero o a un banco para sentarse. Si detecta que la frase completa menciona "comisiones" y "horarios de apertura", sabrá que la consulta se refiere a entidades financieras. Por el contrario, si la pregunta se enfoca en "dónde sentarse" o "parques públicos", el sistema inferirá que se trata de un mobiliario urbano. Esto se debe a que DeepSeek no se queda solo con la palabra "banco", sino que estudia la oración completa y su contexto.

3. Recuperación de información estructurada

- En la fase final, DeepSeek ordena los datos extraídos y los presenta al usuario de forma clara y útil.

- Imagina que preguntas "¿Cuál es el horario de entrada del Museo del Prado en Madrid?". Si existe una respuesta concreta (por ejemplo, "de 10:00 a 20:00 horas"), DeepSeek la mostrará directamente. Pero si tu pregunta es más amplia, como "¿Qué museos puedo visitar en España?", el sistema listará opciones, agrupará por ciudad o temática y añadirá enlaces a fuentes oficiales para que puedas profundizar. En lugar de ofrecer un bloque de texto desordenado, DeepSeek mostrará secciones o puntos clave de la información, facilitándote la navegación.

2.3.2 Sistema de aprendizaje continuo

Si los módulos de búsqueda y procesamiento son el músculo de DeepSeek, el **sistema de aprendizaje continuo** es, sin duda, su cerebro en constante evolución. Este componente se basa en la idea de que un asistente o motor de búsqueda no puede quedarse estancado con el conocimiento inicial con el que se entrenó, sino que debe **actualizarse, refinarse y expandirse** de manera perpetua.

1. **Aprendizaje supervisado y no supervisado**:

   Para que DeepSeek sea capaz de absorber nuevas tendencias en el lenguaje o en los datos, se aplican distintas técnicas de aprendizaje. En el aprendizaje supervisado, los desarrolladores y expertos le proporcionan ejemplos concretos, indicándole cómo debe clasificar o responder a ciertos tipos de preguntas. Por otro lado, el aprendizaje no supervisado le permite al sistema descubrir patrones por sí mismo en grandes volúmenes de datos, sin intervención humana directa. Es en este equilibrio entre supervisión y autonomía donde DeepSeek logra una flexibilidad extraordinaria.

2. **Actualización de modelos en tiempo real**:

   A través de un sistema de retroalimentación, DeepSeek examina cómo los usuarios reaccionan a las respuestas que da: si encuentran la información útil, si plantean preguntas de seguimiento o si reformulan la búsqueda.

Todo esto se almacena y se "digieren" estadísticamente, de modo que el motor de IA aprenda de cada interacción. De esta forma, cuando un usuario plantea una pregunta similar en el futuro, el sistema no empezará desde cero, sino que aplicará las lecciones aprendidas de casos pasados.

3. **Detección de nuevas fuentes y actualización de contenido**:

El conocimiento humano se expande a gran velocidad, y la información puede quedar obsoleta en poco tiempo. Por ello, el sistema de aprendizaje continuo de DeepSeek está diseñado para rastrear nuevas fuentes de información (páginas web, artículos científicos, noticias, bases de datos especializadas, etc.) y evaluar su fiabilidad. Con cada actualización, se integran estos datos en la base de conocimientos, garantizando que las respuestas estén al día y reflejen los cambios que ocurren en el mundo real.

4. **Personalización inteligente**:

Además de aprender de manera global, DeepSeek puede adaptarse a los intereses particulares de cada usuario (siempre respetando su privacidad y las normativas de protección de datos). A medida que una persona utiliza el motor de búsqueda y hace más preguntas, DeepSeek registra patrones de preferencia, por ejemplo, sobre el estilo de información preferido (más técnico, más sencillo), la temática de mayor interés o la frecuencia con que se requieren actualizaciones. Todo esto se traduce en un sistema de recomendaciones más acertado y ajustado a la medida.

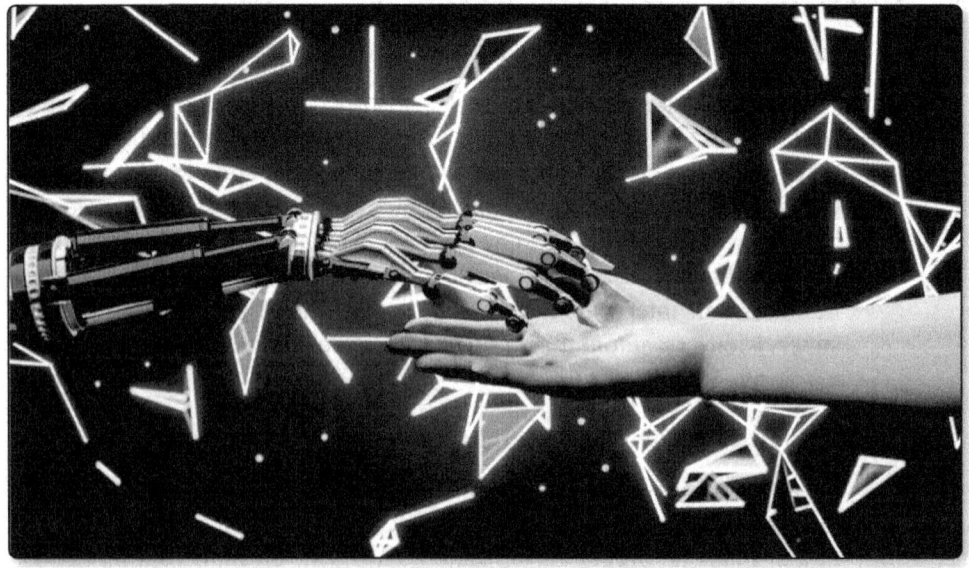

Veamos ejemplos específicos de cómo funciona cada una de las partes de este sistema de aprendizaje.

1. Aprendizaje supervisado y no supervisado

   - DeepSeek combina ambas modalidades para ser más versátil.

   - Imagina que los desarrolladores quieren que DeepSeek detecte recetas veganas con mayor precisión. En un enfoque de aprendizaje supervisado, se le proporcionan numerosos ejemplos etiquetados de recetas veganas y no veganas, indicándole a la IA dónde se equivoca. Poco a poco, DeepSeek "aprende" a reconocer patrones (ingredientes típicos, sustitutos de la carne, etc.).

   - En aprendizaje no supervisado, el sistema recibe un gran volumen de recetas sin etiquetas. DeepSeek busca por sí mismo similitudes y diferencias, agrupa recetas que comparten características y descubre tendencias sin que nadie se lo indique de forma explícita. Luego, integra esas relaciones con lo aprendido en los ejemplos supervisados.

2. Actualización de modelos en tiempo real

   - Uno de los puntos clave de DeepSeek es que no se limita a "adivinar" la respuesta inicial y olvidarla. Sigue aprendiendo de cada interacción y ajusta sus modelos internos.

   - Si un usuario pregunta repetidamente sobre un tema de física cuántica y califica la respuesta como poco precisa, DeepSeek registra esa retroalimentación. El motor analiza la razón por la que la respuesta se inadecuó, revisa otras fuentes o ejemplos y corrige el modelo para la siguiente ocasión. De esta forma, la próxima vez que alguien formule una pregunta similar, DeepSeek ya habrá mejorado su respuesta basándose en la experiencia anterior.

3. Detección de nuevas fuentes y actualización de contenido

   - El conocimiento humano y las noticias del mundo real se actualizan de manera constante. DeepSeek rastrea continuamente fuentes de alta calidad para incorporar datos recientes.

   - Aparece un nuevo estudio científico que modifica lo que se sabía sobre la eficacia de una vacuna. DeepSeek analiza la publicación, determina su fiabilidad (por ejemplo, si proviene de una revista indexada y revisada por pares) y actualiza su base de conocimientos. Así, cuando un usuario pregunte sobre los resultados de ese estudio, DeepSeek estará listo para ofrecer la información más reciente.

4. Personalización inteligente

- DeepSeek también aprende de cada usuario de manera individual, siempre respetando la privacidad.

- Supón que alguien prefiere explicaciones muy detalladas y, cada vez que recibe una respuesta, pide "más datos". Con el tiempo, DeepSeek detecta ese patrón y, sin que el usuario lo solicite explícitamente, empieza a incluir detalles adicionales o enlaces a lecturas especializadas. Si otro usuario, en cambio, suele preguntar "¿Puedes resumirlo de forma rápida?", DeepSeek tenderá a dar respuestas más concisas y directas.

- Así, las interacciones se vuelven más fluidas y relevantes, porque el sistema aprende los gustos y necesidades de cada persona, ofreciendo un servicio cada vez más afinado.

2.4 ÉTICA Y TRANSPARENCIA EN LA INTELIGENCIA ARTIFICIAL

En el campo de la inteligencia artificial (IA), el concepto de ética y transparencia cobra cada vez más relevancia. A medida que los modelos como DeepSeek ganan popularidad, surge la necesidad de garantizar que su funcionamiento, sus respuestas y el manejo de los datos cumplan con altos estándares de responsabilidad y protección de los usuarios. Conscientes de esta realidad, en DeepSeek se han establecido directrices claras para mantener un equilibrio entre la innovación tecnológica y el respeto a la integridad, la dignidad humana y la privacidad.

La transparencia implica, por un lado, que los usuarios entiendan cómo DeepSeek interpreta sus preguntas y el modo en que procesa la información proporcionada; y, por otro, que conozcan qué datos personales se recogen y con qué finalidad. Para ello, la plataforma ofrece documentos de referencia –como la **Privacy Policy** y los **Términos de Uso**– donde se explicitan con detalle los derechos de los usuarios, las limitaciones del sistema y las prácticas de tratamiento de la información. Esta divulgación forma parte esencial del compromiso ético de DeepSeek, que busca fomentar la confianza mediante la claridad en sus prácticas de IA.

Además, al aplicar técnicas de Procesamiento del Lenguaje Natural (PLN), DeepSeek asume la responsabilidad de evitar la difusión de contenidos que resulten ofensivos o que vulneren los derechos fundamentales de los individuos. La IA de DeepSeek se somete a supervisiones, revisiones y filtros que previenen o reducen la probabilidad de que los datos obtenidos y las respuestas generadas puedan incitar al odio, la violencia o la discriminación. En última instancia, la ética se convierte en un pilar que guía la toma de decisiones de la plataforma, no solo a nivel técnico, sino también en las políticas y directrices de uso.

2.4.1 Principios éticos de DeepSeek

▶ **Respeto a la dignidad y los derechos humanos**

DeepSeek está diseñado para que su uso no viole los derechos ni la dignidad de ninguna persona o colectivo. Esto implica que el sistema busca evitar contenidos que promuevan la discriminación, el discurso de odio o la violencia. De hecho, la propia política de uso especifica que los usuarios deben abstenerse de introducir entradas (Inputs) que puedan derivar en este tipo de salidas (Outputs) contrarias a la legalidad y la ética.

▶ **Responsabilidad y trazabilidad de la información**

La plataforma reconoce que sus modelos de IA pueden generar contenido erróneo o incompleto. Por esta razón, en los Términos de Uso y la Política de Privacidad se señala que el usuario no debe tomar los resultados proporcionados como un consejo profesional infalible. DeepSeek no asume responsabilidad legal por las decisiones que los usuarios tomen basándose en las respuestas de la IA; sin embargo, fomenta la lectura de sus directrices y anima a los usuarios a contrastar la información con profesionales cuando se trate de temas médicos, legales, financieros u otros ámbitos especializados.

✔ No mal uso de la tecnología

Un principio fundamental de DeepSeek es impedir usos perjudiciales de la IA. La compañía establece que los usuarios no deben manipular la plataforma con fines ilegales, ni usarla para difundir software malicioso, infringir derechos de propiedad intelectual o incurrir en actos que atenten contra la seguridad de la red. Cualquier incumplimiento conlleva la posibilidad de suspender o cancelar el acceso al servicio, además de emprender acciones legales si fuera necesario.

✔ Equilibrio entre innovación y protección de datos

En DeepSeek, se promueve la innovación continua, pero siempre bajo la premisa de salvaguardar la privacidad de los usuarios. La compañía hace público su compromiso de recopilar la menor cantidad de datos personales posible y de utilizar estos datos únicamente para mejorar la calidad del servicio y el modelo. Esta premisa se plasma en la Privacy Policy, donde se establecen los límites y objetivos de la recolección y el tratamiento de la información personal.

✔ Mejora y apertura al escrutinio

La IA evoluciona constantemente, y DeepSeek asume la responsabilidad de actualizar y perfeccionar sus modelos para alcanzar mejores estándares de precisión y seguridad. En su política de términos de uso se menciona expresamente que los servicios podrían cambiar, suspenderse temporalmente o eliminar ciertas funciones en pro de la mejora general del sistema. Esta disposición es parte de un esfuerzo constante de transparencia: mantener a los usuarios informados sobre cualquier cambio sustancial que afecte su interacción con la plataforma.

2.4.2 Cómo se asegura la privacidad y la seguridad

La privacidad y la seguridad de la información se han convertido en temas centrales a la hora de interactuar con plataformas de IA. DeepSeek, consciente de la importancia de estos aspectos, proporciona lineamientos claros –descritos en su **Privacy Policy**– para que los usuarios comprendan cómo se recopilan, almacenan y comparten sus datos, y qué mecanismos se aplican para protegerlos.

De acuerdo con la **Privacy Policy**, DeepSeek recopila información de los usuarios de tres maneras:

> ▶ **Datos que el usuario proporciona**: al crear una cuenta, escribir en el chat o compartir archivos, se recaban datos como correo electrónico, nombre de usuario y contenido de la conversación (Inputs y Outputs).

> ▶ **Datos recopilados automáticamente**: como la dirección IP, la información del dispositivo y las cookies necesarias para facilitar la experiencia de uso, la seguridad y la personalización de la interacción.

> ▶ **Datos de otras fuentes**: en algunos casos, puede recibir información de socios confiables (por ejemplo, un inicio de sesión de terceros como Apple o Google).

El propósito de esta recopilación es, principalmente, **prestar y mejorar el servicio**, lo que incluye proteger la plataforma contra comportamientos abusivos, optimizar el rendimiento del motor y ofrecer soporte. Si un usuario no está de acuerdo con la forma en que se procesan sus datos, DeepSeek ofrece vías de contacto para manifestar su desacuerdo o solicitar la eliminación de parte de la información.

DeepSeek declara almacenar los datos personales en servidores seguros ubicados en la República Popular de China. Asimismo, se implementan **medidas técnicas, administrativas y físicas** para evitar el acceso no autorizado, la divulgación indebida o la pérdida de los datos. Entre estas medidas se incluyen el cifrado de la información, los cortafuegos y sistemas de detección de intrusiones, además de políticas internas de acceso restringido al personal, lo que limita el riesgo de fugas de información.

Se subraya también que ninguna transmisión de datos a través de internet es absolutamente infalible, por lo que recomiendan a los usuarios tomar precauciones adicionales (como no enviar contraseñas en correos electrónicos y mantener la seguridad de sus cuentas).

La política de privacidad de DeepSeek detalla los derechos de los usuarios, en función de la legislación del país donde se encuentren. Por ejemplo, en el Espacio Económico Europeo (EEE), Suiza y el Reino Unido, los usuarios pueden solicitar acceso a sus datos, rectificación de datos inexactos, oposición al tratamiento o supresión de sus registros personales. DeepSeek se compromete a respetar dichos derechos, siempre que la legislación aplicable lo permita y medie la verificación de la identidad del solicitante.

Adicionalmente, se explican los fundamentos jurídicos que permiten el tratamiento de los datos:

- **Cumplimiento de un contrato**: para mantener las funcionalidades de la plataforma.

- **Cumplimiento de obligaciones legales**: cuando sea necesario para cooperar con las autoridades u organismos oficiales.

- **Interés legítimo**: para mejorar la eficacia del servicio y aumentar la seguridad de la plataforma.

- **Consentimiento explícito**: cuando la ley exija un permiso expreso del usuario antes de procesar ciertos datos.

La política enfatiza que los servicios no están dirigidos a menores de 14 años, e invita a los padres o tutores de aquellos entre 14 y 18 años a supervisar el uso que hagan de DeepSeek. En caso de detectar que un menor de 14 años ha proporcionado datos personales sin la autorización de un representante legal, la plataforma se compromete a borrarlos tan pronto como reciba el aviso correspondiente.

DeepSeek informa que, en caso de modificar su **Privacy Policy**, se notificará a los usuarios a través de la fecha de actualización en el texto o con avisos legales en su plataforma. Este esfuerzo por mantener a los usuarios al tanto de las variaciones en la política forma parte de la cultura de transparencia de la compañía. Igualmente, invitan a los usuarios a revisar de manera periódica dichos documentos para estar al corriente de las prácticas de manejo de datos.

2.5 AUTOEVALUACIÓN DE LA SECCIÓN

2.5.1 Actividades recomendadas

Para comprender mejor la IA, es útil identificar en qué aspectos de la vida cotidiana está presente. Se puede hacer un listado con cinco ejemplos de herramientas o servicios que utilicen IA, explicando brevemente cómo la emplean. Por ejemplo, los asistentes de voz como Alexa o Google Assistant analizan el lenguaje natural para responder preguntas. Reflexionar sobre estos casos ayuda a visualizar cómo la IA impacta en diferentes ámbitos.

Aunque estos términos están relacionados, tienen diferencias importantes. Para verlas con claridad, se puede crear una tabla que los compare en tres aspectos: definición, funcionamiento y ejemplos de uso. Esto permite entender cómo el aprendizaje automático es una rama de la IA y cómo las redes neuronales son un tipo avanzado de este aprendizaje.

DeepSeek no solo busca palabras clave, sino que interpreta la intención de la pregunta. Para comprobarlo, se pueden formular tres consultas con diferente estructura pero que busquen la misma información, como:

- ► "¿Cuánto cuesta la entrada al Museo del Prado?"
- ► "¿Cuál es el precio de la entrada del Prado?"
- ► "¿Se puede visitar el Prado gratis?"

Luego, se puede analizar cómo DeepSeek interpreta cada una y si las respuestas varían o se ajustan al contexto.

El procesamiento del lenguaje natural (PLN) es una tecnología clave en herramientas como los traductores automáticos o los correctores ortográficos. Para visualizar cómo funciona, se puede escribir un texto en un idioma distinto al propio y utilizar un traductor online para ver cómo lo interpreta. Luego, se pueden identificar posibles errores y reflexionar sobre cómo la IA maneja estructuras gramaticales complejas.

La IA plantea desafíos éticos, como el uso de datos personales o la transparencia en las decisiones automatizadas. Para reflexionar sobre esto, se puede investigar un caso real donde el uso de IA haya generado debate (por ejemplo, reconocimiento facial en espacios públicos) y escribir una breve opinión sobre los beneficios y riesgos que implica.

2.5.2 Preguntas tipo test

1. ¿Cuál de las siguientes afirmaciones describe mejor la inteligencia artificial?

a) Un conjunto de reglas programadas manualmente.

b) Un método exclusivo para el análisis de datos científicos.

c) Un sistema que puede realizar tareas que requieren inteligencia humana.

d) Un sistema que solo funciona con redes neuronales.

Respuesta correcta: c)

2. ¿Qué diferencia hay entre el aprendizaje automático y las redes neuronales?

a) El aprendizaje automático es un subconjunto de las redes neuronales.

b) Las redes neuronales son un tipo de aprendizaje automático más avanzado.

c) Ambos términos significan lo mismo.

d) Las redes neuronales solo se aplican en inteligencia artificial general.

Respuesta correcta: b)

3. ¿Cuál es una aplicación común del procesamiento del lenguaje natural (PLN)?

a) Traducción automática de textos.

b) Control de tráfico aéreo.

c) Diagnóstico médico por imágenes.

d) Detección de fraude bancario.

Respuesta correcta: a)

4. ¿Qué permite a DeepSeek interpretar mejor una pregunta en comparación con un motor de búsqueda tradicional?

a) Su capacidad de almacenar millones de páginas web.

b) El uso de modelos de procesamiento del lenguaje natural para analizar la intención.

c) La velocidad con la que indexa información.

d) La capacidad de responder únicamente a preguntas predefinidas.

Respuesta correcta: b)

5. ¿Cuál de las siguientes afirmaciones es cierta sobre la ética en inteligencia artificial?

a) Todas las IA deben ser completamente autónomas sin intervención humana.

b) Las IA pueden tomar decisiones sin necesidad de regulaciones.

c) La transparencia y el respeto a la privacidad son principios esenciales en la IA.

d) La inteligencia artificial no tiene impacto en la privacidad de los usuarios.

Respuesta correcta: c)

2.5.3 Frases con huecos para rellenar

1. La inteligencia artificial permite a los sistemas _____ tareas que antes solo podían hacer los humanos.

   (respuesta: automatizar)

2. Dentro de la IA, el _____ es una técnica que permite a las máquinas aprender de los datos sin programarse explícitamente.

   (respuesta: aprendizaje automático)

3. Las _____ se inspiran en el cerebro humano y utilizan capas de nodos para procesar información.

   (respuesta: redes neuronales)

4. DeepSeek usa el _____ para comprender el significado de las preguntas en lugar de solo buscar palabras clave.

   (respuesta: procesamiento del lenguaje natural)

5. Un desafío ético de la IA es garantizar la _____ y la protección de datos personales.

   (respuesta: privacidad)

3

ARQUITECTURA Y FUNCIONAMIENTO DE DEEPSEEK

Detrás de DeepSeek hay una estructura tecnológica avanzada que le permite analizar y filtrar información en tiempo real. Aquí desglosaremos su arquitectura de manera sencilla, explicando el papel de los algoritmos en su desempeño y el flujo de trabajo que sigue una búsqueda desde que el usuario introduce una consulta hasta que recibe una respuesta. También abordaremos cómo DeepSeek se mantiene actualizado mediante el entrenamiento continuo de sus modelos y la incorporación de nuevas fuentes de datos.

3.1 ¿CÓMO FUNCIONA DEEPSEEK?

El funcionamiento de DeepSeek se basa en un ciclo de análisis y síntesis: primero, DeepSeek descompone la pregunta en sus componentes más relevantes (intención, palabras clave, contexto, etc.), luego localiza fuentes que puedan contener una respuesta certera y, finalmente, organiza la información relevante en una respuesta coherente y clara.

Para lograr todo esto, DeepSeek se apoya en una estructura compleja que incluye bases de datos, módulos de búsqueda, filtros de relevancia y un sistema de aprendizaje continuo. Este último es el que le permite "aprender" de cada interacción y mejorar con el tiempo. Cuando un usuario hace una pregunta, el motor compara la forma de esa consulta con otras similares, toma en cuenta qué palabras y conceptos suelen aparecer juntos y, al final, ofrece una respuesta que no solo se limita a coincidir con palabras clave, sino que capta la intención y el sentido global de la pregunta.

3.1.1 Explicación simplificada de su arquitectura

La arquitectura de DeepSeek podría compararse con una gran ciudad: cada edificio y cada calle tienen una función específica, pero todos se encuentran interconectados para que todo fluya de manera ordenada. A grandes rasgos, se compone de los siguientes "bloques":

1. **Interfaz de usuario**: es la puerta de entrada para cualquiera que utilice DeepSeek. Puede ser una página web, una aplicación, o incluso integrarse en otras plataformas mediante API. Aquí es donde el usuario escribe sus preguntas o aporta datos que DeepSeek debe analizar.

2. **Módulo de Procesamiento de Lenguaje Natural (PLN)**: tras recibir la consulta, el sistema debe "entender" qué se le está pidiendo. Para ello, aplica técnicas de PLN capaces de segmentar las palabras, identificar la intención y resolver posibles ambigüedades lingüísticas. En este paso se distinguen las entidades relevantes (nombres propios, fechas, términos técnicos) y se identifica el tono o propósito del enunciado.

3. **Módulo de búsqueda y fusión de resultados**: luego de comprender la pregunta, DeepSeek se conecta con su gran "almacén" de información, que puede incluir índices semánticos, bases de datos externas y repositorios de documentos o sitios web. A partir de allí, localiza los fragmentos de texto que podrían dar una respuesta acertada y los combina o filtra según su relevancia.

4. **Modelo de razonamiento y síntesis**: una vez que ha encontrado la información, DeepSeek la evalúa y construye una respuesta coherente. Si la pregunta requiere un dato puntual, intentará dar una respuesta concreta y concisa. Si la cuestión es compleja, elaborará un resumen o presentará varios puntos clave para que el usuario decida cómo profundizar.

5. **Sistema de aprendizaje continuo**: DeepSeek revisa el feedback de los usuarios y analiza sus propias respuestas. Si encuentra un error o si el usuario reformula la pregunta, el sistema "aprende" y ajusta sus modelos para mejorar. Cada iteración le permite refinar la manera en que comprende, busca y sintetiza la información.

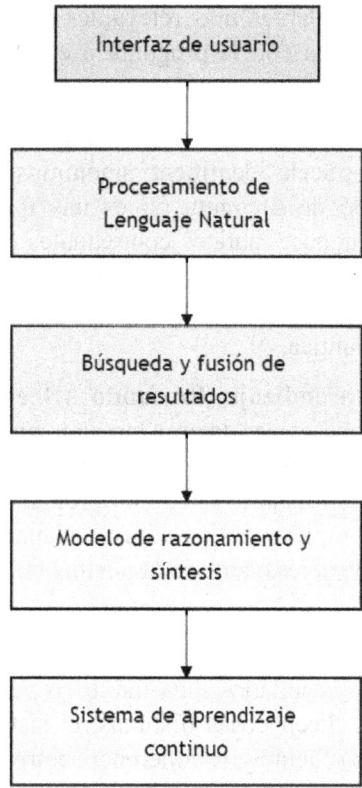

1. Punto de entrada donde los usuarios introducen su consulta.
2. Comprende la intención y segmenta la pregunta.
3. Encuentra información relevante desde distintas fuentes.
4. Organiza y genera una respuesta coherente.
5. Mejora el modelo en función del feedback del usuario.

Estos componentes se encuentran soportados por algoritmos de inteligencia artificial que facilitan la identificación de patrones y el modelado estadístico del lenguaje. Gracias a esta arquitectura modular, DeepSeek puede evolucionar con cada pregunta, haciéndose cada vez más capaz de responder con precisión y fluidez.

3.1.2 Rol de los algoritmos en su desempeño

Los algoritmos son como el "cerebro matemático" que hace posible que DeepSeek funcione con eficiencia y exactitud. Aunque el usuario ve una interfaz limpia y amigable, en el trasfondo se ejecutan complejos cálculos que determinan, por ejemplo, cuáles son las palabras más relevantes en una oración, qué contexto histórico o técnico se relaciona con la pregunta o cómo priorizar la información hallada en múltiples fuentes.

▶ **Algoritmos de Procesamiento del Lenguaje Natural**: estos métodos permiten a DeepSeek identificar sinónimos, resolver ambigüedades, reconocer el tipo de pregunta (si es un "qué", "quién", "cuándo" o "por qué"), y entender matices contextuales (como tiempos verbales o expresiones regionales). A través de la técnica de embeddings y redes neuronales, el sistema puede "agrupar" conceptos y determinar su nivel de similitud semántica.

▶ **Modelos de Aprendizaje Profundo (Deep Learning)**: son redes neuronales –muchas veces de gran tamaño– que se entrenan con enormes volúmenes de texto para aprender patrones estadísticos de uso de la lengua. Cuando un usuario hace una pregunta, estos modelos analizan la secuencia completa de palabras, asignan relevancias y generan probabilidades de acierto ante cada posible respuesta.

▶ **Mecanismos de clasificación y filtrado**: para que DeepSeek no devuelva información irrelevante o repetitiva, se aplican algoritmos que ayudan a seleccionar los resultados más fiables y pertinentes. Por ejemplo, si dos documentos dicen cosas distintas, el sistema examina el nivel de confianza de cada fuente y la coherencia entre la pregunta y la respuesta propuesta.

▼ **Modelos de Lenguaje de tipo Transformer**: una de las innovaciones más importantes en los últimos años son los Transformers, arquitecturas que utilizan mecanismos de autoatención (self-attention) para procesar secuencias de palabras. Gracias a ello, DeepSeek puede tomar en cuenta lo que se ha dicho antes en la conversación, recordando el contexto a medida que el usuario hace preguntas sucesivas. De esta manera, las respuestas se van afinando y guardan coherencia con las interacciones previas.

En conjunto, todos estos algoritmos se combinan para dar vida al motor de IA de DeepSeek. En la práctica, esto se traduce en respuestas más naturales, menos propensas a los errores propios de las búsquedas basadas únicamente en palabras clave, y con una capacidad de adaptación notable a las diversas formas de expresión de los usuarios. DeepSeek no es estático: conforme pasa el tiempo y crecen las interacciones, el sistema "aprende" más y mejora la precisión de sus resultados, demostrando que sus algoritmos no solo dan respuestas, sino que también evolucionan continuamente.

DeepSeek ha introducido una serie de mejoras revolucionarias en su plataforma de inteligencia artificial, con el objetivo de alcanzar mayor flexibilidad, precisión y eficiencia en la generación de respuestas. Estas innovaciones van mucho más allá de un simple ajuste de hiperparámetros, pues representan saltos cualitativos en la forma en que la IA aprende y distribuye sus recursos. A continuación, se describen en detalle estas mejoras clave y su repercusión en el desempeño de DeepSeek:

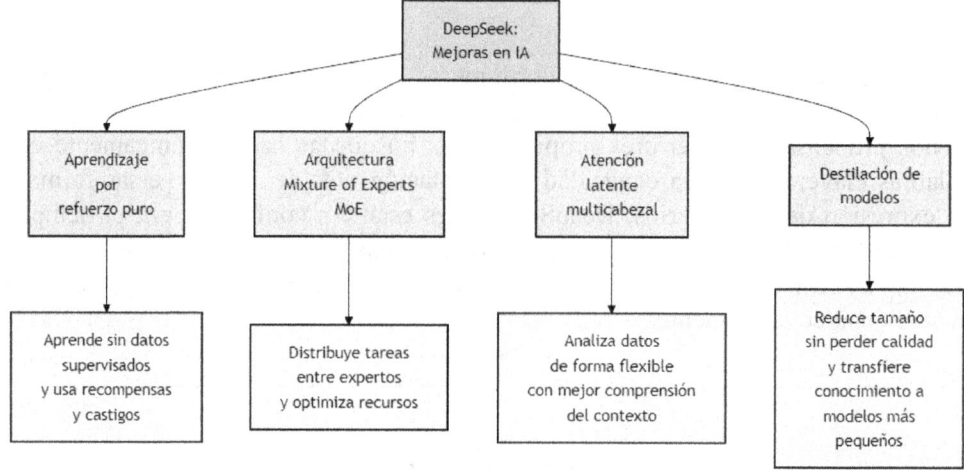

Aprendizaje por refuerzo puro

En los sistemas tradicionales de aprendizaje profundo, el modelo se entrena a partir de datos supervisados: se proporcionan ejemplos etiquetados (pregunta-respuesta, imágenes-clasificación, etc.) y el modelo ajusta sus parámetros para minimizar el error. Sin embargo, **DeepSeek ha impulsado la adopción del aprendizaje por refuerzo puro**, donde la IA aprende a partir de recompensas y penalizaciones sin que un conjunto de datos etiquetado dicte la "respuesta correcta" de manera explícita. Esto representa un cambio significativo en la metodología:

1. En el aprendizaje por refuerzo, DeepSeek se concibe como un "agente" que interactúa con un "entorno" (los usuarios, la base de datos, internet). Cada acción que realiza (por ejemplo, generar una respuesta o priorizar cierta búsqueda) produce una retroalimentación (reward o castigo) dependiendo de cuán cerca estuvo de un resultado óptimo.

2. El objetivo de la IA es aprender una "política" que maximice la recompensa acumulada a largo plazo, no solo un acierto puntual. Por

ejemplo, una buena política podría equivaler a obtener respuestas consistentemente precisas y útiles, manteniendo altos estándares de calidad y confidencialidad.

Las principales **ventajas** son las siguientes:

- **Menos dependencia de datos supervisados**: el modelo no necesita miles de ejemplos manualmente etiquetados para cada subtarea.

- **Adaptabilidad y exploración**: el aprendizaje por refuerzo fomenta la exploración de diferentes estrategias, lo que facilita que el modelo descubra soluciones creativas a problemas nuevos.

- **Respuesta dinámica**: al recibir una retroalimentación continua en forma de recompensas, el sistema se recalibra de manera inmediata ante cambios en el entorno o en las demandas de los usuarios.

El resultado es una **IA más autónoma**, capaz de mejorar sin que un humano deba corregir cada respuesta de forma explícita. Esto le da a DeepSeek una ventaja particular en escenarios complejos o cambiantes, donde la flexibilidad y la capacidad de aprender de la experiencia son determinantes.

▶ Arquitectura Mixture of Experts (MoE)

La segunda innovación de DeepSeek es la integración de la **Arquitectura Mixture of Experts (MoE)**. A grandes rasgos, un modelo MoE divide su "cerebro" en distintos "expertos", cada uno especializado en un subtipo de tareas o dominios. A través de un "enrutador" (router), el modelo asigna cada tarea a los expertos más adecuados:

1. **Especialización de sub-modelos**:

   - Cada experto puede concentrarse en un área concreta, volviéndose altamente competente en ese ámbito.

   - No todos los expertos se activan simultáneamente; se usan únicamente los que son necesarios para cada entrada, ahorrando capacidad computacional.

2. **Mejor desempeño general**:

   - Al segmentar la información entre expertos específicos, cada uno realiza un procesamiento más "limpio" y preciso.

   - La diversidad de expertos enriquece la capacidad del sistema para enfrentar preguntas variadas sin sobrecargarse, ya que no hay un único gran modelo que deba "saberlo todo".

3. **Escalabilidad**:

   – Cuando se requiere expandir la cobertura temática o mejorar alguna capacidad, solo se añade o refina un experto adicional, sin reentrenar por completo el modelo.

   – En entornos de computación distribuidos, los "expertos" pueden correr en nodos distintos, optimizando el uso de memoria y procesamiento.

Esta **Arquitectura MoE** otorga a DeepSeek la capacidad de rendir de manera sobresaliente en múltiples dominios y con volúmenes de datos muy extensos, manteniendo la precisión y sin incrementar desproporcionadamente la complejidad del modelo.

▶ Atención latente multicabezal

Un pilar fundamental de la inteligencia artificial contemporánea es el **mecanismo de atención** (attention mechanism), y DeepSeek lo lleva al siguiente nivel con su **atención latente multicabezal**. Esta técnica combina la idea de "autoatención" de los transformadores con un enfoque más profundo en la asignación de "pesos" de relevancia:

1. **Autoatención tradicional**:

   – En un Transformer estándar, cada "cabeza" de atención aprende a enfocarse en diferentes relaciones entre las palabras (o tokens) de una secuencia. Por ejemplo, una cabeza puede centrarse en los verbos, mientras otra puede fijarse en nombres propios y así sucesivamente.

2. **Atención latente multicabezal**:

   – Profundización del foco. En lugar de quedarnos en lo superficial (quién hace la acción, cómo se relacionan dos conceptos), la atención latente introduce "niveles" adicionales de análisis para captar matices.

   – Se enriquece la capacidad para recordar y correlacionar información a largo plazo dentro de un texto extenso, lo que mejora la coherencia en respuestas de múltiples párrafos o en diálogos prolongados.

   – Cuando existen términos ambiguos (por ejemplo, "banco"), la IA puede desplegar varias cabezas de atención latente para discernir si el usuario se refiere a una institución financiera o a un asiento en el parque, tomando pistas de la conversación completa.

El impacto práctico de la **atención latente multicabezal** es **una comprensión del contexto mucho más potente** y una **mayor habilidad para discernir significados sutiles** o dependientes de la conversación previa. Esto hace que DeepSeek sea especialmente útil en escenarios donde la exactitud y el detalle importan de forma crítica.

▼ Destilación de modelos

Finalmente, DeepSeek ha adoptado la **destilación de modelos** como metodología esencial para llevar el conocimiento de modelos muy grandes y costosos a versiones más ligeras y eficientes:

- Se entrena un "modelo maestro" (teacher model) de gran tamaño, con alta capacidad de aprendizaje y precisión. Luego, se crea un "modelo alumno" (student model) más pequeño, que **aprende a imitar** el comportamiento del maestro.

- La información del maestro no se limita a respuestas finales (etiquetas), sino que se transfiere a nivel de distribuciones de probabilidad, predicciones intermedias y representaciones internas.

Las principales **ventajas** son:

- **Menor consumo de recursos**: los modelos destilados exigen menos memoria y potencia de cómputo, siendo ideales para integraciones en aplicaciones móviles o en la nube con recursos limitados.

- **Rendimiento cercano al modelo grande**: a pesar de su menor tamaño, el modelo estudiante conserva gran parte del desempeño y la precisión del maestro, sobre todo en tareas para las que se entrenó.

- **Escalabilidad y velocidad**: al reducir la complejidad del modelo sin sacrificar en exceso la calidad, DeepSeek puede manejar más peticiones en paralelo y responder con mayor rapidez.

Las principales **aplicaciones en DeepSeek** son:

- **Chats y consultas en tiempo real**: los usuarios desean respuestas ágiles y eficientes, y un modelo destilado puede mejorar los tiempos de respuesta.

- **Uso en dispositivos edge**: para determinadas funciones offline o en entornos con limitada conectividad, la destilación es clave para llevar funcionalidades de IA a nivel local sin depender constantemente de la nube.

En síntesis, la **destilación de modelos** garantiza que las mejoras en precisión y complejidad no supongan un lastre computacional. DeepSeek consigue así un equilibrio entre calidad de respuestas y practicidad de implementación.

3.2 FLUJO DE TRABAJO DE UNA BÚSQUEDA

Para entender mejor cómo DeepSeek ofrece respuestas precisas y confiables, es útil describir el recorrido que sigue la información desde que el usuario plantea una pregunta hasta que recibe la respuesta final. Dicho camino, o "flujo de trabajo", consta de varias etapas que combinan técnicas de procesamiento de lenguaje natural, algoritmos de filtrado y métodos de confirmación de la fiabilidad de los datos. Cada paso es esencial para que el resultado final no solo responda a la duda del usuario, sino que lo haga de forma clara y segura. A continuación, se detalla este flujo de trabajo, dividiéndolo en los procesos que tienen lugar cuando el usuario formula la consulta y el modo en que DeepSeek descarta la información no confiable o dudosa.

3.2.1 Desde la consulta del usuario hasta la respuesta

El primer paso en el flujo de trabajo es la captura de la pregunta o "**prompt**" del usuario. Esta consulta puede efectuarse a través de la interfaz web, una app o incluso mediante una API integrada en otros sistemas. Para DeepSeek, es importante interpretar no solo las palabras exactas, sino también la intención y el contexto que las rodea. Por ejemplo, si alguien pregunta "¿Cuánto tiempo tardaré en llegar a París?", DeepSeek deduce que la persona busca una duración de viaje y no, por ejemplo, la población de París.

Una vez que DeepSeek tiene la consulta, entra en acción el módulo de **Procesamiento de Lenguaje Natural**. Aquí, el sistema descompone la frase en tokens o partes (palabras, expresiones, nombres propios), identifica su función sintáctica y semántica y, en la medida de lo posible, detecta sinónimos o construcciones equivalentes. El fin de este paso es comprender con precisión qué está pidiendo el usuario y evitar confusiones con términos ambiguos, como "banco" o "Jaguar", que pueden tener múltiples significados según el contexto.

Completado el análisis de la pregunta, el sistema se conecta a diversas fuentes para encontrar la información solicitada. Estas fuentes incluyen:

- ▼ **Bases de datos internas:** documentación previamente indexada, repositorios de conocimiento y referencias validadas.

- ▼ **Fuentes externas:** sitios web, artículos especializados, publicaciones científicas u otros proveedores confiables.

- ▼ **Servicios de terceros:** por ejemplo, APIs de mapas para estimar tiempos de viaje, APIs meteorológicas para consultar el clima, etc.

En esta etapa, DeepSeek recolecta todos los datos potencialmente relevantes y los clasifica según su pertinencia y confiabilidad, aprovechando algoritmos que asignan "pesos" a cada fragmento informativo.

Al contar con un grupo de resultados preseleccionados, DeepSeek aplica filtros avanzados de verificación y relevancia. Se trata de un proceso de clasificación múltiple:

- ▼ Filtra contenidos duplicados o contradictorios.

- ▼ Verifica la coherencia entre la pregunta y la respuesta potencial.

- ▼ Reconoce la fecha o la localización geográfica para asegurar la pertinencia temporal o espacial (por ejemplo, saber si una información está desactualizada).

Para finalizar, DeepSeek combina la información verificada y genera un texto coherente, conciso y claro para el usuario. Si la respuesta se puede resumir en un dato concreto (e.g., "son 2 horas de vuelo"), se mostrará directamente. Si en cambio el tema es complejo, DeepSeek presentará los puntos más destacados y ofrecerá enlaces o sugerencias para ampliar el contenido. De esta forma, el usuario recibe una respuesta que no solo pretende acertarse, sino también útil y fácil de asimilar.

3.2.2 Cómo filtra DeepSeek la información no confiable

Uno de los mayores retos de cualquier motor de búsqueda inteligente es enfrentarse a fuentes poco fiables o directamente falsas. Para ello, DeepSeek integra un **sistema de reputación** que analiza la procedencia de la información. Si un sitio web o una base de datos tiene antecedentes de compartir contenidos manipulados o se halla en "listas negras" reconocidas por la comunidad, el sistema da menor prioridad (o directamente descarta) la información que provenga de ahí.

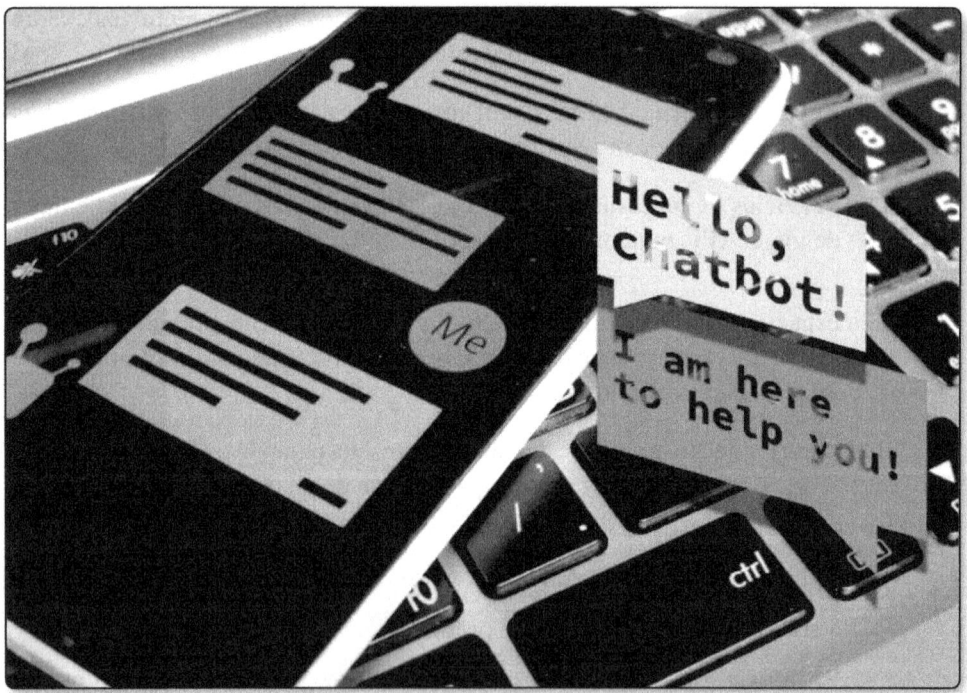

Más allá de la **reputación de la fuente**, DeepSeek utiliza algoritmos de aprendizaje profundo para medir la coherencia interna de los datos. Por ejemplo, si varios recursos fiables afirman que la población de una ciudad es "X", y una fuente desconocida sugiere un valor radicalmente distinto sin fundamento, el sistema detecta la discrepancia y prefiere las cifras que coinciden con lo establecido por la mayoría de las fuentes de alta fiabilidad.

- **Cross-checking:** para datos especialmente sensibles (números, estadísticas, fechas), se hacen comprobaciones cruzadas en diferentes repositorios.
- **Análisis semántico:** se verifica que la información no entre en conflicto con datos previamente confirmados.

A continuación, se presenta un **ejemplo práctico** que ilustra cómo DeepSeek aplica su sistema de reputación y sus algoritmos de aprendizaje profundo para analizar la fiabilidad de las fuentes y consolidar datos coherentes en la respuesta:

Escenario: consulta sobre la población de una ciudad

Usuario: *"Hola, DeepSeek. ¿Cuál es la población actual de la ciudad de Atlantia?"*

> **ⓘ NOTA**
>
> "Atlantia" es una ciudad hipotética que usaremos para ejemplificar el proceso.

- PASO 1. **Identificación de posibles fuentes**

Cuando recibe la pregunta, DeepSeek inicia un barrido de sus bases de datos internas y de varios sitios web o APIs externas que podrían dar la cifra poblacional de "Atlantia". El sistema encuentra, por ejemplo, cinco fuentes principales:

- **Instituto Nacional de Estadística (INE) del país** (Fuente reconocida por su fiabilidad oficial).
- **Un periódico local digital**, conocido por su trayectoria neutral, sin historial de manipulación (Fuente con buen puntaje de reputación).
- **Una base de datos académica**, frecuentemente actualizada y revisada por pares (Fuente de alta confianza).
- **Un blog personal desconocido**, sin registro previo de confiabilidad (Fuente desconocida, sin puntuación clara).
- **Una página en la "lista negra"** de la comunidad por haber difundido noticias falsas previamente (Fuente con historial negativo).

• **PASO 2.   Sistema de reputación y análisis de procedencia**

DeepSeek evalúa la reputación de cada fuente para decidir cuánto "peso" dar a la información que proviene de ellas:

> ⚑ **INE del país**: posee una reputación alta; su nivel de confianza es cercano al 100%.

> ⚑ **Periódico local**: historial estable y verificado, con un 85% de reputación positiva.

> ⚑ **Base de datos académica**: reconocida internacionalmente; 95% de reputación.

> ⚑ **Blog personal desconocido**: carece de historial, con lo cual se le asigna un puntaje provisional bajo o neutro (por ejemplo, 30-40%).

> ⚑ **Página en la lista negra**: tiene un registro histórico de información manipulada; su puntuación de reputación es muy baja (cerca de 5%).

En esta fase, DeepSeek **descarta o minimiza** la información proveniente de la página que figura en la lista negra, mientras que el blog personal desconocido conserva un acceso condicional: no se desecha por completo, pero el sistema lo trata con escepticismo.

• **PASO 3.   Cross-checking y análisis de coherencia interna**

Ahora, DeepSeek recopila los datos poblacionales concretos que cada fuente reporta:

> ⚑ **INE del país**: 2.350.000 habitantes.

> ⚑ **Periódico local**: 2.340.000 habitantes (cifra mencionada en un artículo reciente).

> ⚑ **Base de datos académica**: 2.355.000 habitantes, con última actualización hace 2 meses.

> ⚑ **Blog personal desconocido**: 3.500.000 habitantes, sin fecha clara de actualización.

> ⚑ **Página en la lista negra**: 5.000.000 habitantes, sin referencias ni respaldo.

Ante esta disparidad de cifras, DeepSeek aplica **algoritmos de aprendizaje profundo** que se basan en dos pilares:

Cross-checking:

▶ El sistema busca coincidencias entre las fuentes que ya tienen alta confianza. Observa que los tres datos "fiables" (INE, periódico local y base académica) rondan los 2.3 a 2.4 millones de habitantes, una **coincidencia muy estrecha**.

▶ El blog personal, al no mostrar fecha ni estudios que respalden un incremento drástico de la población, **pierde credibilidad** ante la evidente discrepancia.

▶ La fuente en lista negra, con 5 millones, queda **casi descartada** por completo, ya que contradice rotundamente la media del resto de fuentes confiables.

Análisis semántico:

▶ El sistema revisa si existe alguna explicación contextual que justifique la cifra anómala del blog personal. Quizá hubo una fusión de varias ciudades o la cifra incluye un área metropolitana mucho más extensa.

▶ DeepSeek verifica en documentos relacionados que no hay mención de un suceso reciente que justifique semejante aumento poblacional.

▶ Concluye que no hay razón sólida para creer en el dato del blog (3.5 millones) y lo califica como incoherente.

• **PASO 4. Selección y síntesis de la respuesta**

Con la evidencia reunida, DeepSeek determina que **la población real de Atlantia se aproxima a los 2.3-2.35 millones**. Por ello, descarta formalmente los datos del blog y de la página en lista negra (5 millones) por carecer de fundamento y respaldar valores muy alejados de la convergencia entre fuentes reputadas.

Como parte de la **respuesta final**, DeepSeek puede presentar al usuario un resumen como el siguiente:

"**La población estimada de Atlantia ronda los 2.3-2.35 millones de habitantes según el Instituto Nacional de Estadística y otras fuentes fiables actualizadas durante los últimos 2 a 3 meses**".

En caso de que el usuario desee más detalles, DeepSeek puede ofrecer enlaces o referencias a los informes del INE o la base de datos académica, para que verifique la cifra publicada. Si la pregunta del usuario fue "¿Estás seguro?", el sistema mostraría aún más contexto y explicaría cómo llegó a la conclusión, incluyendo referencias a los datos verificados.

Las conclusiones del proceso son las siguientes:

1. Sistema de reputación:

   - Sitios en "lista negra": historial negativo → información descartada o con peso mínimo.

   - Fuentes oficiales o académicas: puntuación alta → información prioritaria.

   - Fuentes desconocidas: se comparan con datos confiables antes de considerarlas válidas.

2. Cross-checking y coherencia:

   - Se comparan las cifras entre fuentes fiables.

   - Se investiga si hay razones contextuales que puedan alterar sustancialmente los datos.

   - Las discrepancias se marcan como potencialmente falsas cuando carecen de justificación.

3. Análisis semántico:

   - Se verifica que los datos no contradigan información previamente confirmada o coherente entre múltiples fuentes.

   - Se evalúa la credibilidad de cada fuente y la consistencia interna de la nueva información.

La plataforma aplica **filtros semánticos** para detectar retórica engañosa, sensacionalista o agresiva. Esto resulta muy útil cuando se interceptan titulares con afirmaciones exageradas o contenido que incite al odio. El sistema, al reconocer patrones de discurso manipulador, reduce la credibilidad de esa información y evita mostrarla al usuario o la marca claramente como dudosa.

A continuación, se presentan **ejemplos de filtros semánticos** que podrían aplicarse en distintos contextos y finalidades. Estos filtros se basan en algoritmos de Procesamiento del Lenguaje Natural (PLN) y redes neuronales, pero la lógica conceptual es la misma: **detectar, clasificar o bloquear** ciertos tipos de contenido según su significado y no solamente por palabras clave aisladas.

1. **Filtro semántico para contenido adulto o explícito**

   - **Objetivo**: identificar descripciones gráficas, lenguaje sexual o pornográfico que puedan resultar inapropiados en determinados entornos, como foros públicos o plataformas accesibles a menores.

   - **Ejemplo de aplicación**:
     - Un servicio de mensajería que desea bloquear o marcar mensajes con alto contenido sexual o violento.

     - Una red social con controles parentales, que requiere ocultar cierto contenido a usuarios menores de 18 años.

   - **Cómo funciona**:
     - El sistema analiza la *intención* y la *contextualización* de las palabras, no solo la mera presencia de términos explícitos. Por ejemplo, si el texto describe un procedimiento médico con lenguaje anatómico, la intención no es pornográfica.

     - Se entrenan modelos capaces de reconocer "temas" o "escenas" asociadas a contenido pornográfico o sexualmente explícito.

2. **Filtro semántico contra discurso de odio o bullying**

   - **Objetivo**: bloquear, marcar o moderar mensajes que promuevan violencia, discriminación o acoso hacia determinados colectivos o individuos.

   - **Ejemplo de aplicación**:
     - Plataformas de juegos en línea que quieren evitar insultos racistas o referencias que vulneren la dignidad de las personas.

     - Moderación de comentarios en blogs o redes sociales para prevenir ciberacoso.

   - **Cómo funciona**:
     - El modelo identifica términos o expresiones que se relacionen con discriminación, amenazas o insultos graves.

     - Adicionalmente, se realiza un análisis del *contexto* para decidir si, por ejemplo, la palabra "negro" se usa de forma racista o simplemente describe un color, o si el término "gay" se emplea de forma peyorativa o informativa.

3. **Filtro semántico para información confidencial o sensible**

- **Objetivo**: proteger datos personales o empresariales. Se encarga de detectar información que podría comprometer la privacidad o la seguridad de usuarios y organizaciones.

- **Ejemplo de aplicación**:
  - Sistemas de correo que monitorizan la salida de datos sensibles como números de tarjetas de crédito, contraseñas o información de salud.
  - Plataformas corporativas que no desean exponer datos internos (p. ej., planes financieros no publicados, reportes confidenciales).

- **Cómo funciona**:
  - El filtro se entrena para reconocer *patrones* numéricos (por ejemplo, secuencias típicas de tarjetas de crédito) o frases del estilo "contraseña:", "password:", "NIF", etc.
  - Se integra con analizadores semánticos que identifican el *tipo* de documento (médico, legal, bancario) para actuar según las políticas de seguridad definidas.

4. **Filtro semántico antispam y autopromoción excesiva**

- **Objetivo**: prevenir que las plataformas se llenen de contenido irrelevante, repetitivo o puramente comercial sin aportar valor.

- **Ejemplo de aplicación**:
  - Moderación de foros o secciones de comentarios en medios digitales, donde aparezcan mensajes repetitivos que enlazan siempre a la misma web.
  - Filtrado de correos electrónicos para identificar phishing, bulos o spam clásico de ofertas farmacéuticas o apuestas.

- **Cómo funciona**:
  - El filtro rastrea la *intencionalidad* del texto para ver si se limita a publicitar un producto, incluir muchos enlaces sin contexto o repetir patrones típicos de spam.
  - Se analizan las expresiones y se verifica si la información corresponde a un *contenido genuino* o si es mera *propaganda automatizada*.

5. **Filtro semántico para lenguaje violento o extremista**

   • **Objetivo**: detectar referencias a violencia explícita, terrorismo, organización de actos delictivos o propaganda extremista.

   • **Ejemplo de aplicación**:
     – Monitorizar redes sociales o foros públicos para alertar de conductas peligrosas o incitación a la violencia.
     – Plataformas educativas donde se prohíbe la divulgación de ideologías extremistas.

   • **Cómo funciona**:
     – Se evalúan palabras y *frases clave* (por ejemplo, "bombas", "armas químicas", "ataques") y se hace un análisis de su *uso semántico*.
     – Un texto de un libro de historia que mencione "armas químicas" no se considera en la misma categoría que una publicación que incite a fabricarlas. El filtro identifica la *finalidad* o *tono* del mensaje.

6. **Filtro semántico de contenido médico o financiero fraudulento**

   • **Objetivo**: restringir o advertir al usuario sobre recomendaciones médicas o financieras poco fiables, que puedan incurrir en engaños.

   • **Ejemplo de aplicación**:
     – Foros de salud donde un usuario publica recetas de "curas milagrosas" sin base científica.
     – Sitios o correos electrónicos que prometen rentabilidades financieras imposibles.

   • **Cómo funciona**:
     – El sistema utiliza listados de términos y expresiones asociadas a *remedios fraudulentos*, ejemplos: "cura total del cáncer con jugo de limón".
     – Se contrasta la *coherencia* del contenido con fuentes legítimas (por ejemplo, información de la OMS o de la SEC en el caso de finanzas) y detecta incongruencias o promesas exageradas.

7. **Filtro semántico de estilo y ortografía**

   • **Objetivo**: controlar la calidad lingüística y la *claridad* de lo publicado, asegurando cierto estándar gramatical y ortográfico.

- **Ejemplo de aplicación**:
  – Publicaciones académicas o profesionales donde los autores deben respetar un mínimo de corrección ortográfica y coherencia argumentativa.
  – Sistemas de control de calidad en blogs corporativos para garantizar un nivel de redacción.

- **Cómo funciona**:
  – El modelo detecta *faltas de ortografía, incoherencias sintácticas o incoherencias de estilo* (repetición excesiva de palabras, uso de jerga inapropiada).
  – Según la configuración, puede bloquear la publicación, sugerir correcciones o simplemente marcar el texto para revisión manual.

8. **Filtro semántico de propiedad intelectual y plagio**

- **Objetivo**: identificar contenido que infrinja derechos de autor o que sea una copia no autorizada de textos protegidos.

- **Ejemplo de aplicación**:
  – Plataformas de intercambio de documentos o artículos científicos, que deben asegurarse de no alojar contenido violatorio de copyright.
  – Escuelas o universidades que desean detectar plagio en trabajos académicos.

- **Cómo funciona**:
  – Se compara el texto entrante con bases de datos de obras registradas, buscando coincidencias parciales o totales.
  – Un motor semántico analiza *paráfrasis* o reescrituras que intenten ocultar el plagio, pero mantengan la misma estructura o ideas centrales.

DeepSeek no se limita a un filtrado puntual. El motor va refinando sus criterios de confiabilidad con el tiempo. Si un contenido pasa los filtros iniciales pero luego los usuarios reportan que es erróneo o engañoso, el sistema aprende de esa retroalimentación. De manera similar, si una nueva fuente demuestra ser de alta calidad a través del tiempo, se incrementará su calificación interna y se colocará en un lugar más alto de la lista de resultados.

En ciertos temas delicados –como salud, finanzas o asesoría legal– DeepSeek puede activar módulos de comprobación específicos. Estos módulos utilizan redes neuronales diseñadas para reconocer patrones de estafa o fake news. Además, examinan la coincidencia con estándares oficiales (por ejemplo, guías médicas, legislaciones vigentes, informes gubernamentales) para confirmar que la respuesta no se base en un rumor o en datos caducos.

3.3 ACTUALIZACIÓN Y MEJORA CONTINUA

En un entorno en el que la información avanza de manera vertiginosa, cualquier sistema de inteligencia artificial debe someterse a actualizaciones periódicas que garanticen su pertinencia y exactitud. DeepSeek no es la excepción: su arquitectura está diseñada para evolucionar constantemente, de forma que los usuarios reciban resultados cada vez más precisos y adaptados a los cambios del mundo real. Este proceso de mejora incesante es posible gracias a la combinación de técnicas de entrenamiento de modelos y la integración de nuevas fuentes de datos que enriquezcan el acervo de conocimiento disponible.

El ciclo de actualización implica una monitorización continua de los resultados, así como un análisis de los patrones de uso. Cuando un usuario hace múltiples preguntas sobre un tema emergente, DeepSeek registra esa interacción para refinar posteriormente su entendimiento y, si es necesario, profundizar en la temática en cuestión. Del mismo modo, si se detectan lagunas en su conocimiento—ya sea sobre un nuevo avance científico, un evento relevante o una actualización legislativa—el sistema se configura para absorber la información reciente y procesarla de manera coherente.

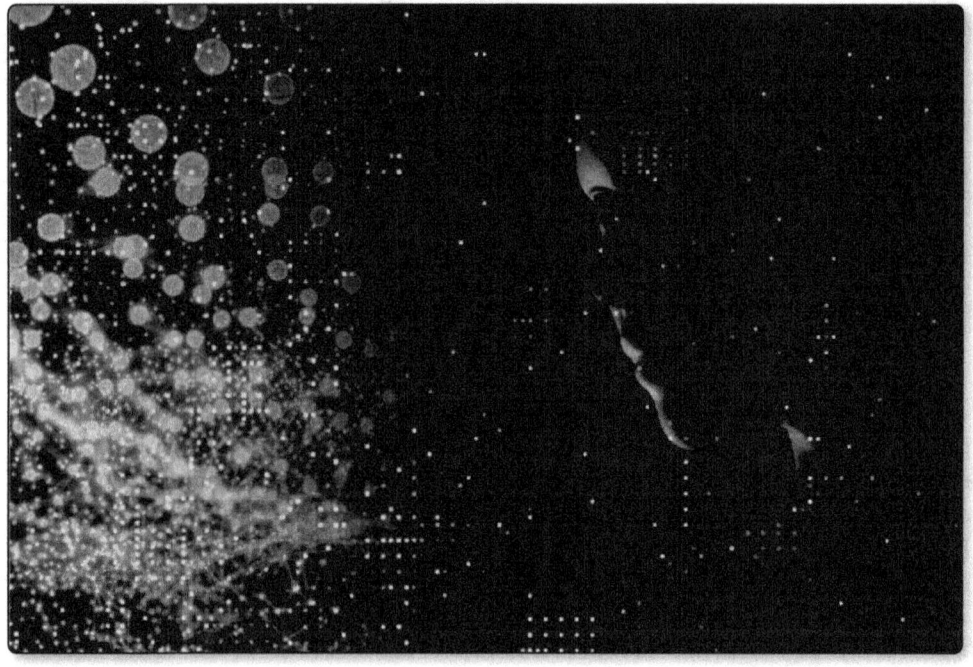

En el fondo, la mejora continua de DeepSeek se sostiene en el principio de retroalimentación: cada interacción, cada corrección o sugerencia por parte de los usuarios, y cada nueva fuente de datos consultada, se traduce en un aprendizaje adicional. Esa retroalimentación convierte al sistema en un "estudiante perpetuo", capaz de perfeccionar sus algoritmos y su base de conocimientos a medida que el mundo evoluciona.

3.3.1 Entrenamiento de modelos

El **entrenamiento de modelos** es un proceso esencial para dotar a DeepSeek de la habilidad de comprender y generar lenguaje humano con la mayor precisión posible. A grandes rasgos, consiste en exponer las redes neuronales—o arquitecturas específicas como modelos de lenguaje de tipo Transformer—a ingentes cantidades de datos etiquetados o no etiquetados. Durante esta fase, el objetivo es "enseñar" al sistema a extraer patrones, vínculos semánticos y reglas gramaticales, pero también a reconocer matices contextuales propios de cada idioma o dominio de conocimiento.

En el caso de DeepSeek, el entrenamiento se lleva a cabo en diferentes etapas: primero, un modelo base aprende características generales del lenguaje, analizando miles de millones de palabras provenientes de libros, artículos académicos y sitios web de alta calidad. Luego, se realiza un ajuste fino, o fine-tuning, con datos más específicos—por ejemplo, consultas reales de usuarios o textos especializados en medicina, finanzas, legislación, entre otros—para adaptarlo a las necesidades concretas de cada dominio. Esta fase de refinamiento es la que permite que DeepSeek ofrezca respuestas más precisas y contextualmente oportunas.

Un aspecto crucial es la incorporación de técnicas de **aprendizaje por refuerzo** y **validación cruzada**, lo que significa que el modelo no se limita a memorizar respuestas, sino que aprende a "razonar" y a evaluar la calidad de sus propias respuestas a medida que interactúa con los usuarios. Si bien todavía existen limitaciones—por ejemplo, la posibilidad de cometer errores factuales si no se dispone de datos actualizados—el entrenamiento continuo garantiza que cada versión del modelo mejore la anterior, disminuyendo la tasa de equivocaciones y optimizando la fluidez de sus explicaciones.

3.3.2 Incorporación de nuevas fuentes de datos

Para que el conocimiento de DeepSeek se mantenga vigente, no basta con tener un modelo bien entrenado; es fundamental **agregar regularmente nuevas fuentes de datos** y verificar su fiabilidad. Este proceso de integración implica, por un lado, la búsqueda de repositorios confiables—portales de noticias, artículos científicos, bases de datos gubernamentales—y, por el otro, la evaluación de la calidad y relevancia de dicha información.

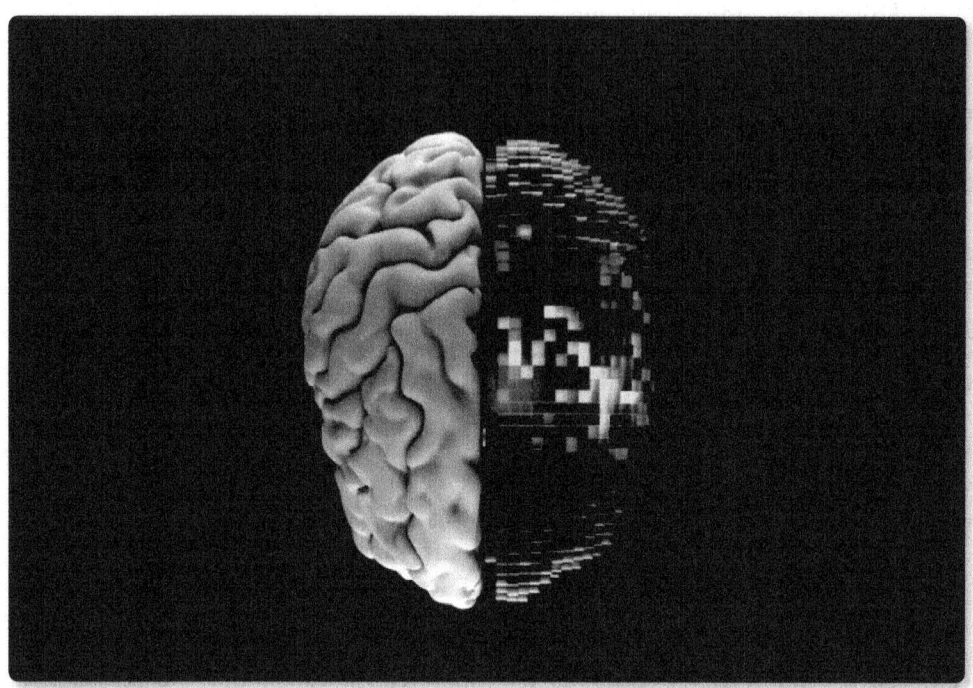

La incorporación de estas fuentes no se limita a simples "cargas" masivas de documentos: como sabemos, DeepSeek aplica filtros semánticos y algoritmos de detección de inconsistencias para excluir textos redundantes o dudosos. Además, cuando se habla de datos muy especializados (por ejemplo, investigaciones médicas o avances en ingeniería aeroespacial), el sistema puede requerir un entrenamiento adicional de sus submodelos—conocidos como "expertos" en la arquitectura Mixture of Experts—para asimilar correctamente los conceptos técnicos y ofrecer respuestas precisas en ese campo.

En paralelo, la plataforma lleva a cabo una "limpieza" periódica del índice de datos, descartando información obsoleta o que haya sido refutada por estudios más recientes. Todo ello forma un **ciclo virtuoso**: la llegada de nuevas fuentes enriquece la base de conocimientos, mientras que el sistema filtra y consolida la información de manera que los usuarios solo obtengan contenido de valor. Gracias a este flujo constante de actualización, DeepSeek mantiene su capacidad para responder a las consultas más actuales, adaptándose a un panorama informativo en perpetuo cambio.

3.4 AUTOEVALUACIÓN DE LA SECCIÓN

3.4.1 Actividades recomendadas

Para visualizar cómo funciona DeepSeek, se puede dibujar un esquema o diagrama que represente los principales componentes de su arquitectura, incluyendo la interfaz de usuario, el módulo de PLN, el sistema de búsqueda, el modelo de síntesis y el aprendizaje continuo. Representar gráficamente estas partes ayuda a comprender cómo interactúan entre sí y el flujo de información dentro del sistema.

Se puede elaborar una tabla comparativa con al menos tres diferencias clave entre DeepSeek y los motores de búsqueda tradicionales. Algunos aspectos para considerar son: cómo interpretan las preguntas, cómo filtran la información y cómo generan las respuestas. Esto permite ver en qué se distingue DeepSeek y por qué sus respuestas suelen ser más precisas y contextuales.

Para entender mejor cómo funciona DeepSeek, se pueden formular tres preguntas diferentes y analizar paso a paso el flujo de trabajo que sigue el sistema para responderlas. Por ejemplo, comparando una pregunta directa ("¿Cuál es la capital de España?") con una más compleja ("¿Cuáles son las mejores ciudades para vivir en España?"), se puede reflexionar sobre cómo varían las respuestas y qué módulos entran en juego en cada caso.

Se pueden buscar noticias recientes en diferentes fuentes y analizar cómo se evalúa su confiabilidad. Para ello, se puede tomar una misma noticia en distintos medios y comparar qué elementos la hacen más o menos fiable (referencias, datos, sesgo, fuentes citadas, etc.). Esto ayuda a comprender cómo DeepSeek aplica filtros de calidad para seleccionar información relevante.

La mejora continua de DeepSeek implica una constante actualización de sus datos y modelos. Para profundizar en este aspecto, se puede investigar un caso en el que la falta de actualización de un sistema de IA haya generado problemas (por ejemplo, errores en asistentes virtuales o sistemas de recomendación) y escribir una breve reflexión sobre la importancia de la actualización en los modelos de IA.

3.4.2 Preguntas tipo test

1. ¿Cuál de las siguientes afirmaciones describe mejor el funcionamiento de DeepSeek?

a) Solo busca palabras clave en bases de datos predefinidas.

b) Utiliza inteligencia artificial para comprender la intención y el contexto de la pregunta.

c) Es un motor de búsqueda tradicional que ordena resultados sin analizarlos.

d) Depende únicamente de fuentes gubernamentales para responder.

Respuesta correcta: b)

2. ¿Qué componente de DeepSeek es responsable de interpretar la pregunta del usuario?

a) El sistema de aprendizaje continuo.

b) La interfaz de usuario.

c) El módulo de Procesamiento de Lenguaje Natural (PLN).

d) El motor de búsqueda tradicional.

Respuesta correcta: c)

3. ¿Cuál es la función del sistema de aprendizaje continuo en DeepSeek?

a) Crear nuevas preguntas para los usuarios.

b) Analizar el feedback y mejorar la precisión de las respuestas con el tiempo.

c) Sustituir a los motores de búsqueda convencionales.

d) Evitar que los usuarios formulen preguntas repetitivas.

Respuesta correcta: b)

4. ¿Cómo se asegura DeepSeek de proporcionar información confiable?

a) Utilizando un sistema de reputación para evaluar fuentes y descartando información dudosa.

b) Consultando únicamente artículos académicos.

c) Seleccionando solo respuestas de enciclopedias en línea.

d) Permitiendo que los usuarios editen directamente las respuestas generadas.

Respuesta correcta: a)

5. ¿Qué técnica usa DeepSeek para recordar el contexto de la conversación y ofrecer respuestas coherentes?

a) Algoritmos de búsqueda por coincidencia exacta.

b) Selección aleatoria de respuestas previas.

c) Reglas de gramática preprogramadas.

d) Redes neuronales de tipo Transformer con mecanismos de autoatención.

Respuesta correcta: d)

3.4.3 Frases con huecos para rellenar

1. La arquitectura de DeepSeek está formada por módulos interconectados, como la _____ de usuario y el sistema de _____ del lenguaje natural.

(respuestas: interfaz / procesamiento)

2. Para analizar el significado de una pregunta, DeepSeek aplica técnicas de _____ que le permiten identificar la intención y resolver ambigüedades.

(respuesta: Procesamiento del Lenguaje Natural o PLN)

3. A diferencia de los motores de búsqueda tradicionales, DeepSeek no solo encuentra información, sino que la _____ y la presenta de manera clara.

(respuesta: sintetiza)

4. El sistema de aprendizaje continuo permite que DeepSeek mejore sus respuestas con el tiempo al analizar el _____ de los usuarios.

(respuesta: feedback)

5. Los filtros de información ayudan a descartar fuentes poco fiables mediante un sistema de _____ basado en reputación y análisis semántico.

(respuesta: evaluación)

4

USO DE DEEPSEEK COMO GENERADOR DE CONTENIDO

DeepSeek está diseñado para ser intuitivo, pero conocer sus funciones puede hacer que la experiencia sea aún más efectiva. En esta sección te guiaremos en los primeros pasos, desde el registro hasta la configuración inicial, y te enseñaremos cómo realizar consultas eficientes utilizando palabras clave y preguntas complejas. Además, exploraremos funciones avanzadas como el filtrado de resultados y el uso de la plataforma en dispositivos móviles.

4.1 PRIMEROS PASOS. USO DE DEEPSEEK EN LA NUBE

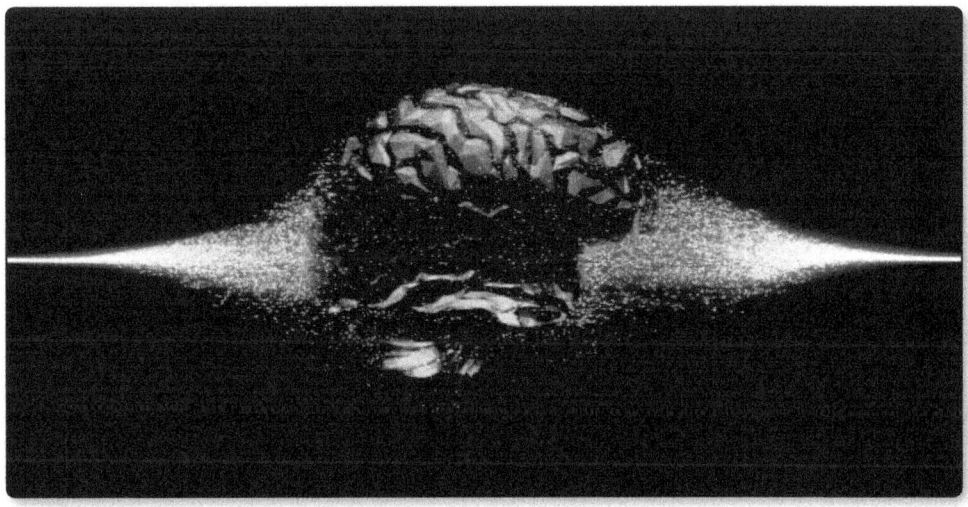

Para aprovechar todo el potencial de DeepSeek, es importante familiarizarse con sus funciones desde el principio. Los primeros pasos en el uso de DeepSeek en la nube incluyen la creación de una cuenta, la configuración inicial de preferencias y la comprensión de su interfaz, que se ha diseñado para ser intuitiva y fácil de usar, incluso para personas sin experiencia previa con inteligencia artificial.

4.1.1 Registro y configuración inicial

Para empezar a usar **DeepSeek**, lo primero que hay que hacer es registrarse en la plataforma. El proceso es bastante sencillo y no lleva más de unos minutos. Basta con acceder a su página web (https://www.deepseek.com/) o aplicación y seleccionar "Start Now":

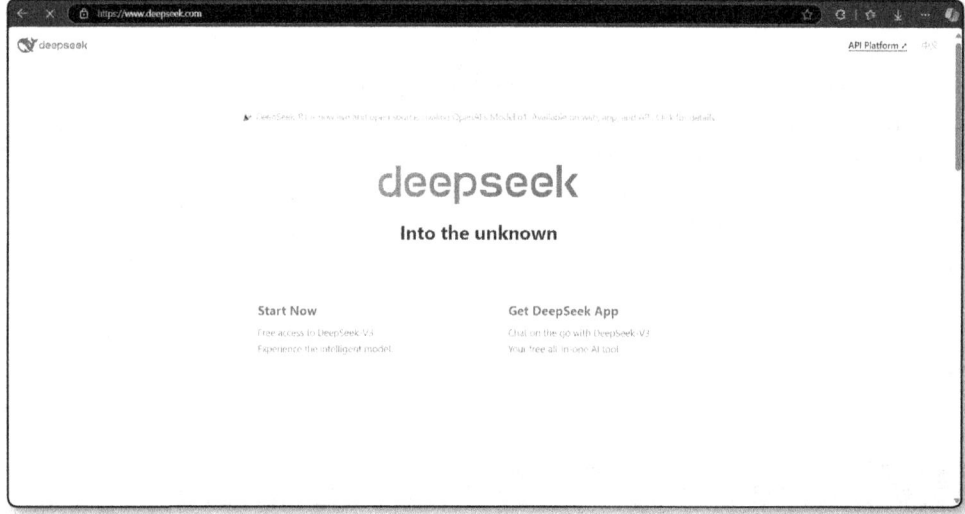

Al entrar en DeepSeek, se solicitarán algunos datos básicos, como el **nombre de usuario, la dirección de correo electrónico y una contraseña**. En algunos casos, también puede pedirse un **número de teléfono** para verificar la identidad del usuario. Este paso es común en muchas plataformas, ya que ayuda a mejorar la seguridad de la cuenta y evitar registros automatizados o fraudulentos. También se puede acceder a este directamente a este paso del proceso mediante el enlace "https://chat.deepseek.com/sign_up":

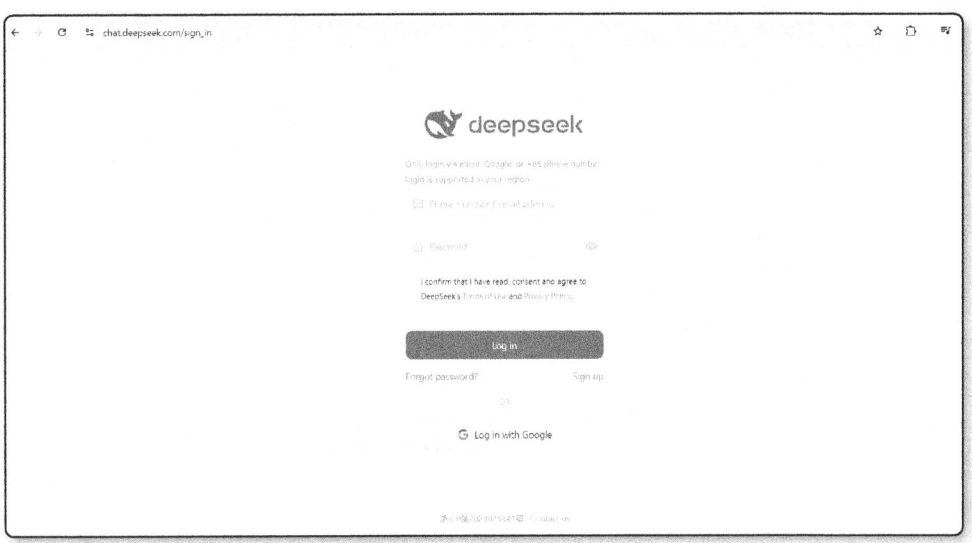

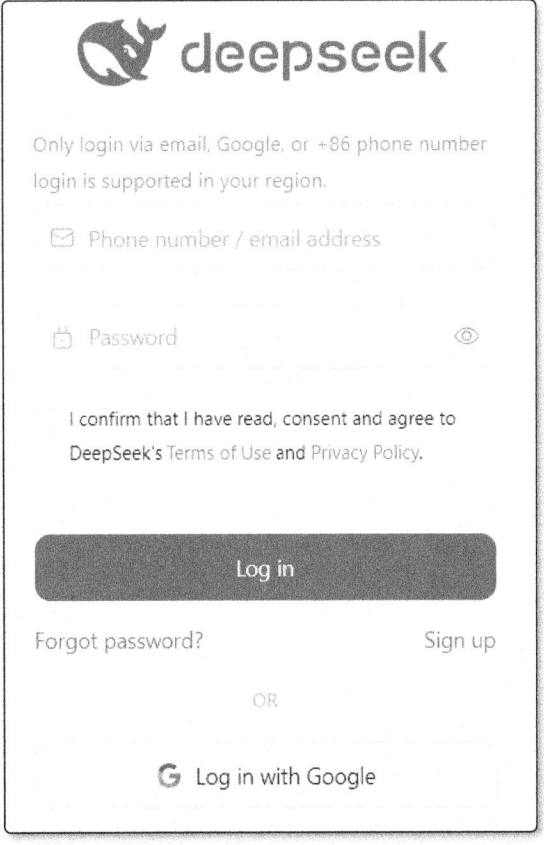

Tras completar los datos, se enviará un **correo de confirmación**. Es importante revisar la bandeja de entrada (y la carpeta de spam si no aparece) y hacer clic en el enlace de verificación. Sin este paso, la cuenta no se activará y no será posible acceder a las funciones de DeepSeek:

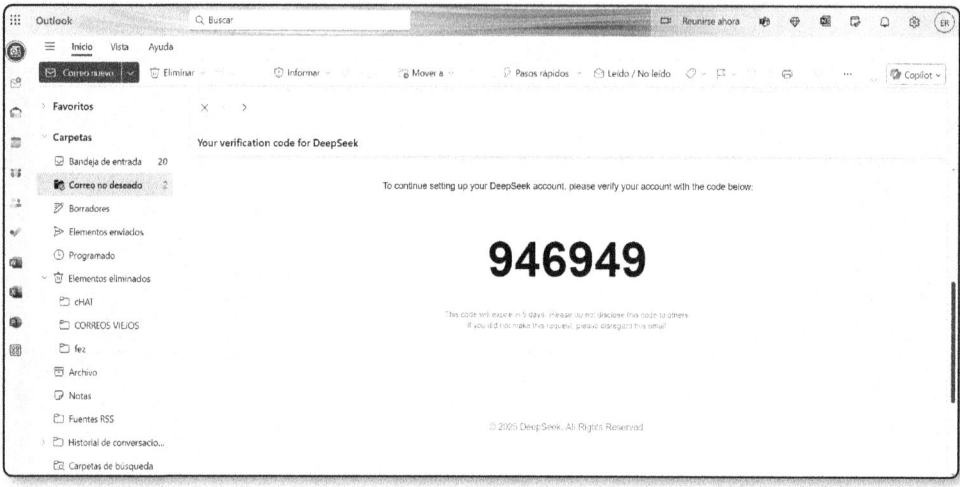

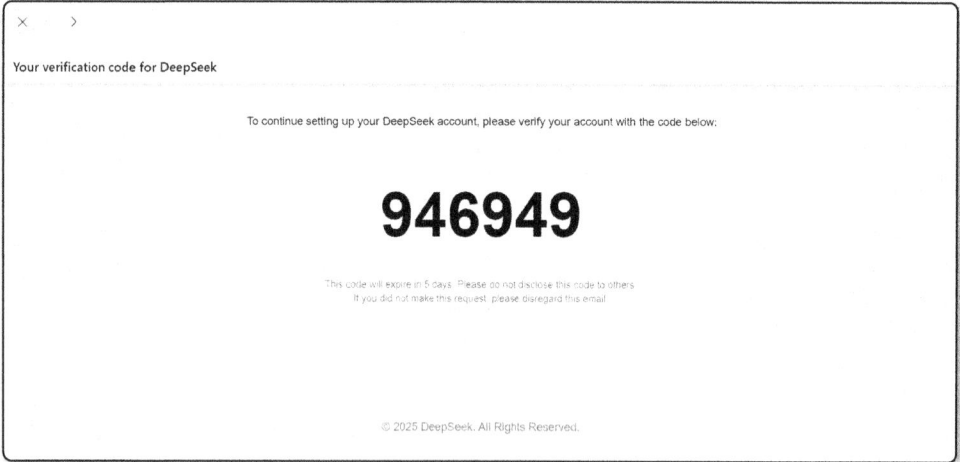

Después de la configuración inicial, ya se puede empezar a interactuar con DeepSeek. La interfaz es similar a la de otros modelos de inteligencia artificial: simplemente se escribe una consulta o pregunta en la caja de texto y se espera la respuesta. Dependiendo del modo seleccionado, las respuestas pueden ser más rápidas o detalladas. Un ejemplo de consulta sería el siguiente:

Hi, I'm DeepSeek.

How can I help you today?

¿Cuáles son los colores primarios?

 DeepThink (R1)   Search

Colores primarios en diferentes modelos de color

¿Cuáles son los colores primarios?

Los colores primarios son aquellos que no se pueden obtener mediante la mezcla de otros colores y que, a su vez, son la base para crear otros colores. Dependiendo del modelo de color que se utilice, los colores primarios pueden variar:

1. **Modelo de color RYB (tradicional, usado en arte y pintura):**
   - Rojo
   - Amarillo
   - Azul

2. **Modelo de color RGB (usado en pantallas y dispositivos digitales):**
   - Rojo
   - Verde
   - Azul

3. **Modelo de color CMYK (usado en impresión):**
   - Cian
   - Magenta
   - Amarillo
   - Negro (aunque técnicamente no es un color primario, se añade para mejorar la calidad de la impresión)

Cada modelo tiene su aplicación específica y es importante en diferentes contextos.

 New chat

Message DeepSeek

 DeepThink (R1)   Search

AI-generated, for reference only

Si en algún momento se quiere cambiar la configuración, se puede acceder a las opciones desde el menú de ajustes. También es posible cerrar sesión o eliminar la cuenta si se decide dejar de usar la plataforma.

4.1.2 Guía para principiantes: interfaz amigable

DeepSeek se ha diseñado con una **interfaz limpia y fácil de usar**, ideal para principiantes. Su diseño minimalista permite acceder rápidamente a sus funciones principales sin complicaciones. A continuación, se explican los elementos clave de la plataforma para familiarizarse con su funcionamiento.

1. **Página principal: el centro de interacción**

   Al abrir **chat.deepseek.com**, se accede a la pantalla principal. En el centro se encuentra el cuadro de texto donde se pueden escribir preguntas o instrucciones para la IA. Sobre este cuadro, aparece el mensaje de bienvenida **"Hi, I'm DeepSeek."**, indicando que la IA está lista para responder.

   En este cuadro de entrada, también se pueden ver dos opciones importantes:

   - **DeepThink (R1)**: una función especializada en resolver problemas de razonamiento complejo.

   - **Search**: una herramienta que permite buscar información en internet cuando sea necesario.

   Estas opciones pueden seleccionarse según el tipo de consulta que se quiera realizar.

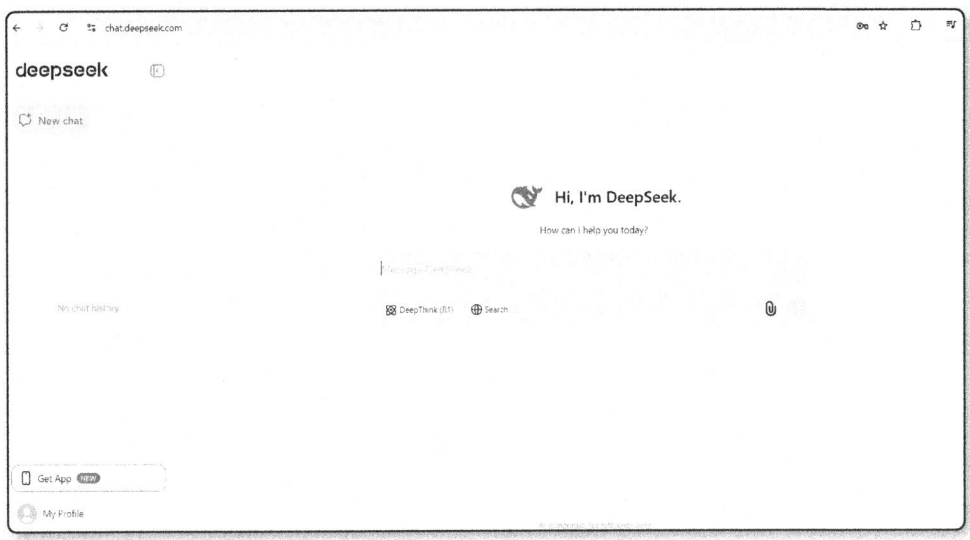

Al iniciar sesión, la pantalla principal muestra un **campo de búsqueda o chat interactivo**, donde el usuario puede escribir su pregunta.

Se pueden introducir **consultas en lenguaje natural**, sin necesidad de utilizar comandos específicos.

DeepSeek permite **preguntas sucesivas**, lo que significa que el usuario puede realizar preguntas de seguimiento y la IA recordará el contexto de la conversación para proporcionar respuestas más precisas.

Cuando hagas una pregunta con la opción de búsqueda (Search) en Internet activada, DeepSeek primero rastreará la web en busca de artículos relacionados con tu consulta. Una vez encontrados, extraerá la información relevante y elaborará una respuesta basada en esos datos.

Para conocer las fuentes utilizadas, verás un botón en la parte superior de la respuesta que indica cuántos resultados se han encontrado. Al hacer clic en él, se desplegará una lista con los artículos consultados, permitiéndote acceder a ellos directamente. Además, debajo de cada párrafo de la respuesta aparecerán números que enlazan con las fuentes específicas. Al pasar el cursor sobre ellos, se mostrará una vista previa del artículo correspondiente, con la opción de abrirlo para revisar la información original.

DeepSeek almacena un **historial de consultas**, lo que permite revisar respuestas anteriores o retomar conversaciones sin necesidad de repetir preguntas:

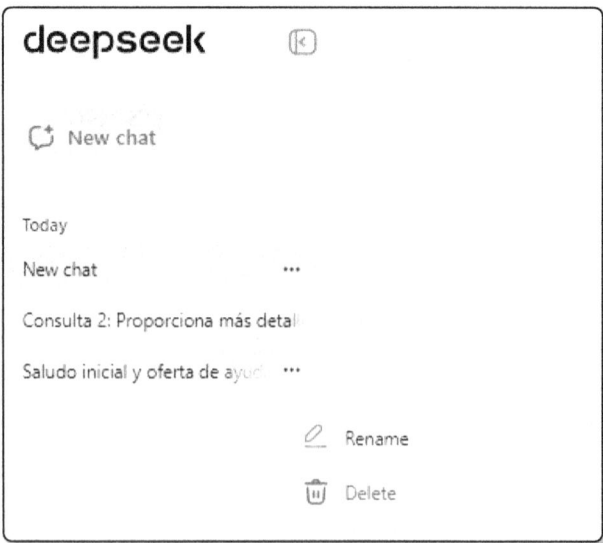

2. **Funciones adicionales en el cuadro de entrada**

A la derecha del cuadro de texto se encuentran dos botones:

- **Subir archivos**: permite cargar documentos o imágenes para que DeepSeek extraiga información de ellos.

- **Enviar consulta**: este botón, representado por una flecha, permite enviar el mensaje una vez escrito.

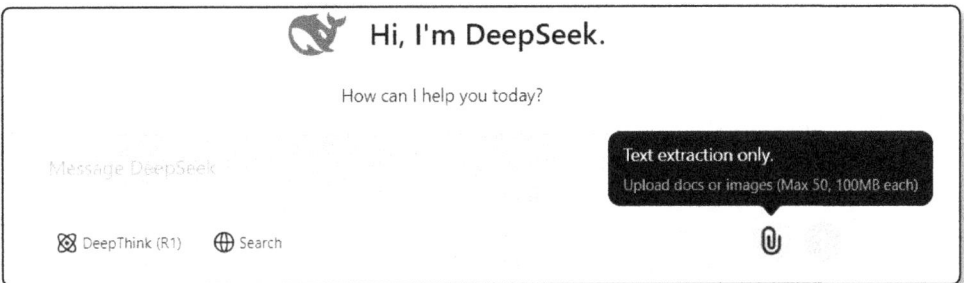

3. **Menú lateral: accesos rápidos**

En la parte izquierda de la pantalla se encuentra un menú con accesos rápidos:

- **New Chat**: permite iniciar una nueva conversación desde cero.

- **Get App (NEW)**: ofrece la opción de descargar la aplicación de DeepSeek escaneando un código QR.

- **My Profile**: dirige a la configuración del perfil, donde se pueden ajustar preferencias y revisar el historial de chats.

4. **Acceder a la configuración**

Para abrir el menú de configuración, es necesario hacer clic en el perfil del usuario, ubicado en la parte inferior izquierda de la pantalla. Al hacerlo, aparecerán las siguientes opciones:

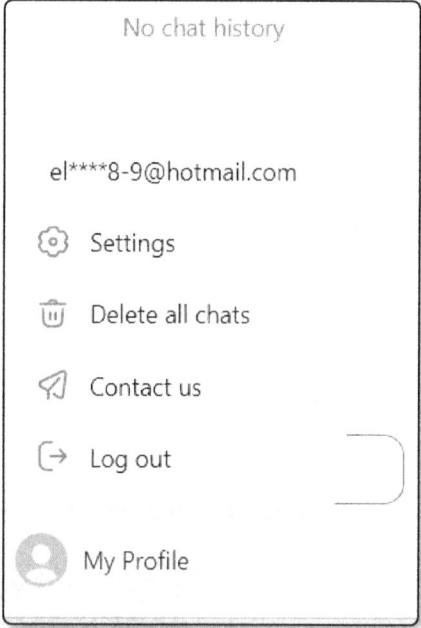

- **Settings (Configuración)**: acceso a las opciones generales de personalización.

- **Delete all chats (Borrar todos los chats)**: opción para eliminar el historial de conversaciones.

- **Contact us (Contacto)**: canal para enviar consultas o recibir asistencia.

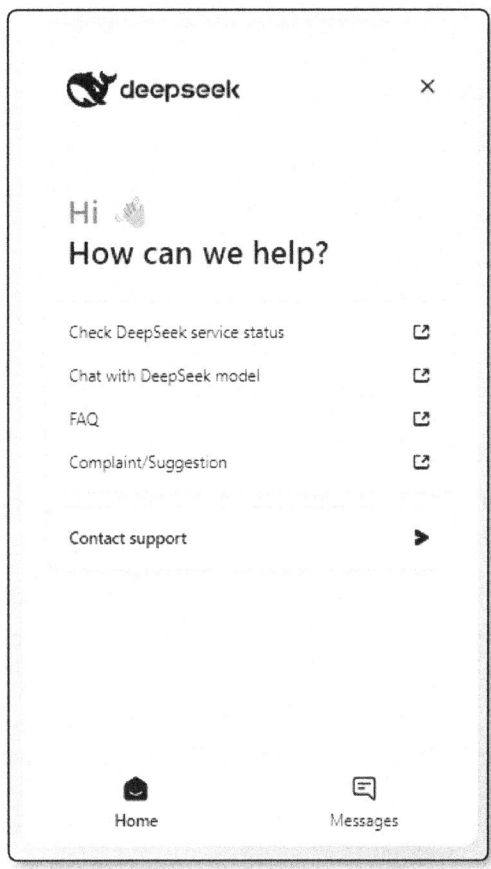

- **Log out (Cerrar sesión)**: permite salir de la cuenta de DeepSeek.

5. **Ajustes generales**

Dentro del apartado **General**, se pueden modificar las siguientes configuraciones:

Idioma

DeepSeek ofrece la posibilidad de cambiar el idioma de la interfaz. Actualmente, hay tres opciones:

- **System (Predeterminado del sistema).**

- **English (inglés).**

- **(Chino).**

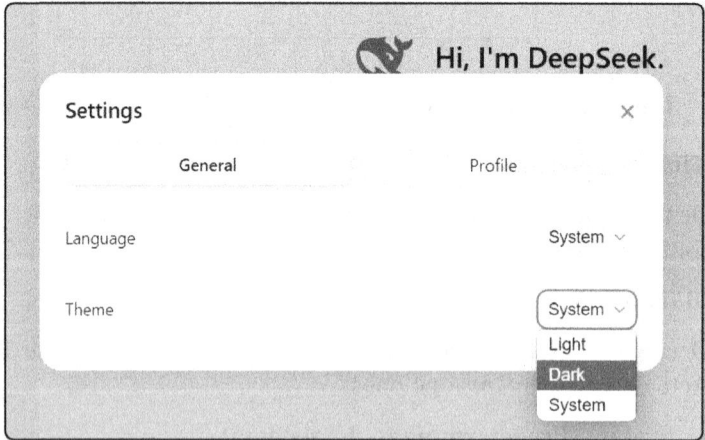

Tema (Apariencia)

Se puede elegir entre tres opciones para personalizar el aspecto de la interfaz:

- **Light (Claro)**: fondo blanco con texto oscuro.

- **Dark (Oscuro)**: fondo oscuro con texto claro, ideal para reducir el cansancio visual.

- **System (Según la configuración del sistema)**: ajusta el tema de acuerdo con la configuración del dispositivo.

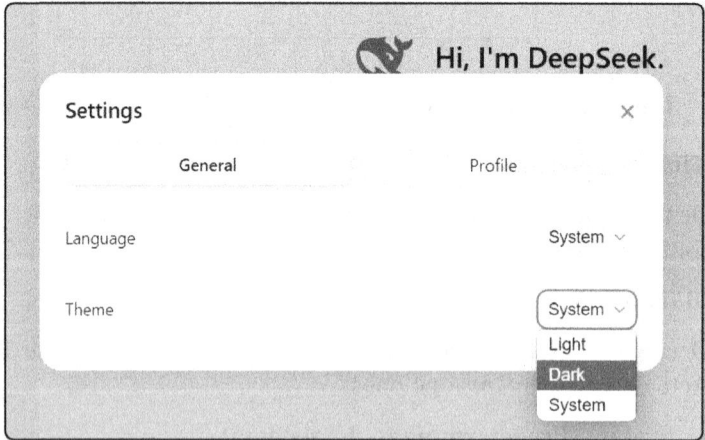

Para quienes prefieren la interfaz en **modo oscuro**, basta con acceder a **Settings** > **Theme** y seleccionar **Dark**. Al activarlo, la interfaz cambiará a tonos oscuros, ofreciendo una experiencia más cómoda para la vista:

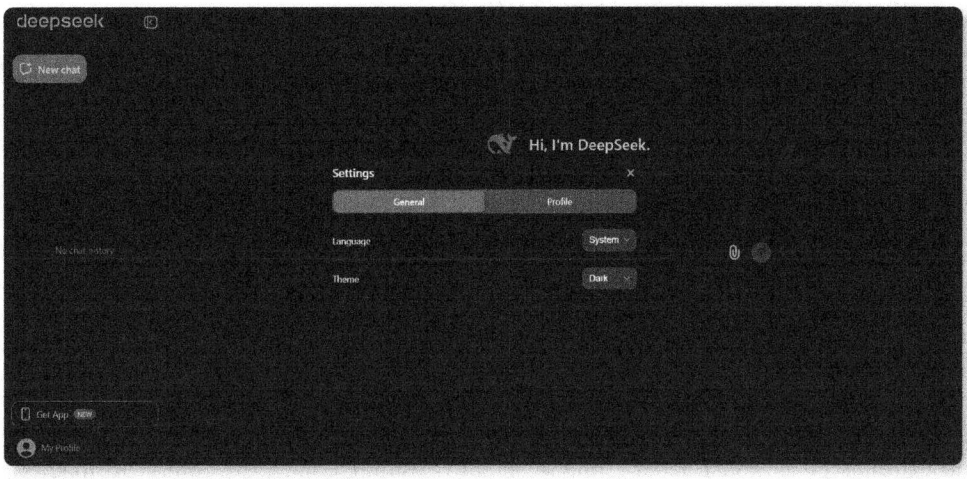

6. **Gestión del perfil**

En la pestaña **Profile**, se encuentran los datos asociados a la cuenta, como:

- **Correo electrónico.**
- **Número de teléfono (si está vinculado).**
- **Términos de uso** y **política de privacidad**, con opción de consulta.
- **Eliminar cuenta** (Delete account), lo que permite borrar el perfil de forma permanente.
- **Importante**: al eliminar la cuenta, todos los datos asociados se perderán y no se podrán recuperar.

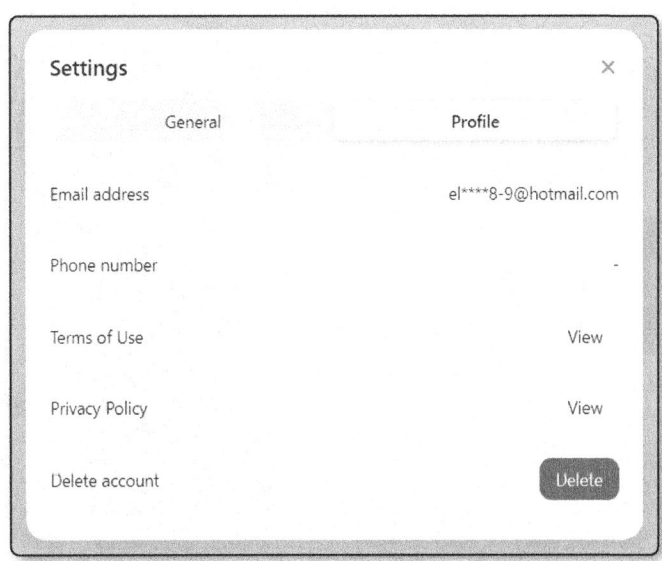

4.2 CÓMO REALIZAR CONSULTAS EFECTIVAS

Consultar una inteligencia artificial como DeepSeek puede ser muy sencillo si se conoce **qué palabras usar** y **cómo formular** la pregunta de manera clara. Aunque el sistema puede entender un lenguaje bastante natural, conviene darle una pequeña ayuda para que la respuesta sea más precisa y útil. A continuación, se describen dos estrategias que suelen funcionar muy bien.

4.2.1 Uso de palabras clave

Las **palabras clave** son términos esenciales que resumen la idea principal de lo que se está preguntando. Por ejemplo, si se desea información sobre la "formación de estrellas en la Vía Láctea", puede ser útil resaltar conceptos como "formación estelar", "Vía Láctea" o "proceso". Añadir palabras como "origen", "ciclo" o "etapas" puede ayudar a DeepSeek a enfocar la búsqueda en aspectos más específicos, en lugar de llenar la respuesta con datos irrelevantes.

Lo importante aquí es evitar frases demasiado largas o con palabras de relleno, ya que pueden dispersar el significado de la pregunta. Si se teclea algo más directo, el sistema responde con mayor precisión. Otro truco consiste en añadir un indicador de **tipo de información** que se quiere (ejemplo: "resumen", "estadísticas", "definición"), orientando a la IA sobre el formato o la profundidad de la respuesta.

Cuanto más precisa sea la palabra clave o frase, más enfocados serán los resultados. Por ejemplo, en lugar de buscar "historia", es mejor intentar con "historia de la Revolución Francesa". Si no se obtienen los resultados esperados, se recomienda probar con sinónimos o términos relacionados; en vez de "beneficios del ejercicio", se puede usar "ventajas de la actividad física".

También resulta útil combinar varias palabras clave, como "consejos para estudiar eficientemente matemáticas", y omitir artículos o preposiciones que no aporten valor, de modo que en vez de "¿Cuáles son las mejores formas de...?", se utilice simplemente "mejores formas de...".

Además, cuando se necesite una frase específica, es aconsejable ponerla entre comillas, por ejemplo "cómo mejorar la productividad en el trabajo". Si la búsqueda está vinculada a un tema concreto, conviene añadir detalles relevantes, como "cómo cocinar arroz integral en olla arrocera". Formular preguntas claras ayuda a la IA a entender la consulta, por lo que conviene ejemplos como "¿Cuál es la capital de Italia?".

En caso de no encontrar lo deseado, es útil reformular la consulta: en lugar de "cómo ahorrar dinero", se puede probar "estrategias para ahorrar dinero". Para información especializada, incluir términos técnicos o específicos, como "algoritmo de ordenación rápida", suele generar mejores resultados.

Por último, se recomienda evitar frases largas o ambiguas; cuanto más directa sea la consulta, más fácil será comprenderla y proporcionar la información adecuada.

Algunos consejos específicos para seleccionar palabras clave de manera efectiva son los siguientes:

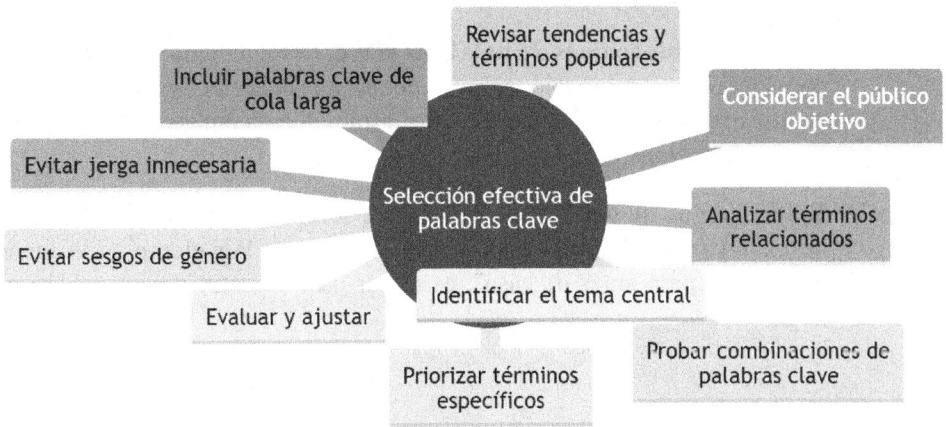

1. **Identificar el tema central**: es importante definir claramente el tema o concepto principal que se desea buscar. Por ejemplo, si el interés está en la nutrición, las palabras clave podrían ser "alimentación saludable" o "dietas equilibradas".

2. **Priorizar términos específicos**: se recomienda elegir palabras clave que sean lo más concretas posible. Por ejemplo, en lugar de "deporte", es mejor usar "entrenamiento de resistencia para corredores".

3. **Considerar el público objetivo**: si la búsqueda está dirigida a un grupo específico, es útil incluir términos que reflejen sus intereses o necesidades. Por ejemplo, "actividades físicas para personas mayores".

4. **Analizar términos relacionados**: es recomendable explorar sinónimos, variantes o conceptos asociados al tema. Por ejemplo, para "energías renovables", se podrían considerar palabras clave como "energía solar" o "energía eólica".

5. **Evitar jerga innecesaria**: a menos que se busque información técnica, es preferible utilizar un lenguaje claro y accesible. Por ejemplo, en lugar de "metodologías ágiles de desarrollo de software", se podría usar "métodos ágiles para proyectos".

6. **Incluir palabras clave de cola larga**: se sugiere utilizar frases más largas y específicas que reflejen mejor la intención de búsqueda. Por ejemplo, en lugar de "recetas", es mejor usar "recetas vegetarianas rápidas para principiantes".

7. **Revisar tendencias y términos populares**: es útil investigar qué palabras clave son más utilizadas o están en tendencia relacionadas con el tema. Por ejemplo, "consejos para teletrabajar eficientemente".

8. **Probar combinaciones de palabras clave**: se recomienda experimentar con diferentes combinaciones para encontrar la más efectiva. Por ejemplo, "cómo mejorar la concentración en el estudio" o "técnicas para aumentar la concentración".

9. **Evitar sesgos de género**: es importante seleccionar palabras clave que no excluyan o refuercen estereotipos de género. Por ejemplo, en lugar de "cocina para amas de casa", es mejor usar "recetas prácticas para el hogar".

10. **Evaluar y ajustar**: después de realizar la búsqueda, se sugiere analizar los resultados y, si es necesario, ajustar las palabras clave para mejorar la precisión.

A continuación, se describen cinco situaciones, cada una en un contexto distinto, donde se aprovecha el uso de palabras clave y la correcta formulación de preguntas para obtener resultados más precisos y útiles:

1. Planificar un viaje al extranjero (turismo y logística)

   - Situación concreta: se va a viajar a Japón y se necesita saber los requisitos de visado, las mejores fechas para visitar el país y los posibles costos de alojamiento.

   - Palabras clave: "visado Japón", "temporada turística", "coste hoteles Tokio".

   - Cómo formular la pregunta: "¿Qué requisitos de visado existen para viajar a Japón, ¿Cuáles son las mejores fechas para evitar aglomeraciones turísticas y cuál suele ser el precio promedio de los hoteles en Tokio?".

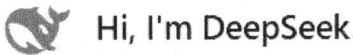

Hi, I'm DeepSeek.

How can I help you today?

¿Qué requisitos de visado existen para viajar a Japón, ¿Cuáles son las mejores fechas para evitar aglomeraciones turísticas y cuál suele ser el precio promedio de los hoteles en Tokio?"

 DeepThink (R1)   Search

2. Preparar un proyecto académico (investigación y bibliografía)

   - Situación concreta: hay que realizar un trabajo sobre la influencia de la tecnología en la educación primaria y se desea encontrar estudios recientes que respalden la hipótesis.

   - Palabras clave: "tecnología en educación primaria", "estudios recientes", "impacto en aprendizaje".

- Cómo formular la pregunta: "¿Qué investigaciones recientes hablan sobre el uso de tecnología en la educación primaria y cómo evalúan su impacto en el proceso de aprendizaje?".

3. Resolver una duda médica básica (información general, no diagnóstico)

- Situación concreta: se quiere saber si la vitamina D puede ayudar a reforzar el sistema inmunológico y en qué dosis se recomienda, sin pretender un diagnóstico.

- Palabras clave: "vitamina D", "beneficios sistema inmunológico", "dosis recomendada".

- Cómo formular la pregunta: "¿Cuáles son los principales beneficios de la vitamina D para el sistema inmunológico y qué dosis diaria se suele recomendar en adultos sanos?".

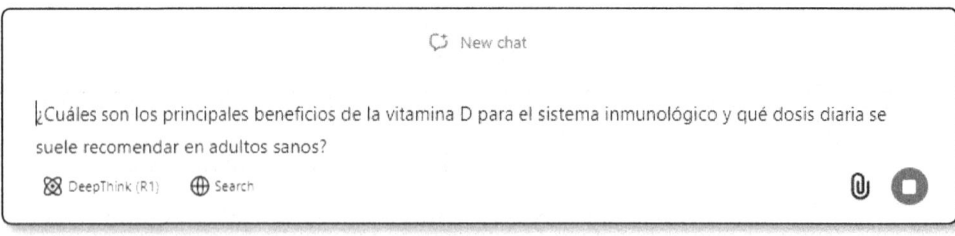

4. Tomar decisiones financieras personales (inversión y ahorro)

- Situación concreta: se dispone de un capital ahorrado y se necesita una visión general sobre fondos de inversión de bajo riesgo y cuentas de ahorro rentables.

- Palabras clave: "fondos de inversión bajo riesgo", "rendimientos cuentas de ahorro", "comparación tasas interés".

- Cómo formular la pregunta: "¿Cuáles son los fondos de inversión de bajo riesgo más recomendados y qué cuentas de ahorro ofrecen los mejores rendimientos en la actualidad?".

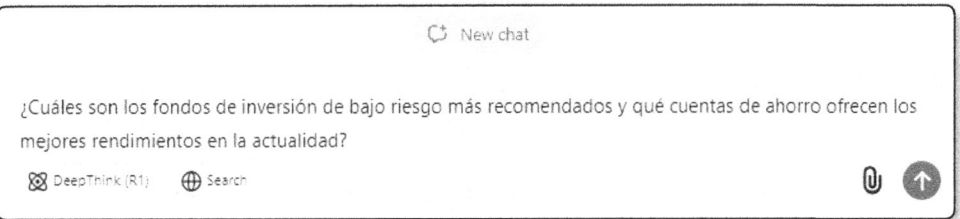

5. Generar un informe comercial (datos y análisis de mercado)

- Situación concreta: una pequeña empresa busca exportar sus productos a América Latina y necesita datos sobre la demanda y los principales competidores en ese mercado.

- Palabras clave: "exportación a América Latina", "demanda producto", "competidores mercado latino".

- Cómo formular la pregunta: "¿Cuál es la demanda actual de este tipo de productos en América Latina, y quiénes son los competidores principales que dominan el mercado?".

4.2.2 Redacción de preguntas complejas

En ocasiones, se necesitan respuestas detalladas a cuestiones muy específicas. Por ejemplo: "¿Cómo impacta el calentamiento global en la migración de aves marinas en el Pacífico Sur?". En este caso, es recomendable **incluir el contexto** y los elementos clave en una sola pregunta, para que DeepSeek pueda relacionar los términos y profundizar en la información buscada.

Para ilustrar cómo una pregunta detallada y contextualizada puede influir en la calidad de las respuestas de DeepSeek, a continuación, se presentan cinco ejemplos que demuestran cómo la inclusión de elementos clave (lugar, causa, objetivos, etc.) facilita la obtención de respuestas más precisas y completas:

1. Estudio de la contaminación en ríos urbanos

   - Pregunta detallada: "¿Cómo afectan los vertidos de residuos industriales al ecosistema del río Manzanares y qué consecuencias tiene para la calidad del agua potable en Madrid?".

   - Contexto y elementos clave: se menciona el tipo de contaminación ("vertidos de residuos industriales"), la ubicación específica ("río Manzanares") y se añade la repercusión directa ("calidad del agua potable en Madrid") para indicar qué aspecto se desea profundizar.

2. Impacto del teletrabajo en la productividad empresarial

   - Pregunta detallada: "¿De qué manera ha influido el aumento del teletrabajo en la productividad y satisfacción laboral de los empleados en pymes de tecnología en España?".

   - Contexto y elementos clave: se identifica claramente la variable de interés ("productividad y satisfacción laboral"), el ámbito empresarial ("pymes de tecnología") y el país en cuestión ("España"), ofreciendo así el contexto suficiente para un análisis específico.

3. Adaptación de especies marinas al calentamiento global

   - Pregunta detallada: "¿Cómo están evolucionando las poblaciones de corales en el Caribe debido a las variaciones de temperatura provocadas por el cambio climático, y qué acciones de conservación se están implementando?".

   - Contexto y elementos clave: se establecen el lugar ("el Caribe"), la especie afectada ("corales"), la causa ("variaciones de temperatura" por cambio climático) y el interés por las medidas ("acciones de conservación").

4. Eficacia de métodos educativos digitales

   - Pregunta detallada: "¿En qué medida las plataformas de aprendizaje en línea han mejorado el rendimiento académico de estudiantes de primaria en entornos rurales de México, y qué limitaciones se han observado?".

- Contexto y elementos clave: se especifica la metodología educativa ("plataformas de aprendizaje en línea"), el nivel y ubicación ("estudiantes de primaria en zonas rurales de México"), así como el objetivo ("mejorado el rendimiento académico") y se pregunta también por los puntos débiles ("qué limitaciones").

5. Viabilidad de la energía solar en grandes ciudades

- Pregunta detallada: "¿Cuál es la rentabilidad a largo plazo de instalar paneles solares en edificios residenciales de Ciudad de México, considerando factores como la radiación solar y los costos de instalación?".

- Contexto y elementos clave: se circunscribe la consulta a un lugar específico ("Ciudad de México"), se menciona la tecnología de interés ("paneles solares"), el tipo de edificio ("residenciales") y se destacan los factores determinantes ("radiación solar" y "costos de instalación") para permitir un análisis concreto.

Si se requiere una explicación extensa, conviene desglosar la consulta en varias partes. Por ejemplo, primero preguntar por los cambios en la temperatura del Pacífico Sur, luego sobre las rutas migratorias de aves marinas, y finalmente sobre la relación entre ambas variables. Con esa estrategia, se guía a la IA a elaborar una respuesta paso a paso, ofreciendo un análisis más completo. Por último, conviene **revisar la respuesta** para asegurarse de que realmente aborda lo que se buscaba y, si es necesario, hacerle un par de preguntas adicionales para afinar detalles o resolver dudas específicas.

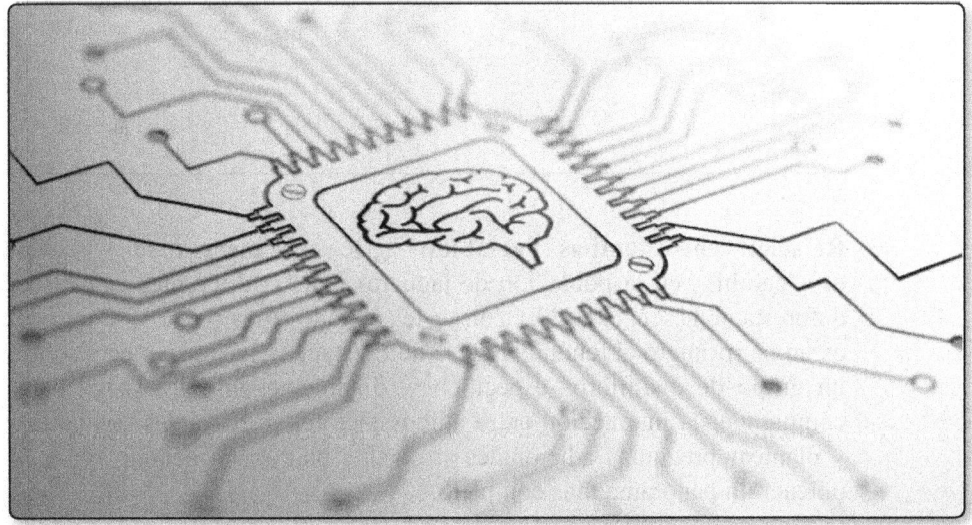

A continuación, se presentan dos situaciones concretas donde **desglosar la consulta en varias partes** facilita una explicación más profunda y clara. En cada caso, se abordan primero los elementos centrales del fenómeno, luego los detalles específicos y, por último, la relación entre ambos aspectos, lo que ayuda a guiar paso a paso la respuesta de DeepSeek y obtener un panorama más completo del tema.

Ejemplo 1: análisis del impacto de la deforestación en especies de mamíferos amazónicos

1. **Pregunta inicial sobre la causa:** "¿Cuáles son las principales causas de deforestación en la región amazónica de Brasil en la última década?".

2. **Pregunta sobre la especie concreta:** "¿Cómo ha cambiado la población de jaguares en esa zona durante el mismo período?".

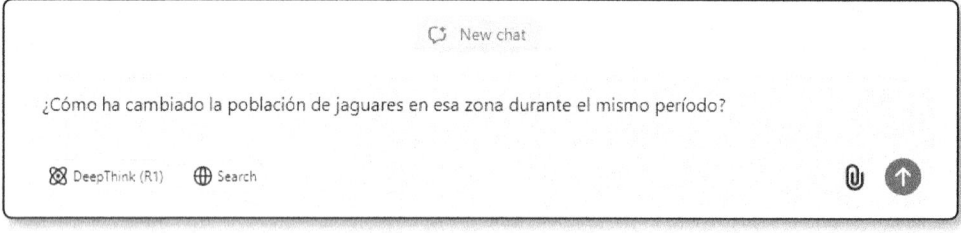

3. **Relación entre ambas variables:** "¿De qué manera se vinculan esos cambios en la población de jaguares con las diferentes causas de deforestación señaladas?". Con este método escalonado, se puede examinar primero el fenómeno de la deforestación, luego su efecto sobre un grupo de mamíferos específico y, finalmente, unir los datos para comprender la interacción entre ambos factores. Revisar las respuestas y plantear preguntas adicionales si quedan puntos sin aclarar ayuda a obtener un panorama más completo.

Ejemplo 2: efectos de la contaminación atmosférica en la salud de adultos mayores en áreas urbanas

1. **Pregunta sobre el fenómeno general:** "¿Cuál ha sido la evolución de los índices de contaminación del aire en ciudades grandes de Europa en los últimos cinco años?".

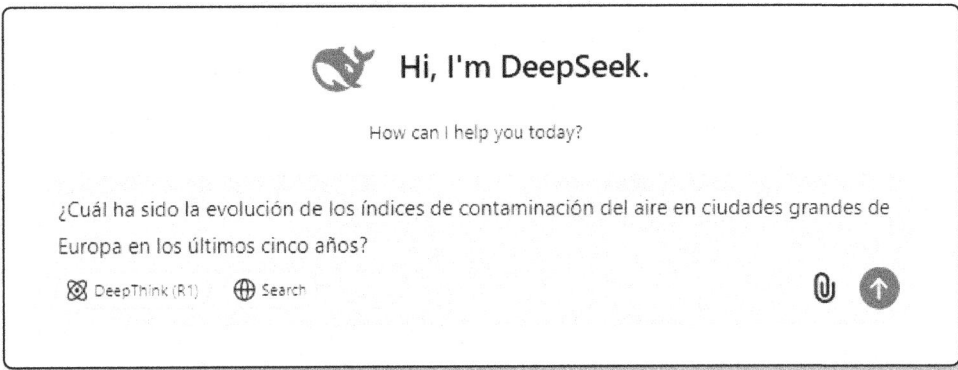

2. **Indagación sobre la población afectada:** "¿Cómo se ha visto reflejado esto en la incidencia de enfermedades respiratorias entre adultos mayores, especialmente mayores de 65 años?".

3. **Conexión de los datos:** "¿Qué relación existe entre los aumentos en los índices de contaminación y el incremento de problemas respiratorios en ese grupo de edad?". Desglosar la consulta en estos pasos facilita que la IA aporte detalles específicos de la contaminación del aire, datos sobre enfermedades en adultos mayores y, finalmente, la conexión entre ambos. Al final, conviene revisar si la respuesta aborda las preguntas planteadas o si hacen falta datos adicionales.

4.2.3 Guardado y exportación de información

Hoy en día, la **versión actual de DeepSeek** no cuenta con un botón específico de "Guardar" ni una función de "Exportar" que permita descargar directamente la información en formatos como PDF o DOC. En cambio, la **única opción disponible** es **copiar** el contenido que se muestra en pantalla y pegarlo donde sea necesario (un documento de texto, un bloc de notas, un correo electrónico, etc.).

Aun así, es útil contemplar algunas **estrategias** que los usuarios pueden poner en práctica para **organizar y aprovechar** el contenido que copian de DeepSeek:

1. **Crear un archivo de texto**:

   - Cuando obtengas una respuesta en DeepSeek que deseas conservar, selecciónala y utiliza la opción de "Copiar".

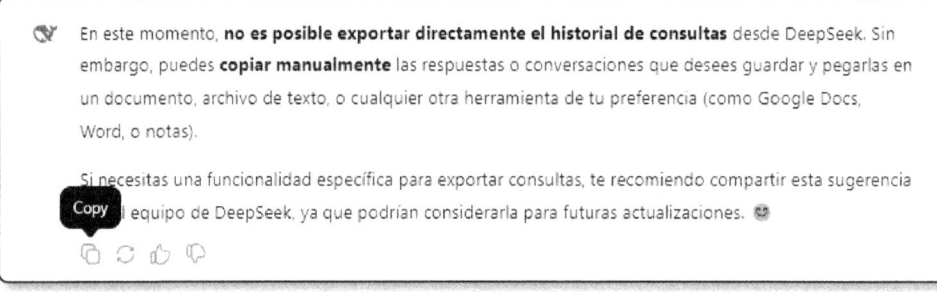

En este momento, **no es posible exportar directamente el historial de consultas** desde DeepSeek. Sin embargo, puedes **copiar manualmente** las respuestas o conversaciones que desees guardar y pegarlas en un documento, archivo de texto, o cualquier otra herramienta de tu preferencia (como Google Docs, Word, o notas).

Si necesitas una funcionalidad específica para exportar consultas, te recomiendo compartir esta sugerencia al equipo de DeepSeek, ya que podrían considerarla para futuras actualizaciones. 😊

Opción de copiar.

   - Pégala en un editor de texto (Word, Google Docs, Bloc de notas, etc.).

   - Repite este proceso con todas las consultas relevantes y guarda ese archivo de texto con un nombre descriptivo ("Apuntes sobre X tema", "Borrador de investigación", etc.).

   - De esta forma, tendrás un "documento histórico" con todo lo que has ido recopilando de la plataforma.

2. **Organizar la información en carpetas o proyectos**:

   - Si utilizas un sistema de gestión de archivos, puedes crear una carpeta para cada proyecto, materia o tema en el que trabajes.

   - Dentro de cada carpeta, crea un documento dedicado a contener las respuestas más valiosas que obtengas de DeepSeek.

- Añade notas, comentarios o referencias a la fuente original si consideras que puede serte útil más adelante.

3. **Usar herramientas externas de anotación**:

   - Existen aplicaciones (Evernote, OneNote, Notion, etc.) que permiten **copiar y pegar** fácilmente el contenido de DeepSeek y añadir etiquetas, categorías o recordatorios.

   - Así, aunque DeepSeek en sí no guarde tus resultados, contarás con un sistema externo que te permitirá buscar y filtrar la información copiada con mayor rapidez en el futuro.

4. **Crear marcadores en el navegador (opcional)**:

   - Si la consulta que realizaste se asocia a una URL concreta o un resultado específico, puedes guardarla como un marcador en tu navegador.

   - De esta forma, aunque DeepSeek no cuente con un historial de guardado propio, tendrás una ruta más sencilla para volver al contexto original de tu búsqueda.

Es posible que, en futuras actualizaciones, DeepSeek incorpore un modo de guardado o exportación (por ejemplo, descargando la conversación en PDF o almacenando un historial), pero por ahora no está implementado.

4.3 CONSEJOS PARA MEJORAR LAS BÚSQUEDAS

Utilizar DeepSeek de manera efectiva no solo depende de la potencia de la inteligencia artificial, sino también de **cómo se formulan las búsquedas**. Muchas veces, un resultado impreciso no se debe a una limitación del sistema, sino a una consulta poco clara o demasiado general.

4.3.1 Refinar preguntas para mejores resultados

Hacer preguntas a una inteligencia artificial como **DeepSeek** puede parecer sencillo, pero la calidad de las respuestas depende en gran medida de **cómo se formule la consulta**. A veces, una pregunta demasiado general o mal estructurada puede generar respuestas vagas o poco útiles. Aprender a refinar preguntas es clave para **obtener información más precisa y relevante**.

Cuanto más concreta sea la pregunta, más precisa será la respuesta. En lugar de preguntar *"¿Cómo funciona la inteligencia artificial?"*, una consulta más afinada podría ser *"¿Cómo funcionan las redes neuronales en la inteligencia artificial?"* o incluso *"¿Cómo usan las redes neuronales los modelos de lenguaje como DeepSeek?"*. Cuanto más contexto le des a la IA, **mejor podrá interpretar lo que realmente necesitas**.

Muchas palabras tienen **más de un significado**, lo que puede hacer que la IA interprete mal la consulta. Por ejemplo, la palabra *"banco"* puede referirse a una entidad financiera o a un asiento. Si preguntas *"¿Cuál es el banco más importante?"*, DeepSeek no sabrá si te refieres a un banco de dinero o a un banco ecológico de peces. Una mejor opción sería: *"¿Cuál es el banco financiero más grande de Europa?"* o *"¿Cuáles son las funciones de un banco en un ecosistema marino?"*.

A veces queremos obtener mucha información en una sola consulta, lo que puede llevar a respuestas demasiado generales. En lugar de preguntar: *"¿Cuáles son los tipos de inteligencia artificial y cómo afectan a la sociedad?"*, se puede dividir en dos preguntas:

▶ *"¿Cuáles son los principales tipos de inteligencia artificial?"*.
▶ *"¿Cómo afecta la inteligencia artificial a la sociedad en el ámbito laboral?"*.

Al separar la consulta, la IA podrá **proporcionar respuestas más completas** y bien organizadas.

Si buscas una respuesta detallada, puedes añadir frases como:

- ▼ *"Explícalo como si fuera para un principiante"*.
- ▼ *"Dame un ejemplo práctico"*.
- ▼ *"Explícalo paso a paso"*.

Esto es especialmente útil cuando se trata de temas complejos, como algoritmos de inteligencia artificial, conceptos científicos o procedimientos técnicos.

DeepSeek puede dar respuestas más precisas si conoce **el propósito de la pregunta**. Por ejemplo, en lugar de preguntar *"¿Cómo mejorar la productividad?"*, podrías especificar *"¿Cómo mejorar la productividad en el trabajo remoto?"* o *"¿Cuáles son las mejores técnicas de productividad para estudiantes universitarios?"*.

4.3.2 Problemas comunes y soluciones rápidas: ¿Por qué no encuentro lo que busco?

Si quieres aprovechar DeepSeek al máximo, aquí tienes algunos consejos clave:

1. **Usa palabras clave precisas**

   En lugar de preguntar "ayúdame a escribir un blog", di: "dame una lista de temas atractivos para un blog sobre salud mental dirigido a jóvenes". Cuanto más claro seas, mejores respuestas obtendrás.

2. **Verifica la precisión de las respuestas**

   No tomes todo al pie de la letra. Pide fuentes, haz preguntas hipotéticas y marca información dudosa para asegurarte de que la IA te ofrece datos fiables.

3. **Sube archivos cuando lo necesites**

   DeepSeek permite subir documentos en formatos como TXT, PDF lo que facilita la interacción con información más compleja.

4. **Aprende del proceso de pensamiento de la IA**

   Usar el Modo R1 te permite ver cómo la IA analiza los problemas y elige soluciones. Esto puede ayudarte a mejorar tu propia capacidad analítica.

DeepSeek tiene muchas ventajas: es gratuita, potente y fácil de usar. Sin embargo, como cualquier IA, hay que tomar sus respuestas con cautela y no asumir que todo lo que dice es 100% correcto.

4.4 DEEPSEEK EN DISPOSITIVOS MÓVILES

En la era digital actual, la movilidad es un aspecto fundamental para el acceso a la información y la realización de tareas en cualquier momento y lugar. DeepSeek, como una plataforma innovadora, ha entendido esta necesidad y ha desarrollado soluciones adaptadas para dispositivos móviles. Esto permite a los usuarios disfrutar de una experiencia fluida y eficiente, ya sea a través de una aplicación móvil dedicada o mediante el acceso desde navegadores web.

4.4.1 Aplicación móvil: descarga y configuración

La aplicación móvil de DeepSeek es una herramienta diseñada para ofrecer una experiencia de usuario optimizada en smartphones y tablets. Para comenzar a utilizarla, el primer paso es descargarla desde las tiendas de aplicaciones oficiales, como Google Play Store para dispositivos Android o Apple App Store para dispositivos iOS. Una vez que la aplicación esté disponible en tu dispositivo, el proceso de instalación es sencillo y guiado, lo que facilita su uso incluso para aquellos que no están familiarizados con la tecnología.

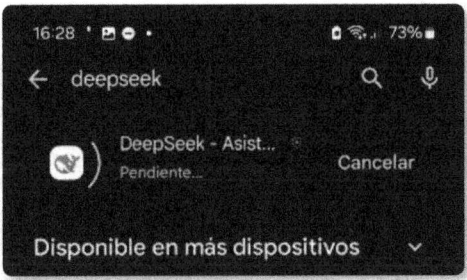

Después de la instalación, es necesario realizar una configuración inicial. Esto incluye la creación de una cuenta o el inicio de sesión si ya tienes una. La aplicación te guiará a través de un breve tutorial que explica las funciones principales y cómo navegar por la interfaz. Además, podrás personalizar ciertos aspectos, como notificaciones, preferencias de visualización y opciones de privacidad, para adaptar la experiencia a tus necesidades específicas. La configuración también permite sincronizar la aplicación con otros dispositivos o servicios, lo que garantiza que tus datos estén siempre actualizados y accesibles desde cualquier lugar.

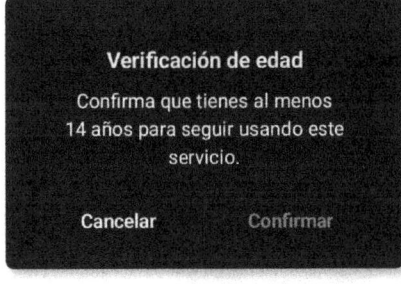
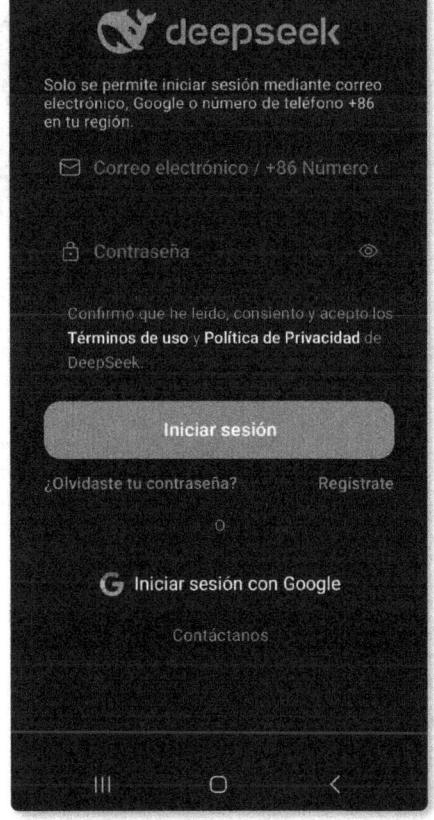

La aplicación móvil de DeepSeek está diseñada para ser intuitiva y fácil de usar, con una interfaz limpia y bien organizada. Esto asegura que los usuarios puedan acceder rápidamente a las funciones clave, como búsquedas avanzadas, gestión de perfiles y herramientas de colaboración, todo desde la palma de su mano.

4.4.2 Accesibilidad desde navegadores

Además de la aplicación móvil, DeepSeek también ofrece la posibilidad de acceder a sus servicios directamente desde navegadores web en dispositivos móviles. Esta opción es ideal para aquellos que prefieren no descargar aplicaciones adicionales o que necesitan acceder a la plataforma de manera rápida y temporal. La versión web de DeepSeek está optimizada para dispositivos móviles, lo que significa que se adapta automáticamente al tamaño de la pantalla, ofreciendo una experiencia de usuario similar a la de la aplicación.

Para acceder a DeepSeek desde un navegador, simplemente abre tu navegador preferido (como Chrome, Safari o Firefox) y visita la página oficial de DeepSeek. Una vez allí, podrás iniciar sesión con tus credenciales y acceder a todas las funcionalidades disponibles. La interfaz web está diseñada para ser responsive, lo que garantiza que los botones, menús y contenidos se muestren de manera clara y fácil de interactuar, incluso en pantallas más pequeñas.

Una de las ventajas de acceder a DeepSeek desde un navegador es la flexibilidad que ofrece. No necesitas preocuparte por las actualizaciones de la aplicación, ya que la versión web siempre estará actualizada con las últimas funciones y mejoras. Además, este método de acceso es compatible con una amplia gama de dispositivos, incluyendo aquellos que no tienen acceso a las tiendas de aplicaciones oficiales.

4.5 AUTOEVALUACIÓN DE LA SECCIÓN

4.5.1 Actividades recomendadas

Se recomienda que los usuarios nuevos naveguen por la interfaz de DeepSeek, identificando los elementos clave como el cuadro de entrada de texto, el menú lateral y las opciones de configuración. Pueden anotar qué funciones consideran más útiles y cuáles les gustaría mejorar.

Para familiarizarse con el proceso de inicio en DeepSeek, se puede realizar un ejercicio práctico en el que cada usuario intente registrarse en la plataforma (si aún no lo ha hecho) y explore las opciones de personalización de su cuenta, como la selección de idioma o el tema visual.

Los usuarios pueden escribir tres preguntas utilizando diferentes estrategias:

- ▶ Una con una redacción ambigua y sin palabras clave.
- ▶ Otra con palabras clave bien definidas.
- ▶ Una pregunta compleja con contexto detallado.

Luego, pueden comparar las respuestas de DeepSeek y reflexionar sobre cuál fue más clara y útil.

Se sugiere que los usuarios prueben la plataforma tanto en su versión web como en la aplicación móvil, comparando la experiencia de uso en ambos casos. Pueden anotar ventajas y desventajas de cada opción y compartir sus opiniones sobre cuál prefieren y por qué.

4.5.2 Preguntas tipo test

1. ¿Cuál es el primer paso para empezar a usar DeepSeek?

a) Registrarse y verificar la cuenta.

b) Descargar un complemento adicional.

c) Configurar manualmente todas las opciones.

d) Instalar la aplicación obligatoriamente.

Respuesta correcta: a)

2. ¿Qué función permite a DeepSeek buscar información en Internet antes de responder?

a) DeepThink.

b) Search.

c) Modo offline.

d) Chat interactivo.

Respuesta correcta: b)

3. ¿Cuál de las siguientes estrategias ayuda a obtener respuestas más precisas en DeepSeek?

a) Usar frases largas y con muchos detalles irrelevantes.

b) Incluir palabras clave relevantes en la pregunta.

c) Evitar el uso de términos específicos.

d) Hacer múltiples preguntas diferentes en la misma consulta.

Respuesta correcta: b)

4. ¿Cómo se accede a la configuración en DeepSeek?

a) Desde el menú lateral en la opción "Settings".

b) Enviando un correo electrónico al soporte.

c) Haciendo clic en cualquier parte de la pantalla.

d) No se puede acceder a la configuración.

Respuesta correcta: a)

5. ¿Por qué es útil dividir una pregunta compleja en varias consultas más pequeñas?

a) Porque DeepSeek no puede entender preguntas largas.

b) Para ayudar a la IA a analizar cada parte por separado y dar respuestas más completas.

c) Para que la plataforma genere más respuestas sin sentido.

d) Para evitar que DeepSeek use información de Internet.

Respuesta correcta: b)

4.5.3 Frases con huecos para rellenar

1. Para registrarse en DeepSeek, es necesario introducir una dirección de _____ y confirmar la cuenta mediante un correo de verificación.

(respuesta: correo electrónico)

2. La función de búsqueda en Internet de DeepSeek se llama _____ y permite obtener información de fuentes externas antes de responder.

(respuesta: Search)

3. Para mejorar los resultados en una búsqueda, es recomendable usar palabras clave específicas y evitar términos _____.

(respuesta: ambiguos)

4. La interfaz de DeepSeek permite realizar preguntas en lenguaje _____ sin necesidad de usar comandos especiales.

(respuesta: natural)

5. DeepSeek ofrece opciones de personalización, como la selección del _____ de la interfaz y el idioma preferido.

(respuesta: tema o diseño)

5

USOS COTIDIANOS DE DEEPSEEK

DeepSeek no solo es útil para buscar información general, sino que también puede aplicarse en distintos ámbitos del día a día. En esta sección veremos ejemplos concretos de su uso en la educación, el trabajo, la vida personal y la salud. Aprenderemos cómo puede ayudar en tareas escolares, la organización de proyectos, la planificación de viajes y la búsqueda de información médica confiable, entre otros escenarios.

5.1 EN LA EDUCACIÓN

La inteligencia artificial ha abierto nuevas y emocionantes posibilidades en el ámbito educativo, y DeepSeek se ha convertido en una herramienta versátil para estudiantes y docentes. A diferencia de los métodos de búsqueda convencionales, que a menudo requieren invertir mucho tiempo para filtrar información, DeepSeek puede procesar y sintetizar datos de forma ágil, ofreciendo respuestas claras y contextualizadas. Esto convierte a la plataforma en un aliado interesante para la realización de tareas escolares y la organización de contenidos de estudio. Además, su capacidad para entender el lenguaje natural permite que se adapte a distintos niveles de complejidad, ya sea alumnado de primaria que busca definiciones sencillas o estudiante de universidad que necesita referencias académicas y bibliografías especializadas.

El impacto de DeepSeek en la educación no solo se limita a acelerar la búsqueda de datos, sino que también fomenta la **autonomía del aprendizaje**. Al ofrecer la posibilidad de plantear preguntas sucesivas y de diferentes niveles de profundidad, la plataforma invita a que los estudiantes exploren más a fondo los temas. De esta manera, se promueve la curiosidad, se refuerza la comprensión de conceptos y se complementa la enseñanza que brindan los docentes.

5.1.1 Ayuda para tareas escolares

Cuando el alumnado se enfrenta a un trabajo de investigación o una tarea con preguntas abiertas, a menudo se encuentra con una ingente cantidad de resultados en internet. DeepSeek puede **filtrar información no confiable y organizar los resultados de forma más clara**, lo que reduce la confusión y ahorra tiempo. Por ejemplo, si un estudiante de secundaria requiere datos sobre la Revolución Industrial, DeepSeek le ofrecerá un resumen de los principales acontecimientos, las fechas claves y las consecuencias, alejándolo de fuentes de baja calidad o erróneas.

A menudo, los libros de texto o apuntes resultan insuficientes cuando el alumno desea aclarar un concepto o **encontrar ejemplos prácticos**. Con DeepSeek, al formular preguntas en lenguaje natural ("¿Podrías darme un ejemplo de una reacción química de oxidación en el día a día?"), se obtienen explicaciones contextualizadas que pueden resultar más accesibles. Esto enriquece la comprensión del alumno y le permite formular nuevas preguntas de seguimiento sin reescribir todo el contexto.

En **tareas de vocabulario, gramática o terminología** especializada (por ejemplo, en biología o literatura), DeepSeek sirve como un diccionario inteligente. No se limita a dar definiciones básicas, sino que puede ampliar los conceptos con ejemplos de uso, sinónimos, antónimos y explicaciones que ayuden a la memoria del estudiante. Esto es de gran utilidad cuando se aprende un nuevo idioma o se profundiza en materias científicas.

Un valor añadido de DeepSeek en las tareas escolares es que, al facilitar el acceso a información de calidad, incentiva a los estudiantes a seguir investigando por su cuenta. Al no verse agobiados por la tarea de separar datos útiles de los que no lo son, pueden profundizar en tópicos de su interés, participar con más confianza en clase y generar proyectos más completos.

5.1.2 Preparación para exámenes y creación de resúmenes

En época de exámenes, uno de los principales retos para los estudiantes es estructurar los contenidos de forma clara y lógica. DeepSeek puede ayudar a generar listados de temas, conceptos clave y definiciones importantes relacionados con un área de estudio específica. Por ejemplo, si el estudiante prepara un examen de historia sobre la Segunda Guerra Mundial, podría pedir: "DeepSeek, hazme un listado de los eventos más relevantes de la Segunda Guerra Mundial y sus fechas". La plataforma proporcionaría un esquema cronológico que el alumno podría convertir en una guía de repaso.

Una de las funciones más destacadas de DeepSeek es la habilidad de **condensar textos largos** en resúmenes puntuales. Si un estudiante necesita extraer lo más importante de un artículo académico, un capítulo de libro o incluso de una serie de notas, puede copiar y pegar ese contenido en DeepSeek y solicitar un resumen. Este resumen puede abarcar los puntos centrales del texto y, si es necesario, ofrecer subtítulos o viñetas para facilitar la lectura. Así, el alumno gana tiempo y puede ir directamente a la información esencial.

En la fase de estudio, **la formulación de preguntas tipo test o de autoevaluación** se convierte en un método muy efectivo para verificar la comprensión. El estudiante puede hacer preguntas como "¿Cuál es la diferencia entre la energía cinética y la energía potencial?" o "¿Cuáles son las causas y consecuencias de la Revolución Francesa?". DeepSeek responderá de manera razonada, permitiendo al alumno reflexionar y, si algo no queda claro, reformular la pregunta para obtener más detalles.

Además de obtener resúmenes, es **posible elaborar guías de repaso temáticas**. Por ejemplo, un usuario podría pedir "Por favor, crea una guía de repaso para mi examen de literatura del siglo XX, incluyendo autores, obras representativas y temas principales". DeepSeek presentará una lista organizada, en la que el estudiante podrá profundizar abriendo cada tema en subsecciones más detalladas.

Para quienes quieren ir un paso más allá, es factible utilizar DeepSeek como un **"entrenador" de preguntas**. El estudiante puede solicitar que le genere preguntas acerca de un tema y luego intentar responderlas por su cuenta, comparando sus respuestas con las que brinda DeepSeek. Esto no sustituye las evaluaciones oficiales, pero es un ensayo efectivo para ganar confianza y descubrir posibles lagunas de conocimiento antes de enfrentarse al examen real.

5.2 EN EL TRABAJO

El potencial de DeepSeek no se limita al ámbito académico: también puede ser de gran utilidad en entornos laborales. En muchas empresas o equipos de trabajo, se requiere gestionar grandes volúmenes de información, coordinar proyectos y analizar datos de forma rápida y eficaz. Gracias a su procesamiento inteligente del lenguaje, DeepSeek puede filtrar la información más relevante, resumir documentos extensos y ofrecer perspectivas variadas que faciliten la organización de proyectos y el análisis de datos. Además, su capacidad para comprender preguntas en lenguaje natural hace que sea sencillo integrarlo con herramientas de uso diario, mejorando la productividad y la toma de decisiones.

Con DeepSeek, los profesionales pueden ahorrar tiempo y recursos, puesto que el sistema les evita tener que revisar manualmente información irrelevante o de dudosa procedencia. Mediante la automatización de ciertas tareas de búsqueda y clasificación, el equipo puede centrar sus esfuerzos en lo verdaderamente importante: diseñar estrategias, innovar y resolver problemas de negocio.

5.2.1 Organización de proyectos

En la fase inicial de un proyecto, es fundamental definir objetivos claros, plazos y responsables de cada tarea. DeepSeek puede **agilizar** la búsqueda de metodologías, herramientas o pautas recomendadas para la gestión de proyectos. Por ejemplo, si se quiere implantar un marco como **SCRUM** o **Kanban**, el sistema podría ofrecer una **guía resumida** de sus principios clave y mejores prácticas.

Asimismo, al recopilar información sobre el estado actual del sector o la competencia, DeepSeek ayuda a **delimitar** mejor el alcance del proyecto, reduciendo incertidumbres y riesgos.

Muchas veces, los equipos de trabajo utilizan múltiples canales (correo electrónico, plataformas de mensajería interna, documentos compartidos) para debatir ideas. Con la ayuda de DeepSeek, se pueden **unificar** los datos más relevantes, creando "resúmenes ejecutivos" de discusiones pasadas o recopilaciones de documentos que hagan más fluida la comunicación. De este modo, se evita la duplicación de información y se gana en **claridad** para la toma de decisiones.

Cuando aparece un **problema** o un **bloqueo** en un proyecto (como un retraso en la entrega de un proveedor), DeepSeek puede filtrar rápidamente las posibles causas y ofrecer **información de calidad** para solventar la situación. Por ejemplo, si se identifica que el retraso se debe a un cambio en la normativa legal, el sistema podría proporcionar un resumen de la nueva normativa y sus implicaciones, permitiendo al equipo adaptar sus planes de manera oportuna.

Una buena parte del conocimiento de una organización reside en documentos internos. DeepSeek puede ayudar a **etiquetar**, **indexar** y **localizar** con rapidez datos de proyectos previos, historial de clientes o manuales técnicos. Así, cualquier empleado puede encontrar respuestas puntuales sin necesidad de rastrear repositorios desorganizados o de depender únicamente de la memoria de compañeros veteranos.

5.2.2 Análisis y presentación de datos

En el mundo empresarial, analizar datos implica ir más allá de simples hojas de cálculo. Frecuentemente hay que cruzar información de **bases de datos** internas con fuentes externas como noticias, informes sectoriales o estadísticas oficiales. DeepSeek puede consultar **múltiples repositorios** para reunir la información pertinente en un solo espacio, reduciendo el tiempo invertido en búsquedas manuales dispersas.

A la hora de preparar un **informe** o un **estudio de mercado**, a menudo se recopilan grandes cantidades de datos (gráficas de ventas, métricas de redes sociales, etc.). DeepSeek permite aplicar **filtros semánticos** para descartar contenido irrelevante o duplicado. De este modo, el analista puede enfocarse en lo realmente significativo: tendencias, correlaciones y variables críticas para el negocio.

Una vez recopilados los datos, el siguiente paso suele ser **interpretarlos** y presentarlos de forma entendible. Mediante la técnica de **procesamiento de lenguaje natural**, DeepSeek puede producir un **resumen narrativo** de los hallazgos, identificando patrones relevantes y traduciendo términos técnicos a explicaciones más comprensibles. Esto puede ser de gran ayuda al elaborar presentaciones para ejecutivos o clientes que no están familiarizados con el argot específico del proyecto.

Cuando llega el momento de exponer los resultados ante un público, DeepSeek puede asistir en la **estructuración** de la información. Por ejemplo, si se requiere una presentación sobre la evolución de las ventas en el último semestre, la plataforma puede sugerir un **índice básico** (antecedentes, métricas principales, conclusiones y recomendaciones) y facilitar datos numéricos clave que se pueden incorporar en diapositivas de forma directa. De igual manera, si se necesita un enfoque más visual, DeepSeek puede **resaltar** qué aspectos son más idóneos para graficar o comparar.

El gran valor de DeepSeek en la **presentación de datos** es su capacidad para ayudar a **tomar decisiones informadas**. Al proveer un panorama integral, acompañado de interpretaciones y resúmenes ejecutivos, los directivos y miembros del equipo pueden contrastar escenarios, evaluar riesgos y oportunidades, y consensuar la estrategia más adecuada para el negocio.

5.3 EN LA VIDA PERSONAL

Aunque DeepSeek sobresale en ámbitos educativos y profesionales, sus aplicaciones no terminan ahí. También puede convertirse en un aliado valioso en el día a día de una persona, ofreciendo respuestas útiles y rápidas para planificar viajes, descubrir actividades de ocio o incluso orientar a los usuarios en su desarrollo personal y bienestar. Gracias a sus capacidades de procesamiento de lenguaje natural, la plataforma filtra y resume la información de forma que incluso las búsquedas más específicas sean fáciles de abordar.

5.3.1 Planificación de viajes y actividades

Muchas personas pasan horas revisando páginas y blogs de viajes para decidir a dónde ir en sus próximas vacaciones. Con DeepSeek, es posible **formular consultas detalladas** —por ejemplo, "**¿Cuáles son los lugares más recomendados para esquiar en Europa en enero?**"— y recibir **respuestas contextualizadas** que incluyan una lista de destinos, sugerencias de alojamiento y los rangos de precio de cada zona. Esto ahorra tiempo y evita la saturación de resultados genéricos.

Si el usuario solicita un itinerario para una ciudad en particular, DeepSeek puede **sintetizar** la información de varios sitios y guías turísticas, proponiendo un plan diario que combine museos, parques, restaurantes y eventos culturales. Lo más destacable es que la plataforma se adapta a diferentes tipos de viajeros (familias con niños, aficionados a la gastronomía, viajeros con presupuesto limitado, etc.), ofreciendo **recomendaciones más precisas** en función de las preferencias expresadas.

Para quienes desean maximizar su presupuesto o el tiempo de estadía, DeepSeek puede asesorar sobre **transportes** (vuelos, trenes, autobuses) y **alojamientos** con buena relación calidad-precio. Por ejemplo, si alguien busca "**la forma más económica de viajar de París a Berlín**", la respuesta no se limita a mostrar horarios y precios, sino que puede **comparar** las distintas opciones e incluso señalar cuál combina mejor con otros planes de viaje.

Planificar un viaje no solo implica el traslado y el hospedaje, sino también **conocer qué sucede en el destino**. Así, si el visitante desea participar en conciertos, exposiciones o festivales locales, DeepSeek revisa calendarios culturales y ofrece un resumen de los próximos eventos, indicando fechas, precios de entrada y ubicaciones. De esta manera, **enriquece la experiencia de viaje** al brindar información útil que de otro modo el turista quizá no descubriría hasta llegar al lugar.

5.3.2 Encontrar recursos para el desarrollo personal

Una de las mejores maneras de impulsar el crecimiento personal es a través de la lectura y la adquisición de nuevas habilidades. Al consultar DeepSeek sobre **recomendaciones de libros**, el usuario puede recibir no solo títulos populares, sino también **listados temáticos**: por ejemplo, "**libros para aprender sobre finanzas personales**" o "**obras fundamentales de desarrollo espiritual**". Incluso se pueden obtener **resúmenes** de ciertos títulos para determinar si vale la pena adentrarse en su lectura completa.

Actualmente, existen miles de cursos en línea que abarcan desde marketing digital hasta cocina vegana, pasando por meditación y programación. DeepSeek puede **localizar** y **comparar** diferentes plataformas (Coursera, edX, Udemy, etc.), resaltando la duración, el nivel de dificultad y el tipo de certificación que ofrece cada curso. Además, puede filtrar los resultados según las **reseñas** de los usuarios, el **idioma** de impartición o la **fecha de inicio**, facilitando la toma de decisiones.

El bienestar personal abarca no solo la formación intelectual, sino también el equilibrio emocional y físico. Si un usuario está interesado en técnicas de relajación, meditación o ejercicios de respiración, DeepSeek puede ofrecer una **selección de artículos y guías** que expliquen prácticas sencillas, como la **mindfulness** o el **yoga**. Es posible incluso obtener datos sobre **aplicaciones especializadas** que ayuden a llevar un seguimiento diario de la salud mental.

Otra dimensión del desarrollo personal consiste en **definir metas** claras y alcanzables, ya sea para mejorar la productividad, adoptar hábitos saludables o ampliar la red de contactos profesionales. DeepSeek puede servir como una especie de **"orientador"**, sugiriendo métodos de productividad (por ejemplo, **GTD** o **OKR**), brindando **consejos prácticos** para dividir las metas en pasos y recomendando herramientas digitales (calendarios, gestores de tareas, etc.) que permitan un seguimiento efectivo del progreso.

Dentro del crecimiento personal también entran actividades lúdicas que nos ayudan a expandir horizontes y desconectar del día a día. Quien desee explorar un **nuevo pasatiempo** —desde aprender un instrumento musical hasta cultivar un huerto en casa— puede consultar a DeepSeek para reunir información básica y consejos prácticos sobre cómo iniciarse. Esto reduce la brecha de acceso al conocimiento y **facilita** que las personas se involucren en actividades enriquecedoras sin sentirse abrumadas por la gran cantidad de datos disponibles en la web.

5.4 EN LA SALUD

La salud es uno de los aspectos más relevantes en la vida de cualquier persona, y la búsqueda de información confiable se ha convertido en una prioridad, especialmente en la era digital. DeepSeek puede ser un aliado clave para orientarse en aspectos relacionados con el cuidado del cuerpo y la prevención de enfermedades, siempre teniendo en cuenta que no sustituye la consulta con profesionales de la salud. De esta forma, esta herramienta se convierte en un recurso que facilita el acceso a fuentes y consejos de calidad, ayudando a los usuarios a tomar decisiones más conscientes sobre su bienestar.

5.4.1 Búsqueda de información médica confiable

En internet existe una cantidad casi ilimitada de contenido sobre salud y medicina, pero **no toda la información es fiable**. Aquí es donde DeepSeek entra en juego, ya que su capacidad de **análisis semántico** le permite descartar páginas o referencias con antecedentes de difundir datos equivocados o pseudocientíficos. Así, el usuario puede recibir **recomendaciones** que provienen de organizaciones médicas reconocidas, revistas científicas de prestigio o guías oficiales emitidas por instituciones de salud.

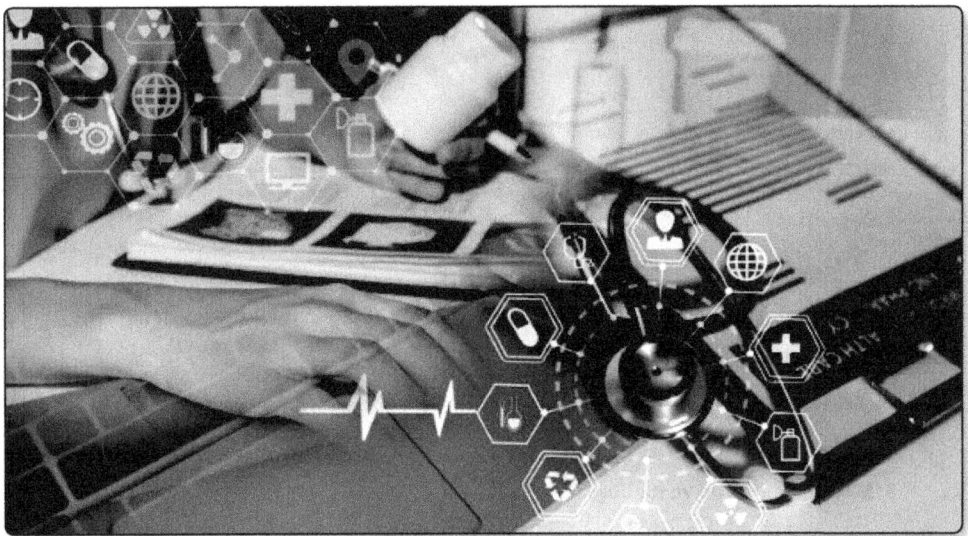

Muchas veces, la terminología médica puede ser **compleja** y resulta difícil de entender para quienes no son expertos en la materia. Gracias a la **interpretación contextual** de DeepSeek, es posible **solicitar resúmenes o explicaciones** en un lenguaje más accesible. Por ejemplo, un usuario podría preguntar: "**¿Podrías explicarme qué es la diabetes tipo 2 de forma sencilla?**", y obtener una respuesta que aborde los aspectos esenciales sin inundar al lector con tecnicismos.

Si bien **DeepSeek no reemplaza el diagnóstico médico**, puede orientar al usuario con **información básica** sobre síntomas y consejos generales. Por ejemplo, ante la duda "**Tengo fiebre y dolor de garganta, ¿qué pasos debería seguir?**", la IA puede sugerir medidas de auto-cuidado —como mantenerse hidratado o reposar— y orientar sobre cuándo conviene buscar atención médica profesional. Esto **reduce la incertidumbre** inicial del paciente, aunque siempre recordando la necesidad de confirmar el cuadro clínico con un especialista.

Consejos para aliviar fiebre y dolor de garganta

Tengo fiebre y dolor de garganta, ¿Qué pasos debería seguir?

 Lamento escuchar que no te sientes bien. Aquí tienes algunos pasos que podrías seguir para manejar la fiebre y el dolor de garganta:

1. **Descansar**

- **Descanso adecuado**: Permite que tu cuerpo se recupere durmiendo lo suficiente y evitando actividades extenuantes.

2. **Hidratación**

- **Beber líquidos**: Mantente hidratado con agua, té caliente con miel y limón, o caldos. Evita bebidas frías o muy azucaradas.

3. **Medicamentos de venta libre**

- **Para la fiebre y el dolor**: Puedes tomar paracetamol (acetaminofén) o ibuprofeno para reducir la fiebre y aliviar el dolor de garganta. Sigue las instrucciones del envase y no excedas la dosis recomendada.

4. **Gárgaras**

- **Gárgaras con agua salada**: Mezcla media cucharadita de sal en un vaso de agua tibia y haz gárgaras varias veces al día para aliviar el dolor de garganta.

5. **Humidificador**

- **Usa un humidificador**: Si el aire en tu hogar es seco, un humidificador puede ayudar a mantener la garganta húmeda y reducir la irritación.

6. **Alimentación**

- **Comidas suaves y calientes**: Sopas, purés y otros alimentos suaves pueden ser más fáciles de tragar y reconfortantes.   ⌄

 Message DeepSeek

 DeepThink (R1)   Search

Para quienes requieren profundizar en temas más especializados, como nuevas terapias para una enfermedad crónica, DeepSeek puede **localizar** artículos científicos y resúmenes de **ensayos clínicos** en bases de datos académicas. Este recurso resulta muy valioso para pacientes empoderados, profesionales de la salud en formación o personas que desean entender los últimos avances médicos, manteniendo un enfoque **documentado** y **riguroso**.

Cuando ocurren **crisis de salud global**, como pandemias o brotes epidémicos, la **actualización constante** de la información cobra aún más relevancia. DeepSeek puede **agilizar** la búsqueda de datos recientes, contrastar fuentes oficiales e incluso aclarar bulos que circulen en redes sociales. De este modo, se convierte en una herramienta de **prevención** y **educación sanitaria**, siempre y cuando el usuario confirme la fiabilidad de las fuentes recomendadas.

5.4.2 Fomento de hábitos saludables

Además de ayudar con la búsqueda de información médica, DeepSeek puede sugerir **hábitos saludables**, como planes de alimentación equilibrados o rutinas de ejercicio adaptadas a distintos niveles de condición física. Por ejemplo, un usuario podría preguntar: "**¿Qué tipo de ejercicios son recomendables para fortalecer la espalda si paso mucho tiempo sentado?**", y obtener una lista de estiramientos y actividades de bajo impacto. Esto motiva a **mantener una rutina constante** y progresar hacia metas de bienestar.

El **bienestar mental** es un pilar fundamental de la salud. Muchos usuarios buscan técnicas de relajación y control del estrés, como la **meditación**, el **yoga** o la **respiración consciente**. DeepSeek puede recopilar **tutoriales básicos**, ofrecer recomendaciones de aplicaciones enfocadas en el mindfulness e incluso proporcionar consejos para crear un espacio de relajación en casa. Todo ello promueve una **conciencia** más plena de la salud mental y emocional.

Quienes se proponen **bajar de peso**, **mejorar la resistencia física** o **adoptar hábitos** como dejar de fumar, suelen precisar información y motivación continua. Al preguntarle a DeepSeek sobre "**estrategias de seguimiento**" o herramientas de motivación, la IA puede sugerir aplicaciones de conteo de pasos, diarios alimenticios o plataformas sociales de apoyo. Esto fomenta la **constancia** y ayuda a poner el foco en objetivos realistas y medibles.

Uno de los principales mensajes de las instituciones sanitarias es la importancia de la **prevención**. Con DeepSeek, es posible estar al tanto de las **fechas recomendadas** para revisiones médicas (por ejemplo, mamografías, pruebas de colesterol, exámenes de la vista, etc.) y los **hábitos** asociados a cada etapa de la vida (dieta recomendada a distintas edades, niveles de actividad física óptimos, etc.). Esto facilita el **control proactivo** de la salud y reduce la aparición de enfermedades crónicas en el futuro.

Más allá de la mera ausencia de enfermedad, la OMS define salud como un estado completo de bienestar físico, mental y social. DeepSeek puede contribuir en ese sentido al **vincular** contenidos de nutrición, deporte y equilibrio emocional, brindando una **visión holística** del cuidado personal. Así, el usuario no solo encuentra información aislada, sino que la integra dentro de un **estilo de vida** más saludable y equilibrado.

5.5 AUTOEVALUACIÓN DE LA SECCIÓN

5.5.1 Actividades recomendadas

Para comprender mejor las diferencias entre DeepSeek y los motores de búsqueda tradicionales, realiza la misma consulta en DeepSeek y en Google o Bing. Luego, analiza los resultados:

- ¿Cuál de ellos ofrece respuestas más claras y organizadas?

- ¿Cuál evita mejor la información irrelevante?

- ¿Qué diferencias encuentras en la presentación de la información?

Reflexionar sobre estos puntos te ayudará a entender cómo funciona DeepSeek y qué lo hace diferente.

DeepSeek puede ser útil en distintos ámbitos. Escoge un perfil (estudiante, docente, profesional, viajero, investigador, etc.) y escribe un breve texto de cinco líneas sobre cómo este usuario podría aprovechar DeepSeek en su día a día. Por ejemplo, un estudiante podría usarlo para resumir textos académicos, mientras que un profesional podría emplearlo para analizar datos de su empresa.

Investiga una herramienta de IA similar (como ChatGPT, Google Search o Bing AI) y compara sus características con DeepSeek. Para organizar la información, crea una tabla con al menos tres diferencias clave entre ambas herramientas. Esto te permitirá ver en qué aspectos DeepSeek destaca y en qué situaciones otras soluciones pueden ser más apropiadas.

Aunque DeepSeek tiene muchas ventajas, ninguna herramienta es perfecta. Elabora una lista con tres fortalezas y tres posibles limitaciones. Por ejemplo, una ventaja es su capacidad de filtrar información poco fiable, mientras que una limitación podría ser que su base de datos no sea tan amplia como la de un motor de búsqueda tradicional. Reflexionar sobre estos aspectos te ayudará a desarrollar una visión crítica sobre la herramienta.

Investiga qué es la brecha digital y analiza cómo DeepSeek podría contribuir a reducirla. ¿Podría facilitar el acceso a información en regiones con menor conectividad? ¿Podría hacer más accesibles documentos técnicos o educativos? Reflexionar sobre estas preguntas te permitirá comprender el impacto de la inteligencia artificial en la democratización del conocimiento.

5.5.2 Preguntas tipo test

1. **¿Cuál es una de las principales diferencias entre DeepSeek y un motor de búsqueda tradicional?**

   a) Comprende la intención de la consulta y organiza la información.

   b) Muestra más enlaces en los resultados.

   c) Solo busca en bases de datos científicas.

   d) Funciona solo en dispositivos móviles.

   Respuesta correcta: a)

2. ¿Cómo puede ayudar DeepSeek en la educación?

a) Ofreciendo resúmenes y explicaciones contextualizadas.

b) Sustituyendo a los docentes en el aula.

c) Eliminando la necesidad de estudiar.

d) Prohibiendo el uso de libros de texto.

Respuesta correcta: a)

3. ¿Cuál de los siguientes no es un uso de DeepSeek en el trabajo?

a) Organización de proyectos.

b) Análisis de datos y generación de informes.

c) Creación de obras de arte digital.

d) Automatización de búsquedas de información.

Respuesta correcta: c)

4. ¿Cómo puede DeepSeek ayudar en la planificación de viajes?

a) Reservando vuelos y hoteles automáticamente.

b) Ofreciendo recomendaciones de destinos y actividades según preferencias.

c) Creando itinerarios personalizados sin intervención del usuario.

d) Gestionando pagos de boletos y hospedajes.

Respuesta correcta: b)

5. ¿Cuál es una de las aplicaciones de DeepSeek en el ámbito de la salud?

a) Diagnosticar enfermedades sin necesidad de un médico.

b) Recetar medicamentos personalizados.

c) Proporcionar información fiable sobre prevención y hábitos saludables.

d) Sustituir a los profesionales sanitarios en la toma de decisiones clínicas.

Respuesta correcta: c)

5.5.3 Frases con huecos para rellenar

1. **DeepSeek puede ayudar a los estudiantes a _____ textos largos para facilitar el estudio.**

   (Respuesta: resumir)

2. **En el ámbito laboral, DeepSeek puede organizar y analizar _____ para facilitar la toma de decisiones.**

   (Respuesta: datos)

3. **En la planificación de viajes, DeepSeek puede sugerir _____ según las preferencias del usuario.**

   (Respuesta: destinos)

4. **DeepSeek puede filtrar información poco fiable y proporcionar contenido basado en _____ confiables.**

   (Respuesta: fuentes)

5. **En el área de la salud, DeepSeek permite acceder a información sobre _____ sin reemplazar a un médico.**

   (Respuesta: prevención)

6

FUNCIONALIDADES ESPECÍFICAS DE DEEPSEEK EN EMPRESAS

En esta sección se exploran las funcionalidades específicas de DeepSeek en el entorno empresarial, destacando su capacidad para generar contenido y optimizar la gestión de información. Se detallan sus aplicaciones en distintos departamentos, desde la dirección estratégica y el marketing hasta la atención al cliente, recursos humanos, finanzas, desarrollo de productos y logística. DeepSeek permite automatizar la síntesis de datos, generar informes personalizados y mejorar la toma de decisiones, facilitando procesos clave dentro de la empresa.

6.1 UTILIDADES GENERALES PARA EMPRESAS

En el entorno empresarial, donde cada minuto cuenta y la competencia se basa en la **eficiencia** y la capacidad de adaptación, DeepSeek permite optimizar el análisis de datos para identificar patrones que puedan mejorar los procesos. Como herramienta especializada en la **generación de contenido**. Puede ayudar a las empresas a **analizar y sintetizar información** proporcionada. Por ejemplo:

- ▶ Si se le proporcionan datos sobre tendencias del mercado, DeepSeek puede generar informes, resúmenes o análisis que destaquen insights clave.

- ▶ Puede crear contenido personalizado, como alertas simuladas o informes de competencia, basándose en la información que el usuario le entregue.

- ▶ Puede sugerir ideas para campañas de marketing o mejoras de productos, basándose en patrones o datos que el usuario comparta.

- ▶ Puede generar informes ejecutivos sobre el rendimiento de la empresa, resúmenes de reuniones o análisis de productividad a partir de datos internos.

- ▶ Puede ayudar a redactar respuestas rápidas y efectivas para consultas frecuentes, optimizando los tiempos de respuesta en los departamentos de soporte.

- ▶ Permite generar artículos de blog, boletines informativos o presentaciones a partir de documentos internos o tendencias de la industria proporcionadas por el usuario.

- ▶ Puede analizar informes financieros o documentos legales y generar resúmenes sobre posibles riesgos y oportunidades para la empresa.

- ▶ Puede ayudar en la redacción de descripciones de puestos, resúmenes de evaluaciones de desempeño o guías internas basadas en información preexistente.

- ▶ Al introducir datos de encuestas o comentarios de clientes, DeepSeek puede sintetizar patrones de satisfacción y sugerir mejoras en productos o servicios.

- ▶ Puede generar simulaciones o escenarios de negocio basados en la información proporcionada, ayudando a los equipos a tomar decisiones estratégicas con mayor respaldo analítico.

6.2 FUNCIONALIDADES DE DEEPSEEK ESPECÍFICAS POR DEPARTAMENTO

A continuación, se detallan sus aplicaciones en distintas áreas empresariales.

Dirección y estrategia empresarial

Las decisiones estratégicas requieren datos precisos y bien organizados. DeepSeek puede aportar valor en este ámbito mediante:

- **Generación de reportes ejecutivos** con resúmenes de información clave sobre tendencias de mercado, evolución financiera y desempeño de la empresa.

- **Análisis de competencia**, elaborando informes sobre estrategias de rivales a partir de datos proporcionados por el usuario.

- **Simulación de escenarios estratégicos**, ayudando en la toma de decisiones basada en patrones de datos.

Por ejemplo, si una empresa de tecnología quiere expandirse a otro país, primero necesita evaluar si es una decisión viable. Para ello, debe analizar el mercado, conocer a la competencia y anticipar posibles escenarios estratégicos. DeepSeek puede ayudar en este proceso generando reportes ejecutivos, comparando a los competidores y simulando diferentes escenarios de crecimiento.

Para empezar, lo primero que se puede hacer es pedir a DeepSeek un informe sobre el mercado en el país objetivo. Para ello, basta con escribir:

"Genera un informe ejecutivo sobre el mercado de tecnología en [nombre del país]. Incluye tendencias de crecimiento, oportunidades y posibles riesgos".

Como información adicional, se le pueden proporcionar datos específicos como los sectores tecnológicos más importantes en la región, el crecimiento de la industria en los últimos años y normativas relevantes para empresas extranjeras:

Mercado de Tecnología en España 2023

Genera un informe ejecutivo sobre el mercado de tecnología en España. Incluye tendencias de crecimiento, oportunidades y posibles riesgos.

Datos a incluir:

Sectores tecnológicos más importantes en ese país.
Crecimiento en los últimos años.
Normativas relevantes para empresas extranjeras.

Informe Ejecutivo: Mercado de Tecnología en España

1. Introducción

El mercado de tecnología en España ha experimentado un crecimiento significativo en los últimos años, impulsado por la digitalización de la economía, el aumento de la inversión en innovación y el apoyo gubernamental. Este informe analiza los sectores tecnológicos más importantes, las tendencias de crecimiento, las oportunidades emergentes y los posibles riesgos para las empresas extranjeras que buscan operar en este mercado.

2. Sectores Tecnológicos Más Importantes

España cuenta con un ecosistema tecnológico diverso, destacando los siguientes sectores:

- **Tecnologías de la Información y Comunicación (TIC):**
  Es el sector más relevante, con un fuerte enfoque en software empresarial, cloud computing, ciberseguridad y telecomunicaciones. Empresas como Telefónica (Movistar) lideran el mercado.

- **Inteligencia Artificial (IA) y Big Data:**
  España está invirtiendo en IA para aplicaciones en salud, finanzas y logística. El gobierno ha lanzado la Estrategia Nacional de Inteligencia Artificial para fomentar su desarrollo.

- **Energías Renovables y Tecnología Verde:**
  España es líder en energías renovables, con un enfoque en tecnología para la gestión de energía solar

 Message DeepSeek

 DeepThink (R1)   ⊕ Search

El siguiente paso es analizar a la competencia. DeepSeek puede hacer una comparación detallada de las empresas que ya operan en el país para conocer sus estrategias. Para ello, se puede escribir:

"Analiza las principales empresas tecnológicas en [nombre del país] y compara sus estrategias de mercado. Indica fortalezas y debilidades".

Para que el análisis sea más preciso, se le pueden proporcionar nombres de empresas rivales, información sobre los productos o servicios que ofrecen y su presencia en el mercado:

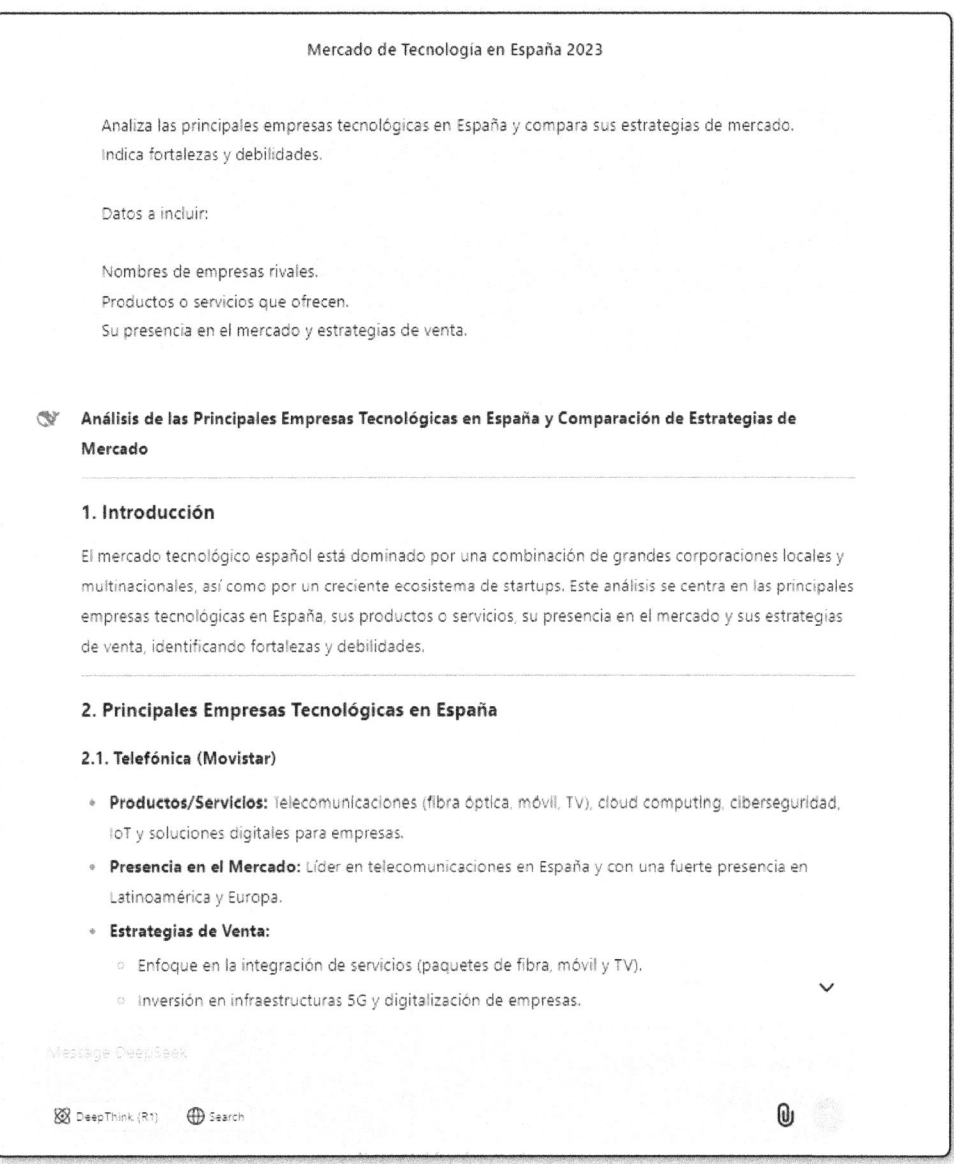

Finalmente, se pueden simular distintos escenarios para prever posibles resultados de la expansión. Esto se puede hacer con la consulta:

"Simula tres escenarios para la expansión de una empresa tecnológica en [nombre del país]: uno optimista, uno neutral y uno pesimista. Considera costos operativos, demanda y competencia".

Para que DeepSeek genere resultados más realistas, se le puede proporcionar información como el presupuesto estimado para la expansión, costos de operación en el país objetivo y la cantidad aproximada de clientes que se espera en el primer año:

Mercado de Tecnología en España 2023

Simula tres escenarios para la expansión de una empresa tecnológica en [país objetivo]: uno optimista, uno neutral y uno pesimista. Considera costos operativos, demanda y competencia.

Datos a incluir:

Presupuesto estimado para la expansión.
Costos de operación en el país objetivo.
Posible número de clientes en el primer año.

Simulación de Escenarios para la Expansión de una Empresa Tecnológica en [País Objetivo]

1. Contexto

Supongamos que una empresa tecnológica especializada en soluciones SaaS (Software como Servicio) para la gestión empresarial planea expandirse a [País Objetivo]. El presupuesto estimado para la expansión es de **€2 millones**, con costos operativos anuales de **€500,000** y un posible número de clientes en el primer año que varía según el escenario.

2. Escenarios de Expansión

2.1. Escenario Optimista

- **Demanda:** Alta adopción de soluciones SaaS debido a la digitalización acelerada de las pymes y grandes empresas en [País Objetivo].
- **Competencia:** Competidores locales poco desarrollados y falta de soluciones especializadas.
- **Costos Operativos:** €450,000 (menores a lo estimado debido a alianzas estratégicas y subsidios gubernamentales).
- **Clientes en el Primer Año:** 1,000 clientes (pymes y grandes empresas).
- **Ingresos Estimados:** €1.5 millones (€1,500 por cliente al año).
- **Resultado:**

 　Message DeepSeek

⌄

DeepThink (R1)　⊕ Search

Con estos pasos, DeepSeek procesará los datos y generará un análisis estructurado con información clave, lo que permitirá a la empresa tomar una decisión fundamentada sobre si expandirse o no a ese mercado.

Marketing y comunicación

En el área de marketing, la creación de contenido es una de las principales actividades, y DeepSeek puede agilizar el proceso de manera efectiva:

- ▶ **Generación de contenido para blogs, boletines y redes sociales**, basándose en tendencias del sector.

  - • **Creación de campañas de email marketing personalizadas** según datos internos de la empresa.

  - • **Análisis de impacto de campañas anteriores**, extrayendo patrones para optimizar futuras estrategias.

- ▶ **Generación de ideas para campañas publicitarias** basadas en tendencias de mercado y preferencias de clientes.

Por ejemplo, si una compañía de tecnología desea atraer más tráfico a su blog, puede pedirle a DeepSeek que redacte un artículo sobre las tendencias actuales en inteligencia artificial. Para ello, bastaría con preguntarle:

"Genera un artículo de blog sobre las tendencias actuales en inteligencia artificial en 2024, con ejemplos prácticos y su impacto en la industria".

Si el objetivo es hacer publicaciones para redes sociales, se puede afinar la solicitud diciendo:

"Crea cinco publicaciones para LinkedIn y Twitter resumiendo estas tendencias en menos de 280 caracteres cada una".

Esto ayudaría a la empresa a mantener una presencia activa sin necesidad de dedicar horas a la creación de contenido.

En el caso del email marketing, una tienda de ropa deportiva que quiera fidelizar clientes podría pedirle a DeepSeek que redacte una campaña personalizada. Una consulta efectiva sería:

"Redacta un email de marketing para clientes recurrentes sobre nuestra nueva línea de ropa deportiva sostenible. Usa un tono amigable y persuasivo, incluyendo un asunto llamativo, un mensaje personalizado y una llamada a la acción efectiva".

Si además se quiere incentivar la compra con una promoción, se puede añadir:

"Incluye una oferta exclusiva del 10% de descuento para los primeros 100 compradores".

De esta forma, el mensaje se adapta al público y refuerza el interés por los productos.

Para aquellas empresas que ya han lanzado campañas publicitarias y desean evaluar su impacto, DeepSeek también puede ayudar a interpretar los resultados.

Supongamos que una empresa de software ha promocionado una nueva aplicación en redes sociales y quiere saber qué funcionó mejor. En este caso, puede introducir los datos obtenidos, como el número de interacciones, clics en enlaces y comentarios positivos o negativos, y pedirle a DeepSeek que identifique patrones de éxito y sugiera mejoras.

Una consulta útil podría ser:

"Analiza los resultados de nuestra última campaña en redes sociales sobre nuestra nueva aplicación [nombre]. Los datos son los siguientes: alcance total [número], interacciones [número], clics en enlaces [número], comentarios positivos/negativos [número]. Identifica patrones de éxito y sugiere mejoras para futuras campañas".

Esto permitiría ajustar estrategias y optimizar la inversión en publicidad.

Si lo que se busca es inspiración para una nueva campaña, por ejemplo, una marca de cosméticos que quiera promocionar su línea de productos veganos y sostenibles, DeepSeek puede generar ideas basadas en tendencias actuales.

Se podría solicitar:

"Propón ideas para una campaña publicitaria sobre nuestra nueva línea de cosméticos veganos y sostenibles. Considera tendencias actuales en el sector y el comportamiento del consumidor. Incluye posibles slogans, hashtags y estrategias de difusión en redes sociales y medios digitales".

Si la idea es hacer un anuncio en vídeo, se puede afinar la consulta diciendo:

"Crea un guion breve para un anuncio de 30 segundos en YouTube sobre este producto".

Atención al cliente y soporte

DeepSeek puede ayudar a reducir la carga de trabajo de los equipos de atención al cliente mediante:

- **Automatización de respuestas para consultas frecuentes**, generando mensajes coherentes y eficientes.
- **Síntesis de incidencias**, creando resúmenes que permitan una mejor gestión de reclamaciones y consultas.
- **Generación de respuestas personalizadas** basadas en el historial de interacciones con clientes.
- **Clasificación y priorización de correos y tickets de soporte**, ayudando a identificar las solicitudes más urgentes.

Por ejemplo, si una empresa de telecomunicaciones recibe un alto volumen de consultas repetitivas sobre tarifas, facturación o configuración de servicios, puede pedirle a DeepSeek que genere respuestas automatizadas claras y eficientes. Para ello, bastaría con preguntarle:

"Genera respuestas automatizadas para las preguntas frecuentes de nuestros clientes sobre facturación, cambios de tarifa y configuración de servicios. Mantén un tono profesional y claro".

Si el objetivo es personalizar las respuestas según el historial del cliente, se puede afinar la solicitud diciendo:

"Redacta respuestas personalizadas para clientes que consultan sobre problemas recurrentes con su servicio de Internet. Ten en cuenta que algunos clientes ya han contactado anteriormente, por lo que la respuesta debe reflejar que conocemos su historial".

Esto permitiría agilizar la atención al cliente sin perder calidad en la comunicación.

Para mejorar la gestión de reclamaciones y consultas, una aerolínea que recibe múltiples quejas sobre retrasos en vuelos podría pedirle a DeepSeek que sintetice los casos más urgentes y resuma las incidencias registradas.

Una consulta efectiva sería:

"Resume las principales quejas recibidas sobre retrasos de vuelos en la última semana, clasificándolas según su nivel de urgencia y detallando los motivos más comunes".

Si la empresa desea generar una respuesta proactiva a los clientes afectados, se puede complementar la solicitud con:

"Redacta un mensaje de disculpa y compensación para clientes afectados por retrasos en vuelos, asegurando que la comunicación refleje empatía y profesionalismo".

Esto ayudaría a la aerolínea a gestionar mejor las incidencias y a mejorar la relación con sus clientes.

Si una empresa de comercio electrónico necesita clasificar y priorizar tickets de soporte, puede utilizar DeepSeek para identificar los casos más urgentes y optimizar su tiempo de respuesta.

Una consulta útil podría ser:

"Analiza y clasifica los últimos 500 tickets de soporte según prioridad: alto (problemas de pago o pedidos no entregados), medio (consultas sobre productos) y bajo (solicitudes generales). Proporciona un resumen de cada categoría".

Si, además, se busca mejorar la comunicación con los clientes en estos casos, se podría añadir:

"Genera respuestas prediseñadas para cada tipo de consulta, asegurando que sean concisas y orientadas a la solución del problema".

Recursos humanos

La gestión del talento también puede beneficiarse de la generación de contenido automatizado:

▼ **Redacción de descripciones de puestos de trabajo** con base en necesidades específicas de la empresa.

▼ **Generación de guías internas para empleados** sobre procesos y protocolos de la empresa.

▶ **Síntesis de evaluaciones de desempeño**, identificando tendencias en el rendimiento de los equipos.

▶ **Elaboración de planes de formación**, generando recomendaciones de capacitación en función de necesidades detectadas.

Por ejemplo, si una empresa en crecimiento necesita contratar nuevos empleados y optimizar sus ofertas laborales, puede pedirle a DeepSeek que redacte descripciones de puestos personalizadas. Para ello, bastaría con preguntarle:

"Redacta una descripción de puesto para un desarrollador backend con experiencia en Python y bases de datos SQL. Incluye responsabilidades, requisitos, habilidades valoradas y beneficios ofrecidos por la empresa".

Si el objetivo es destacar la cultura de la empresa y atraer candidatos alineados con sus valores, se puede afinar la solicitud diciendo:

"Añade un apartado sobre nuestra cultura empresarial, enfatizando nuestro compromiso con la innovación y el trabajo en equipo".

Esto ayudaría al departamento de Recursos Humanos a agilizar el proceso de contratación y a atraer talento más adecuado.

Para mejorar la comunicación interna, DeepSeek también puede generar guías internas sobre protocolos y procesos de la empresa. Una consulta efectiva sería:

"Crea una guía interna para empleados sobre el proceso de solicitud de vacaciones y permisos. Explica los pasos, plazos y requisitos necesarios en un lenguaje claro y profesional".

Si la empresa desea personalizar el documento según su política específica, se puede añadir:

"Incluye información sobre la política de vacaciones flexible que aplicamos en la empresa, así como un ejemplo de solicitud".

Esto garantizaría que los empleados tengan acceso a información clara y estructurada, reduciendo dudas y errores administrativos.

Si una compañía quiere analizar el rendimiento de sus equipos mediante evaluaciones de desempeño, puede pedirle a DeepSeek que identifique patrones y tendencias en los datos recopilados.

Una consulta útil podría ser:

"Analiza los resultados de las últimas evaluaciones de desempeño del equipo de ventas. Identifica fortalezas, áreas de mejora y empleados con alto potencial de crecimiento".

Si, además, se desea tomar medidas basadas en estos análisis, se podría complementar la solicitud con:

"Genera un resumen con recomendaciones para mejorar el rendimiento del equipo, incluyendo estrategias de motivación y formación".

En cuanto a la formación y desarrollo, DeepSeek puede ayudar a diseñar planes de capacitación adaptados a las necesidades de la empresa.

Un ejemplo de solicitud sería:

"Elabora un plan de formación para mejorar las habilidades de liderazgo en nuestro equipo de mandos intermedios. Incluye módulos clave, duración recomendada y métodos de enseñanza".

Si la empresa busca opciones de formación digital, se podría añadir:

"Sugiere plataformas en línea o metodologías e-learning que puedan complementar la formación".

Finanzas y administración

En el área financiera, la precisión y la rapidez en la elaboración de documentos son esenciales. DeepSeek puede apoyar mediante:

- **Síntesis de informes financieros**, destacando los puntos clave para la toma de decisiones.

- **Análisis de riesgos y oportunidades económicas**, resumiendo datos de reportes contables y proyecciones financieras.

- **Generación de alertas sobre cambios en tendencias del mercado**, a partir de la información proporcionada.

- **Redacción de resúmenes de normativas contables y legales**, facilitando su interpretación para el equipo financiero.

Por ejemplo, si una empresa necesita tomar decisiones basadas en su desempeño financiero reciente, puede pedirle a DeepSeek que sintetice un informe financiero. Para ello, bastaría con preguntarle:

"Resume el informe financiero del último trimestre de nuestra empresa. Destaca los ingresos, gastos, rentabilidad y cualquier cambio significativo respecto al período anterior".

Para evaluar riesgos y oportunidades económicas, DeepSeek puede analizar reportes contables y proyecciones financieras para facilitar la toma de decisiones.

Una consulta efectiva podría ser:

"Analiza los datos financieros de los últimos seis meses e identifica posibles riesgos y oportunidades de inversión. Considera cambios en costos operativos, flujo de caja y tendencias de mercado".

Si se desea un análisis aún más detallado, se puede agregar:

"Sugiere estrategias para mitigar los riesgos detectados y optimizar la rentabilidad en los próximos meses".

Esto ayudaría a la empresa a anticipar problemas y tomar decisiones con mayor respaldo analítico.

En el caso de empresas que operan en sectores regulados, DeepSeek puede generar alertas sobre tendencias del mercado y cambios normativos que afecten la actividad financiera.

Un ejemplo de solicitud sería:

"Genera un informe sobre las últimas tendencias económicas que puedan impactar en nuestro sector. Incluye cambios en normativas fiscales y movimientos del mercado relevantes".

Para aquellas organizaciones que deben cumplir con normativas contables y legales, DeepSeek puede ayudar a interpretarlas de forma más accesible.

Una consulta útil podría ser:

"Resume la normativa contable [nombre o código de la ley] y explica sus implicaciones para nuestra empresa en un lenguaje claro y estructurado".

Si se requiere aplicabilidad específica, se puede afinar la solicitud agregando:

"Incluye un apartado con recomendaciones sobre cómo adaptarnos a estos requisitos y evitar posibles sanciones".

Desarrollo de productos y servicios

DeepSeek también puede optimizar la innovación y la mejora de productos con las siguientes aplicaciones:

- ▶ **Análisis de feedback de clientes**, identificando patrones de satisfacción y áreas de mejora.

- ▶ **Síntesis de estudios de mercado**, generando resúmenes útiles para el desarrollo de nuevos productos.

- ▶ **Elaboración de comparativas de productos**, ayudando a diferenciarse de la competencia.

- ▶ **Generación de propuestas de optimización de servicios**, en función de tendencias y datos internos.

Por ejemplo, si una empresa de tecnología quiere mejorar uno de sus productos basándose en la opinión de los clientes, puede pedirle a DeepSeek que analice el feedback recibido. Para ello, bastaría con preguntarle:

"Analiza las opiniones y reseñas de clientes sobre nuestro producto [nombre]. Identifica los aspectos mejor valorados y las principales áreas de mejora".

Si se busca una visión aún más detallada, se puede complementar con:

"Clasifica los comentarios por temas recurrentes y sugiere mejoras concretas en base a las opiniones más mencionadas".

Esto permitiría a la empresa optimizar su producto de acuerdo con las necesidades reales del consumidor.

Para el desarrollo de nuevos productos, DeepSeek puede ayudar a sintetizar estudios de mercado, ofreciendo insights clave para la toma de decisiones.

Una consulta efectiva sería:

"Resume los principales hallazgos de nuestro estudio de mercado sobre [sector/producto]. Identifica tendencias, necesidades del consumidor y oportunidades de innovación".

Si la empresa necesita una recomendación más práctica, se puede añadir:

"Basándote en estos datos, sugiere características innovadoras que podríamos incluir en nuestro próximo lanzamiento".

Esto facilitaría la alineación del nuevo producto con las expectativas del mercado.

En un entorno altamente competitivo, conocer la posición de la empresa frente a sus rivales es fundamental. DeepSeek puede realizar comparativas de productos para ayudar en este aspecto.

Un ejemplo de consulta podría ser:

"Compara nuestro producto [nombre] con los de nuestros principales competidores [nombres de competidores]. Analiza diferencias en características, precio y percepción del cliente".

Si se desea profundizar más, se puede solicitar:

"Destaca puntos en los que superamos a la competencia y áreas donde podríamos mejorar".

Esto permitiría diferenciar mejor el producto y afinar la estrategia comercial.

Si la empresa busca optimizar sus servicios en función de datos internos y tendencias del mercado, DeepSeek puede generar propuestas de mejora basadas en evidencia.

Una consulta útil sería:

"Analiza los datos internos de satisfacción del cliente y las tendencias actuales en el sector. Propón estrategias para optimizar nuestros servicios y mejorar la experiencia del usuario".

Si se quiere enfocar en un área específica, se puede afinar la solicitud con:

"Prioriza cambios en [área específica] y sugiere implementaciones que puedan diferenciar nuestro servicio".

Operaciones y logística

La eficiencia en la gestión operativa es clave para cualquier empresa, y DeepSeek puede aportar mejoras en:

- ▶ **Síntesis de reportes logísticos**, resumiendo métricas de eficiencia en la cadena de suministro.

- ▶ **Análisis de tendencias en la gestión de inventario**, ayudando a prever fluctuaciones de demanda.

- ▶ **Generación de informes de optimización de procesos**, con base en patrones históricos de la empresa.

- ▶ **Automatización de la documentación operativa**, reduciendo tiempos de redacción y mejora en la comunicación interna.

Por ejemplo, si una empresa de distribución quiere mejorar la eficiencia de su cadena de suministro, puede pedirle a DeepSeek que sintetice los reportes logísticos para facilitar la toma de decisiones. Para ello, bastaría con preguntarle:

"Resume los datos clave de nuestros últimos reportes logísticos. Destaca métricas de eficiencia, tiempos de entrega y posibles cuellos de botella".

Si se desea un análisis más detallado, se puede añadir:

"Sugiere mejoras en la gestión logística para optimizar costos y reducir tiempos de entrega".

Esto permitiría a la empresa detectar oportunidades de mejora y agilizar sus operaciones.

Para la gestión de inventario, DeepSeek puede analizar tendencias y prever fluctuaciones en la demanda, evitando desabastecimientos o acumulación de stock innecesario.

Una consulta efectiva sería:

"Analiza los datos de inventario de los últimos seis meses. Identifica patrones de demanda y posibles riesgos de sobrestock o desabastecimiento".

Si se quiere optimizar aún más el control de inventario, se puede afinar la solicitud con:

"Propón estrategias para mejorar la gestión del inventario en función de las tendencias identificadas".

Esto ayudaría a la empresa a equilibrar su stock y optimizar la reposición de productos.

En términos de optimización de procesos, DeepSeek puede generar informes basados en patrones históricos de la empresa, facilitando la detección de áreas de mejora.

Un ejemplo de consulta sería:

"Analiza el desempeño operativo de los últimos años y genera un informe con recomendaciones para optimizar nuestros procesos internos".

Si la empresa quiere un enfoque más práctico, se puede añadir:

"Prioriza las áreas que más impacto tienen en la productividad y sugiere cambios específicos para mejorar la eficiencia operativa".

Esto permitiría tomar decisiones estratégicas basadas en datos reales y mejorar el rendimiento general.

En cuanto a la automatización de documentación operativa, DeepSeek puede reducir tiempos de redacción y mejorar la comunicación interna.

Una solicitud útil podría ser:

"Genera un formato estándar para reportes operativos que incluya los indicadores clave de desempeño (KPI) y facilite la comprensión de los datos".

Si se quiere agilizar la generación de documentos, se puede afinar con:

"Redacta automáticamente resúmenes de nuestros informes operativos más recientes para que sean más fáciles de analizar y compartir con el equipo".

6.3 EVOLUCIÓN DE LA INTELIGENCIA ARTIFICIAL Y SU IMPACTO EN DEEPSEEK

La inteligencia artificial ha experimentado un crecimiento asombroso en las últimas décadas, transformándose de simples programas experimentales a sofisticadas herramientas que hoy impulsan la eficiencia y la innovación en el ámbito empresarial. En este recorrido, podemos observar cómo, inicialmente, la IA se utilizaba en tareas muy específicas y limitadas, como el análisis de datos y la automatización de procesos básicos. Con el paso del tiempo, las empresas comenzaron a explorar su potencial para mejorar la toma de decisiones y optimizar operaciones, sentando las bases para lo que hoy conocemos como soluciones inteligentes y adaptativas.

En este contexto, es importante destacar el papel crucial de los avances en modelos de lenguaje. Desde los primeros intentos de procesamiento de lenguaje natural hasta los modelos actuales, el progreso ha sido impresionante. Estos modelos han permitido que las soluciones de IA comprendan y generen lenguaje humano con una precisión que antes parecía inalcanzable. Este avance ha abierto un abanico de posibilidades para las empresas, facilitando desde la automatización del servicio al cliente hasta la personalización de las experiencias de usuario. Con esta evolución, las herramientas basadas en IA no solo responden a comandos predefinidos, sino que aprenden y se adaptan a las necesidades específicas de cada negocio, haciendo que la interacción entre humanos y máquinas sea más fluida y eficiente.

En el caso específico de DeepSeek, la integración de tecnologías de inteligencia artificial moderna marca una diferencia notable respecto a enfoques anteriores. Mientras que las versiones previas de herramientas similares se basaban en algoritmos estáticos y procesos predefinidos, DeepSeek se apoya en modelos dinámicos y en constante aprendizaje, capaces de interpretar y analizar grandes volúmenes de información en tiempo real. Esto le permite ofrecer respuestas y soluciones más precisas y personalizadas, adaptándose a los cambios del entorno empresarial con mayor agilidad. Además, esta evolución tecnológica ha permitido a DeepSeek superar algunas de las limitaciones tradicionales, ofreciendo una experiencia más intuitiva y eficaz para los usuarios, lo que se traduce en una mejora significativa en la productividad y en la toma de decisiones estratégicas en las empresas.

6.3.1 Breve recorrido histórico sobre la IA en el ámbito empresarial

La inteligencia artificial en el ámbito empresarial tiene sus orígenes en décadas pasadas, cuando la idea de "máquinas inteligentes" apenas comenzaba a tomar forma en el mundo de la informática. En los años 50 y 60, investigadores pioneros soñaban con sistemas que pudieran emular el razonamiento humano, lo que dio lugar a los primeros experimentos y teorías sobre el aprendizaje automático. Aunque en ese entonces la tecnología y el hardware eran muy limitados, estas ideas sentaron las bases para el desarrollo de algoritmos y modelos que, con el tiempo, se transformarían en herramientas cruciales para las empresas.

Evolución de la Inteligencia Artificial

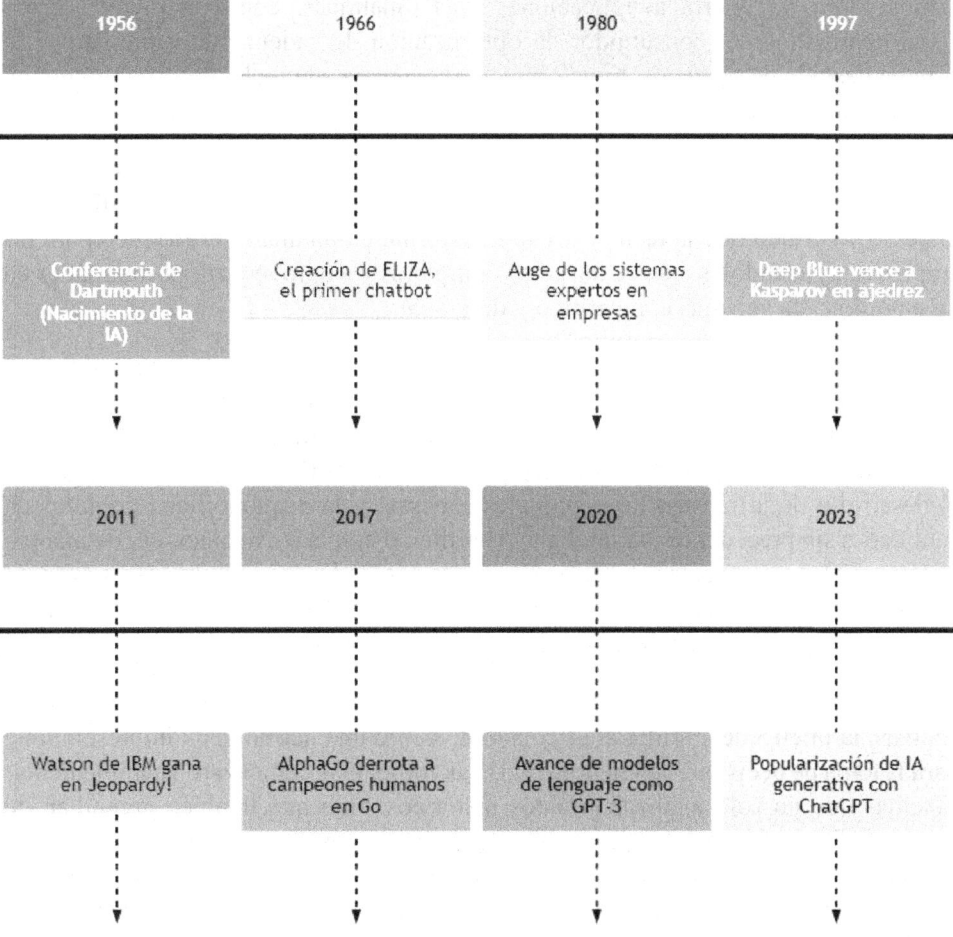

Durante los años 70 y 80, la IA empezó a ganar terreno en el mundo empresarial, principalmente a través de los sistemas expertos. Estos sistemas, diseñados para imitar el proceso de toma de decisiones de un experto humano en áreas específicas, se aplicaron en sectores como la medicina, las finanzas y la industria manufacturera. Aunque los sistemas expertos tenían sus limitaciones y dependían en gran medida de reglas predefinidas, permitieron a las empresas automatizar procesos complejos y mejorar la precisión en la toma de decisiones, marcando un hito importante en la integración de la IA en el mundo de los negocios.

Con el avance de la tecnología en los años 90 y principios del siglo XXI, la llegada del aprendizaje automático y el procesamiento de grandes volúmenes de datos impulsó una nueva era para la IA empresarial. Las mejoras en la capacidad de cómputo y el acceso a grandes bases de datos permitieron el desarrollo de algoritmos más sofisticados, capaces de aprender y adaptarse a partir de la experiencia. Este cambio abrió la puerta a aplicaciones más dinámicas, como la predicción de comportamientos del consumidor, la optimización de cadenas de suministro y la personalización de servicios, transformando la manera en que las empresas operan y toman decisiones estratégicas.

La evolución histórica de la IA muestra un recorrido de constante innovación y adaptación, en el que cada etapa ha aportado nuevas capacidades y desafíos. Este viaje ha permitido que la tecnología se transforme en un aliado estratégico para las empresas, ayudándolas a enfrentar retos complejos y a aprovechar oportunidades en un entorno cada vez más competitivo y dinámico.

A lo largo de este recorrido, también es notable cómo las empresas fueron adaptándose a cada nueva revolución tecnológica. La aparición de Internet y el auge de las tecnologías de la información abrieron paso a un entorno donde la IA comenzó a integrarse en sistemas más complejos y conectados. En la década de 2000, con el desarrollo de infraestructuras digitales robustas y la disponibilidad de datos en cantidades sin precedentes, la inteligencia artificial empezó a evolucionar de manera exponencial. Las empresas se dieron cuenta de que podían aprovechar estos avances para mejorar la eficiencia de sus operaciones, optimizar la logística y personalizar la experiencia del cliente de formas que antes resultaban imposibles.

Con el advenimiento del Big Data y el desarrollo de técnicas avanzadas de análisis, la inteligencia artificial se consolidó como una herramienta imprescindible para la toma de decisiones en tiempo real. Las compañías comenzaron a implementar sistemas que no solo analizaban datos históricos, sino que también aprendían de nuevas informaciones para predecir tendencias y comportamientos futuros. Esta capacidad de anticiparse a los cambios en el mercado ha sido un factor clave para que las empresas que adoptaron estas tecnologías se posicionaran de manera más competitiva en sus respectivos sectores.

En la actualidad, la historia de la IA en el ámbito empresarial es un claro ejemplo de cómo la innovación puede transformar la forma en que trabajamos y nos relacionamos con la tecnología. Desde los humildes inicios de los sistemas expertos hasta las sofisticadas aplicaciones de machine learning y deep learning, el camino recorrido ha sido extraordinario. Las lecciones aprendidas a lo largo de estos años han permitido que hoy la inteligencia artificial se considere una herramienta técnica y un socio estratégico que impulsa la creatividad, mejora la toma de decisiones y abre nuevas oportunidades en el mundo de los negocios.

6.3.2 Cómo los avances en modelos de lenguaje han mejorado las soluciones de IA empresarial

Los avances en modelos de lenguaje han revolucionado la forma en que las empresas utilizan la inteligencia artificial para resolver problemas concretos. En lugar de depender únicamente de sistemas basados en reglas fijas o respuestas preprogramadas, hoy contamos con algoritmos que pueden comprender y generar lenguaje natural de manera mucho más precisa y flexible. Esto se traduce en soluciones de IA que pueden analizar grandes volúmenes de texto, extraer información relevante y adaptarse a contextos específicos, lo cual, como ya sabemos, es esencial para optimizar áreas como la atención al cliente, la gestión de contenido y la analítica de datos.

Un ejemplo claro es la evolución desde modelos estadísticos tradicionales hasta arquitecturas basadas en redes neuronales, especialmente aquellas que utilizan mecanismos de atención y transformers. Modelos como BERT o GPT han permitido que las máquinas entiendan el contexto de una conversación o un documento de forma más precisa, superando limitaciones de técnicas anteriores. Esto ha posibilitado la creación de chatbots y asistentes virtuales que pueden mantener diálogos coherentes, responder consultas de clientes con respuestas naturales y personalizadas, e incluso anticipar necesidades a través del análisis de patrones lingüísticos. Además, la capacidad para entrenar estos modelos con enormes conjuntos de datos ha abierto la puerta a soluciones específicas para sectores empresariales.

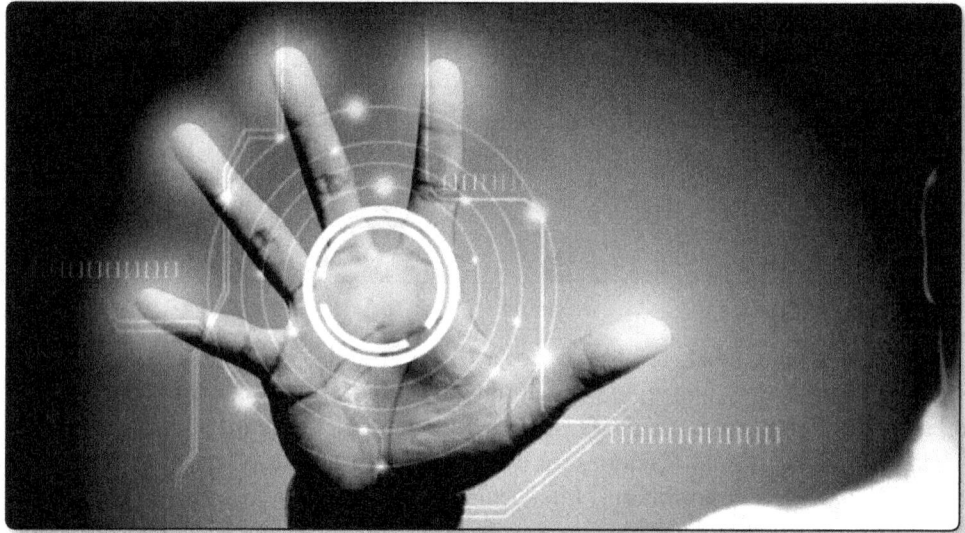

Los avances en modelos de lenguaje también han contribuido a la integración de la IA en sistemas complejos de gestión empresarial. La capacidad de entender y procesar el lenguaje humano se refleja en la mejora de interfaces de usuario, en la automatización de tareas repetitivas y en la generación de informes y resúmenes ejecutivos, que antes requerían mucho tiempo y esfuerzo manual. Con estas innovaciones, las soluciones de IA ya no se limitan a tareas aisladas, sino que se convierten en parte integral de los procesos empresariales, permitiendo una comunicación más efectiva entre sistemas y humanos y mejorando la eficiencia operativa de manera tangible.

En el sector de atención al cliente, por ejemplo, muchas empresas han implementado chatbots avanzados que utilizan modelos de lenguaje como GPT para interpretar las consultas de los usuarios y ofrecer respuestas inmediatas y personalizadas. Un caso concreto es el de bancos y compañías de seguros, que integran estas tecnologías en sus plataformas de banca en línea o portales de autoservicio. Estos chatbots son capaces de identificar el tono del cliente, priorizar problemas y escalar casos complejos a agentes humanos cuando es necesario, lo que reduce significativamente los tiempos de espera y mejora la satisfacción del cliente.

Otro ejemplo se encuentra en el sector del retail, donde las empresas utilizan modelos de lenguaje para analizar reseñas y comentarios de productos en tiempo real. Al procesar grandes volúmenes de opiniones de clientes en plataformas digitales y redes sociales, estas soluciones permiten detectar tendencias, identificar productos problemáticos y ajustar las estrategias de marketing de forma ágil. Un caso interesante es el uso de análisis semántico para segmentar los comentarios en categorías como calidad, precio y experiencia de compra, lo que ayuda a las marcas a focalizar sus esfuerzos de mejora en áreas precisas.

En el ámbito financiero, los avances en modelos de lenguaje han sido clave para el análisis de información compleja proveniente de reportes financieros, noticias económicas y publicaciones en redes sociales. Herramientas basadas en estos modelos pueden extraer datos relevantes y generar resúmenes ejecutivos que facilitan la toma de decisiones en tiempo real. Por ejemplo, algunas plataformas de trading automatizado utilizan estos algoritmos para identificar patrones en la comunicación corporativa o en el sentimiento del mercado, lo que ayuda a predecir movimientos bursátiles y ajustar carteras de inversión de manera más eficiente.

En el sector de la salud, los modelos de lenguaje se están utilizando para mejorar la gestión de la información clínica. Sistemas de procesamiento de lenguaje natural están siendo aplicados para extraer datos de historiales médicos electrónicos, facilitando la identificación de patrones en diagnósticos y tratamientos. Un ejemplo concreto es el uso de estas tecnologías para detectar menciones de síntomas y correlacionarlos con posibles diagnósticos, lo que permite a los profesionales de la salud obtener una visión más rápida y precisa de la situación del paciente sin tener que revisar manualmente grandes volúmenes de texto.

En el ámbito legal, los avances en modelos de lenguaje han permitido el desarrollo de herramientas que analizan documentos y contratos extensos, resaltando cláusulas críticas y detectando posibles inconsistencias o riesgos legales. Estas soluciones ayudan a abogados y consultores a reducir el tiempo invertido en revisiones manuales, permitiendo una evaluación más detallada y rápida de la información contenida en documentos complejos. Por ejemplo, algunas plataformas de análisis legal automatizado pueden identificar automáticamente referencias a normativas específicas y comparar contratos con plantillas estándar, facilitando el proceso de revisión y asegurando un mayor cumplimiento normativo.

La evolución de los modelos de lenguaje ha mejorado la capacidad de las soluciones de IA empresarial, y, también ha abierto la puerta a aplicaciones muy especializadas en distintos sectores, contribuyendo a una mayor eficiencia, precisión y personalización en la gestión de información y en la atención a clientes.

6.3.3 DeepSeek en el contexto de la IA moderna: diferencias con enfoques anteriores

DeepSeek se posiciona en la vanguardia de la inteligencia artificial moderna, ofreciendo un salto cualitativo en comparación con enfoques anteriores. Mientras que las soluciones antiguas se basaban en sistemas de búsqueda y análisis de datos que dependían principalmente de coincidencias exactas de palabras clave o de reglas predefinidas, DeepSeek utiliza algoritmos de deep learning y procesamiento de lenguaje natural avanzado. Esto le permite identificar términos relevantes y también comprender el contexto y la intención detrás de cada consulta, lo que se traduce en respuestas más precisas y personalizadas para los usuarios.

Otra diferencia fundamental radica en la capacidad de aprendizaje y adaptación continua. Los métodos tradicionales a menudo requerían intervenciones manuales para actualizar o ajustar sus parámetros, lo que podía llevar a respuestas obsoletas o poco precisas en entornos dinámicos. En contraste, DeepSeek está diseñado para evolucionar en tiempo real a partir de nuevos datos y retroalimentación, lo que le permite adaptarse rápidamente a los cambios en las necesidades empresariales y en los patrones de interacción del usuario. Esta adaptabilidad se refleja, por ejemplo, en su capacidad para analizar grandes volúmenes de información en múltiples contextos, facilitando una toma de decisiones basada en datos actualizados y pertinentes.

Además, la arquitectura de DeepSeek integra de manera fluida diversas fuentes de información, superando las limitaciones de los sistemas anteriores que funcionaban de forma aislada. En un entorno empresarial moderno, la integración de datos de diferentes departamentos y la combinación de análisis estructurados y no estructurados son esenciales. DeepSeek, gracias a sus capacidades de integración, permite una visión holística de la información, generando insights que son tanto profundos como prácticos. Esto significa que, en lugar de simplemente presentar datos, DeepSeek es capaz de generar recomendaciones estratégicas y alertas en base a patrones emergentes, lo que marca una diferencia significativa en la eficiencia operativa.

El enfoque de DeepSeek en la experiencia del usuario es otro aspecto que lo diferencia notablemente de sus predecesores. En lugar de interfaces rígidas y poco intuitivas, DeepSeek apuesta por una interacción más natural y fluida, que se asemeja a una conversación humana. Este cambio mejora la accesibilidad y usabilidad de la herramienta y también permite que los usuarios se sientan más cómodos al interactuar con el sistema, facilitando la adopción y el aprovechamiento de la tecnología en entornos empresariales.

Por otro lado, una de las grandes diferencias entre **DeepSeek** y modelos como **ChatGPT, Gemini o Mistral** es que DeepSeek es **de código abierto**, lo que significa que cualquiera puede acceder a su arquitectura, modificarla y adaptarla a sus necesidades. Esto puede parecer un detalle técnico sin importancia, pero en realidad marca una gran diferencia en cómo las empresas y los desarrolladores pueden utilizar la inteligencia artificial. Mientras que ChatGPT y Gemini son modelos cerrados, es decir, solo se pueden usar a través de las plataformas de sus creadores sin poder ver cómo funcionan internamente, DeepSeek permite que cualquier persona lo descargue, lo estudie y lo modifique según sus propias necesidades.

Uno de los problemas de los modelos cerrados es que no permiten ajustes internos. Si una empresa necesita que la IA se especialice en un sector muy concreto, como la medicina o el derecho, lo único que puede hacer con modelos como ChatGPT es introducir datos y esperar que la respuesta sea precisa. En cambio, con DeepSeek, una empresa puede entrenar el modelo con su propia base de datos, asegurándose de que las respuestas sean mucho más precisas y adaptadas a su industria. Por ejemplo, un despacho de abogados podría entrenar DeepSeek con miles de documentos legales para que responda con términos jurídicos exactos, sin depender de que una empresa externa le permita hacer esos ajustes.

Esto también es importante para las empresas que trabajan en **idiomas menos comunes**. Mientras que los modelos cerrados priorizan los idiomas más utilizados, DeepSeek puede modificarse para entrenarse en lenguas minoritarias o dialectos específicos. Esto es clave para negocios que necesitan atención al cliente en distintas regiones o que trabajan con comunidades locales donde el acceso a la inteligencia artificial todavía es limitado.

Otro punto clave es la **seguridad y privacidad** de los datos. Cuando se usa ChatGPT o Gemini, los datos se envían a los servidores de OpenAI o Google, lo que significa que la empresa debe confiar en que esos datos no se almacenen ni se utilicen para otros fines. Para muchas compañías, esto representa un riesgo, sobre todo en sectores como la banca, la salud o la administración pública, donde la información manejada es muy sensible.

DeepSeek, al ser de código abierto, **permite que las empresas lo instalen en sus propios servidores**, sin necesidad de depender de servicios externos. Esto garantiza que los datos se mantengan dentro de la empresa, sin riesgo de que sean utilizados por terceros. Un hospital, por ejemplo, podría utilizar DeepSeek para gestionar historiales médicos sin preocuparse de que los datos de los pacientes salgan de su infraestructura.

Además, al poder ver el código de DeepSeek, los desarrolladores pueden analizar cómo funciona, identificar posibles errores y corregirlos. En modelos cerrados, esto es imposible, ya que nadie fuera de la empresa creadora puede comprobar si la IA tiene sesgos ocultos o fallos en su funcionamiento. En cambio, con DeepSeek, cualquier experto en inteligencia artificial puede auditar el código y asegurarse de que el modelo es fiable y justo.

Otro beneficio del código abierto es que no depende únicamente del equipo de desarrollo de una empresa para mejorar. Modelos como ChatGPT o Gemini solo evolucionan cuando OpenAI o Google deciden lanzar una nueva versión, lo que significa que cualquier problema o limitación depende de cuándo y cómo ellos lo solucionen. DeepSeek, en cambio, se beneficia de la colaboración de desarrolladores de todo el mundo, que pueden hacer mejoras y compartirlas con la comunidad. Esto significa que los avances pueden ser más rápidos y que el modelo puede evolucionar de manera más adaptada a las necesidades reales de los usuarios.

Un ejemplo claro de esto es **el desarrollo de herramientas especializadas**. Si una universidad quiere usar inteligencia artificial para analizar textos académicos y necesita que la IA entienda mejor los términos técnicos de distintas disciplinas, con un modelo cerrado no podría hacer mucho más que "forzar" respuestas con pruebas y errores. Con DeepSeek, en cambio, podría modificar el código y entrenar el modelo específicamente con publicaciones científicas, asegurando que la IA sea realmente útil para la investigación.

Finalmente, un punto que muchas empresas están empezando a considerar es la **independencia tecnológica**. Usar modelos cerrados significa depender completamente de sus creadores: si OpenAI decide cambiar su política de precios, limitar el acceso o cerrar el servicio en ciertas regiones, los usuarios no tienen otra opción más que aceptar esos cambios. Con un modelo de código abierto como DeepSeek, cualquier empresa o gobierno puede tener el control total sobre su IA, sin depender de decisiones externas.

Por ejemplo, algunos gobiernos están promoviendo el uso de inteligencia artificial de código abierto porque les permite desarrollar soluciones locales sin estar atados a empresas privadas extranjeras. Esto es clave para sectores estratégicos como la defensa, la educación o la administración pública, donde tener el control sobre la tecnología es esencial para garantizar la seguridad y la soberanía de un país.

6.3.4 Desafíos de la IA en la toma de decisiones empresariales

A pesar de sus ventajas, la integración de la IA en la toma de decisiones empresariales no está exenta de desafíos. Estos retos van desde la calidad de los datos hasta cuestiones éticas y de seguridad, pasando por la resistencia al cambio dentro de las organizaciones. Comprender estos desafíos es clave para aprovechar el potencial de la IA sin caer en riesgos que puedan afectar la operativa y la reputación de la empresa.

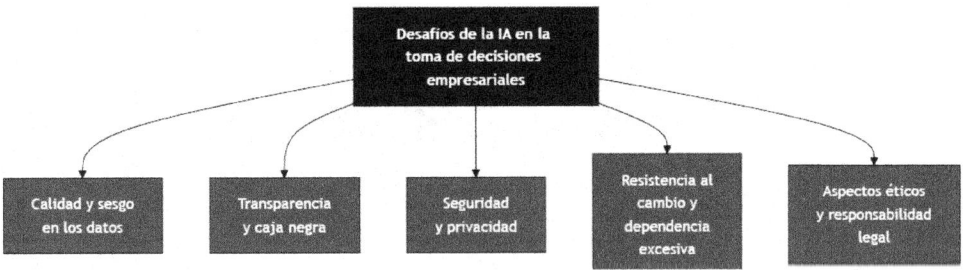

Uno de los mayores desafíos de la IA en la toma de decisiones empresariales es la **calidad de los datos**. Los algoritmos de IA dependen de los datos para aprender y mejorar, pero si la información utilizada es incorrecta, incompleta o sesgada, los resultados también lo serán. Un ejemplo claro ocurre en el ámbito del **reclutamiento y selección de personal**. Si un sistema de IA se entrena con datos históricos que reflejan sesgos en la contratación (por ejemplo, una preferencia histórica por empleados de un determinado género o grupo social), el sistema perpetuará esas tendencias en sus recomendaciones.

Este problema no se limita solo a la contratación. En sectores como las **finanzas y el marketing**, una IA que analiza datos de clientes puede llegar a conclusiones erróneas si la información no es representativa o si contiene errores. Si un banco usa IA para evaluar el riesgo crediticio y los datos históricos favorecen a ciertos perfiles de clientes, el modelo podría rechazar injustamente solicitudes de crédito de personas que en realidad tienen capacidad de pago. Para evitar estos problemas, las empresas deben realizar auditorías constantes de sus datos, aplicar técnicas de detección de sesgos y asegurarse de que la información que alimenta los modelos sea diversa y actualizada.

Otro gran reto de la IA en la toma de decisiones es su **falta de transparencia**. Muchos algoritmos de IA, especialmente los basados en redes neuronales profundas, funcionan como una "caja negra": producen resultados sin que los usuarios comprendan exactamente cómo llegaron a esas conclusiones. Esto puede ser un problema grave en sectores como el **derecho, la salud o las finanzas**, donde es necesario justificar cada decisión tomada.

Por ejemplo, si una aseguradora utiliza IA para fijar las primas de seguros y un cliente recibe una tarifa inusualmente alta, es fundamental poder explicar qué factores llevaron a esa decisión. Si la empresa no puede justificarlo, podría enfrentar problemas legales y de reputación. Lo mismo ocurre en la toma de decisiones judiciales o en el diagnóstico médico asistido por IA: los profesionales necesitan entender el razonamiento detrás de las recomendaciones para poder validarlas y corregir posibles errores.

Para abordar este desafío, muchas empresas están apostando por la **IA explicable (XAI, por sus siglas en inglés)**, que busca desarrollar modelos más interpretables y comprensibles para los usuarios. Sin embargo, todavía existe una brecha entre el avance de la tecnología y la capacidad de hacer que estas decisiones sean completamente transparentes para todos los involucrados.

La IA necesita grandes volúmenes de datos para funcionar correctamente, pero esto plantea **serios riesgos en términos de seguridad y privacidad**. En un mundo donde los datos personales y empresariales son un activo valioso, las empresas deben ser extremadamente cuidadosas con la información que utilizan para entrenar sus modelos.

Un caso preocupante es el de los **ciberataques dirigidos a modelos de IA**. Existe una técnica llamada **"ataque adversarial"**, en la que los hackers manipulan los datos de entrada para engañar al sistema de IA. Por ejemplo, en el sector bancario, un atacante podría modificar ligeramente la información de un cliente para hacer que un sistema de detección de fraudes pase por alto una transacción sospechosa.

Además, está el problema de la **privacidad de los datos**. Empresas que utilizan IA en sectores como la salud o el comercio electrónico manejan información extremadamente sensible de sus clientes. Si estos datos se filtran o se utilizan sin consentimiento, las empresas pueden enfrentarse a sanciones legales y una pérdida de confianza por parte de sus usuarios. Para mitigar estos riesgos, las compañías deben implementar **protocolos de seguridad robustos, encriptación de datos y medidas de cumplimiento normativo** como el RGPD en Europa.

Otro desafío importante es la **resistencia al cambio dentro de las empresas**. Aunque la IA puede mejorar la eficiencia, muchas organizaciones encuentran dificultades para integrarla en sus procesos. Esto puede deberse a la falta de conocimiento técnico, al miedo de que la IA reemplace empleos o a la desconfianza en la tecnología.

Un ejemplo común ocurre en el **sector de recursos humanos**. Muchas empresas han intentado implementar sistemas de IA para automatizar tareas como la selección de candidatos o la evaluación del desempeño. Sin embargo, si los empleados no confían en el sistema o sienten que no tienen control sobre el proceso, es probable que la adopción sea baja. Para solucionar este problema, es fundamental invertir en formación y comunicación, explicando a los trabajadores cómo la IA puede ser una herramienta que complemente su trabajo en lugar de reemplazarlo.

Por otro lado, también existe el riesgo de que algunas empresas **se vuelvan demasiado dependientes de la IA** y dejen de realizar un análisis crítico de sus decisiones. Un sistema de IA puede hacer recomendaciones, pero la supervisión humana sigue siendo imprescindible para garantizar que las decisiones sean correctas y alineadas con los valores de la empresa.

La IA en la toma de decisiones empresariales también plantea **dilemas éticos y legales**. ¿Quién es responsable si un sistema de IA toma una decisión errónea con consecuencias negativas? En el caso de una IA utilizada en hospitales, si un algoritmo diagnostica mal una enfermedad y un paciente recibe un tratamiento inadecuado, ¿la responsabilidad recae en los desarrolladores del modelo, en los médicos que lo usaron o en la empresa que lo implementó?

Estos dilemas son cada vez más relevantes, y muchas empresas deben establecer **marcos éticos y normativos** para el uso de IA en sus operaciones. En algunos sectores, ya existen regulaciones que establecen límites en el uso de la IA, como la prohibición de algoritmos de toma de decisiones completamente autónomos en áreas sensibles como la contratación laboral o el crédito financiero. Sin embargo, muchas de estas regulaciones están todavía en desarrollo, lo que deja a las empresas en una situación de incertidumbre.

La inteligencia artificial tiene un enorme potencial para mejorar la toma de decisiones empresariales, pero no está exenta de desafíos. La calidad de los datos, la transparencia en los modelos, la seguridad, la aceptación por parte de los empleados y las implicaciones éticas son aspectos que deben abordarse para garantizar un uso responsable y eficiente de la IA en los negocios. Para aprovechar sus ventajas sin caer en riesgos innecesarios, las empresas deben adoptar un enfoque equilibrado, donde la IA se utilice como una herramienta de apoyo y no como un sustituto de la supervisión y el juicio humano.

6.4 AUTOEVALUACIÓN DE LA SECCIÓN

6.4.1 Actividades recomendadas

Para entender las diferencias entre DeepSeek y otras herramientas de gestión empresarial, intenta usar DeepSeek y otro software similar (como Power BI, Tableau o Google Analytics) para analizar un conjunto de datos de tu empresa. Luego, reflexiona sobre:

▶ ¿Cuál ofrece un análisis más claro y estructurado?
▶ ¿Cuál permite generar informes con mayor rapidez?
▶ ¿Qué herramienta facilita mejor la toma de decisiones estratégicas?

Comparar estos aspectos te ayudará a identificar en qué escenarios DeepSeek puede aportar mayor valor.

Piensa en una empresa y elige un departamento específico (marketing, recursos humanos, finanzas, logística, etc.). Luego, escribe un breve texto (unas cinco líneas) sobre cómo DeepSeek podría optimizar su trabajo. Por ejemplo, en marketing, podría usarse para generar ideas de campañas publicitarias, mientras que en recursos humanos podría facilitar la redacción de descripciones de puestos y guías de desempeño.

Investiga sobre una herramienta de automatización empresarial (como Zapier, UiPath o Microsoft Power Automate) y compárala con DeepSeek en términos de funcionalidad. Organiza la información en una tabla con al menos tres diferencias clave. Esto te permitirá comprender mejor en qué áreas DeepSeek es más eficiente y en qué escenarios otras herramientas pueden ser más adecuadas.

Si bien DeepSeek ofrece múltiples beneficios, también puede tener limitaciones. Elabora una lista con tres ventajas y tres posibles desafíos de utilizarlo en empresas. Por ejemplo, una ventaja es su capacidad para generar informes ejecutivos automatizados, pero una posible limitación es que no reemplaza completamente el análisis humano en decisiones estratégicas. Reflexionar sobre estos aspectos ayudará a una mejor implementación en el ámbito empresarial.

Investiga sobre la transformación digital en el ámbito empresarial y analiza cómo DeepSeek puede acelerar este proceso. ¿Puede ayudar a mejorar la gestión del conocimiento? ¿Permite optimizar los flujos de trabajo? ¿Facilita la automatización de tareas repetitivas? Escribir un breve análisis te permitirá visualizar su papel en la evolución digital de las empresas.

6.4.2 Preguntas tipo test

1. ¿Cuál de las siguientes es una funcionalidad clave de DeepSeek en empresas?

a) Generación de reportes y análisis de datos para la toma de decisiones.

b) Sustitución de empleados en todas las áreas operativas.

c) Creación de aplicaciones sin intervención humana.

d) Implementación de infraestructura física en la empresa.

Respuesta correcta: a)

2. ¿Cómo puede DeepSeek ayudar en la estrategia empresarial?

a) Tomando decisiones sin necesidad de validación humana.

b) Generando informes ejecutivos con tendencias y análisis de mercado.

c) Eliminando la necesidad de analizar datos financieros.

d) Automatizando la producción de bienes físicos.

Respuesta correcta: b)

3. ¿Cuál de los siguientes usos de DeepSeek es más relevante para el departamento de marketing?

a) Redacción de informes financieros.

b) Creación de contenido para blogs y redes sociales basado en tendencias.

c) Implementación de sistemas de contabilidad.

d) Gestión de la cadena de suministro.

Respuesta correcta: b)

4. ¿Cómo puede DeepSeek mejorar la atención al cliente?

a) Automatizando respuestas a preguntas frecuentes.

b) Sustituyendo completamente a los agentes de soporte humano.

c) Eliminando la necesidad de interacción con los clientes.

d) Bloqueando todas las quejas recibidas.

Respuesta correcta: a)

5. ¿Cuál es un beneficio de DeepSeek en la gestión de recursos humanos?

a) Automatización de descripciones de puestos y evaluaciones de desempeño.

b) Eliminación de la necesidad de contratación de personal.

c) Creación de inteligencia artificial para reemplazar empleados.

d) Desarrollo de software de contabilidad sin intervención humana.

Respuesta correcta: a)

6.4.3 Frases con huecos para rellenar

1. DeepSeek puede ayudar a la _____ empresarial generando informes de mercado y análisis de competencia.

(Respuesta: estrategia)

2. En el área de marketing, DeepSeek facilita la creación de _____ para redes sociales y campañas publicitarias.

(Respuesta: contenido)

3. Para la atención al cliente, DeepSeek puede generar respuestas _____ a preguntas frecuentes, reduciendo tiempos de espera.

(Respuesta: automatizadas)

4. En recursos humanos, DeepSeek permite redactar _____ de puestos basadas en las necesidades de la empresa.

(Respuesta: descripciones)

5. En el departamento financiero, DeepSeek puede analizar informes y detectar _____ en los costos operativos de la empresa.

(Respuesta: tendencias)

7

EJECUTAR DEEPSEEK DE MANERA LOCAL: INSTALACIÓN, PERSONALIZACIÓN, VENTAJAS Y OPTIMIZACIÓN

Una de las grandes ventajas de **DeepSeek** frente a modelos cerrados como ChatGPT es la posibilidad de ejecutarlo **de manera local**, sin depender de servidores externos ni de conexiones a la nube. Esto permite **mayor privacidad, menor latencia y control total sobre su funcionamiento**. A continuación, veremos cómo descargar e instalar DeepSeek, sus principales ventajas al ejecutarlo en un entorno local y cómo optimizar su rendimiento para diferentes configuraciones de hardware.

7.1 DESCARGAR E INSTALAR DEEPSEEK EN UN DISPOSITIVO PROPIO

Para utilizar DeepSeek localmente, es necesario contar con un equipo que tenga suficiente capacidad de procesamiento, ya que los modelos de lenguaje suelen ser pesados y requieren **GPU potente o un servidor con buena capacidad de cómputo**. Sin embargo, existen versiones optimizadas que permiten ejecutarlo en equipos más modestos.

Los **pasos para la instalación** son los siguientes:

• PASO 1. **Descargar LM Studio**

LM Studio es una plataforma que facilita la ejecución de modelos de IA en equipos locales sin necesidad de conocimientos avanzados.

Puedes descargarlo desde: https://lmstudio.ai y elegir la versión adecuada para tu sistema operativo (Windows, macOS o Linux).

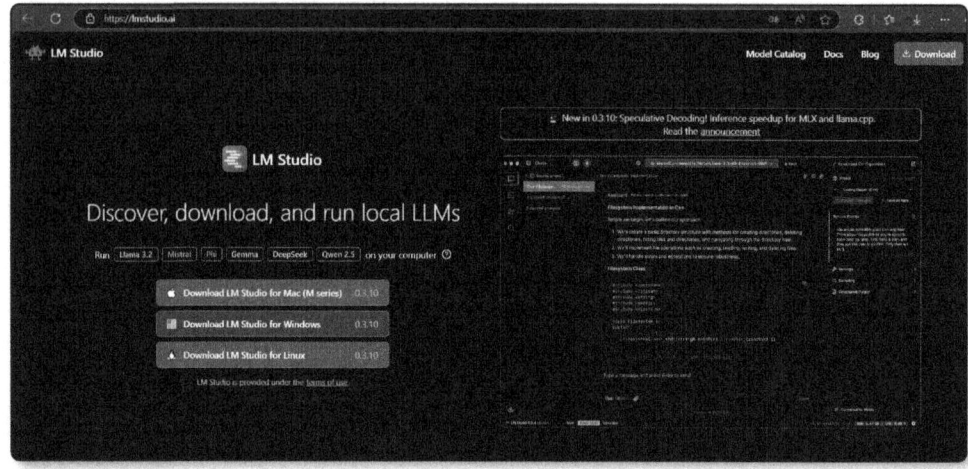

En este caso descargaremos la opción para Windows:

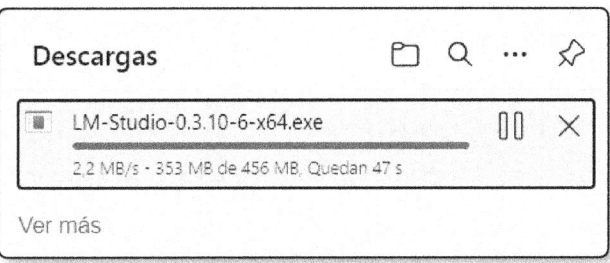

LM-Studio-0.3.10
-6-x64

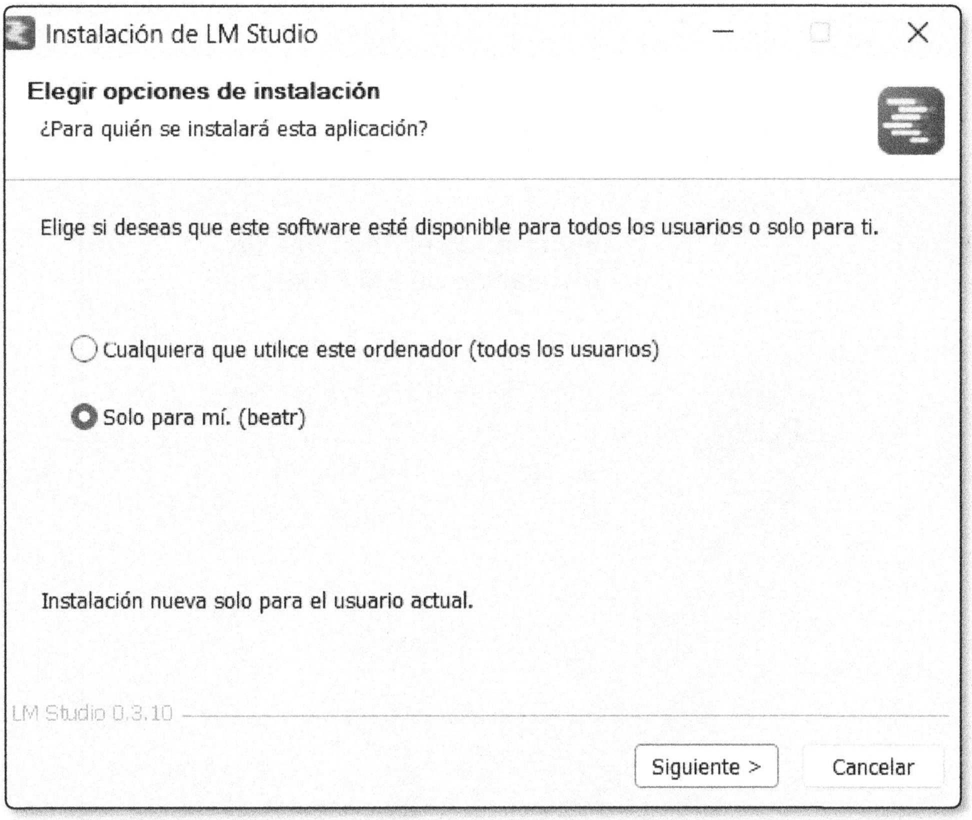

| Instalación de LM Studio | — ☐ ✕ |

Elegir opciones de instalación

¿Para quién se instalará esta aplicación?

Elige si deseas que este software esté disponible para todos los usuarios o solo para ti.

○ Cualquiera que utilice este ordenador (todos los usuarios)

◉ Solo para mí. (beatr)

Instalación nueva solo para el usuario actual.

LM Studio 0.3.10

Siguiente >   Cancelar

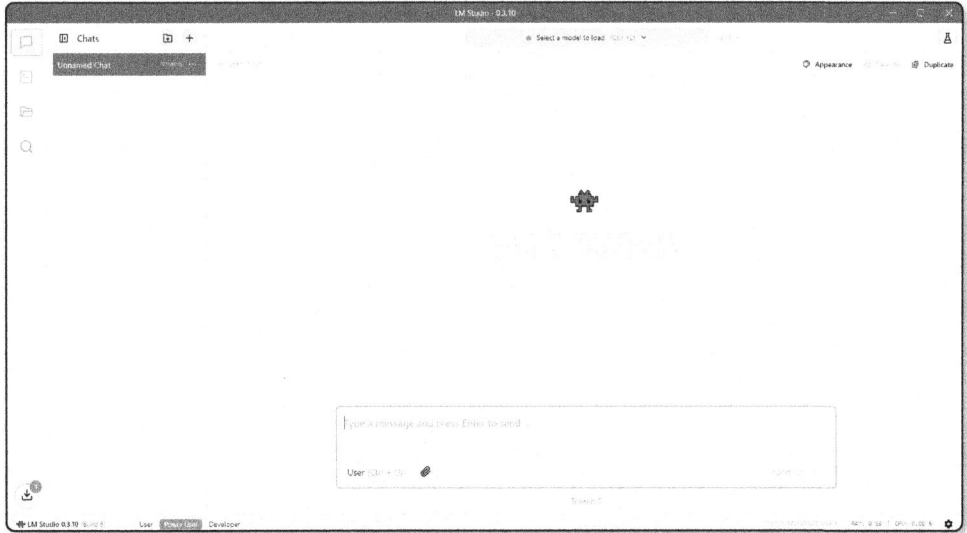

- **PASO 2.   Seleccionar el modelo adecuado**

    Dentro de LM Studio, ve a la pestaña de modelos y busca **DeepSeek Math 7B (GGUF, Q3_K_S)**:

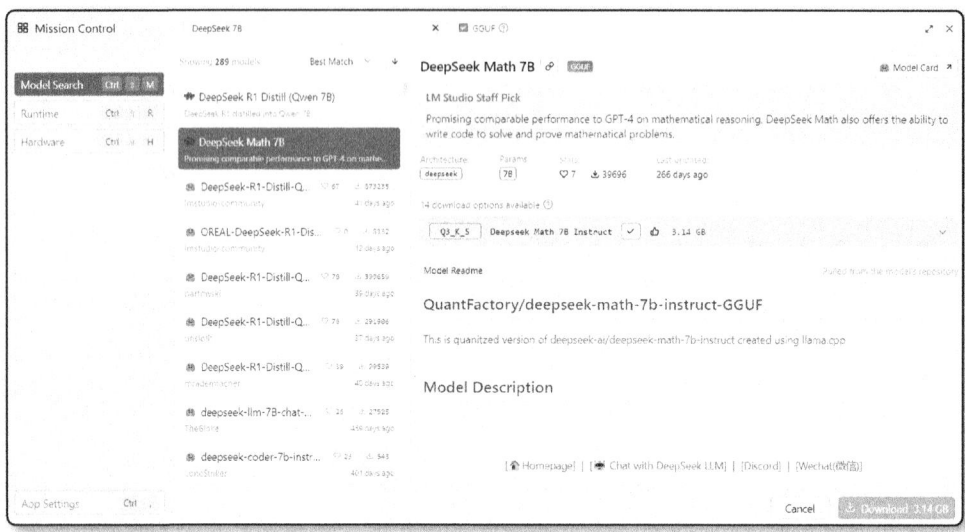

Descárgalo y espera a que se instale en tu PC:

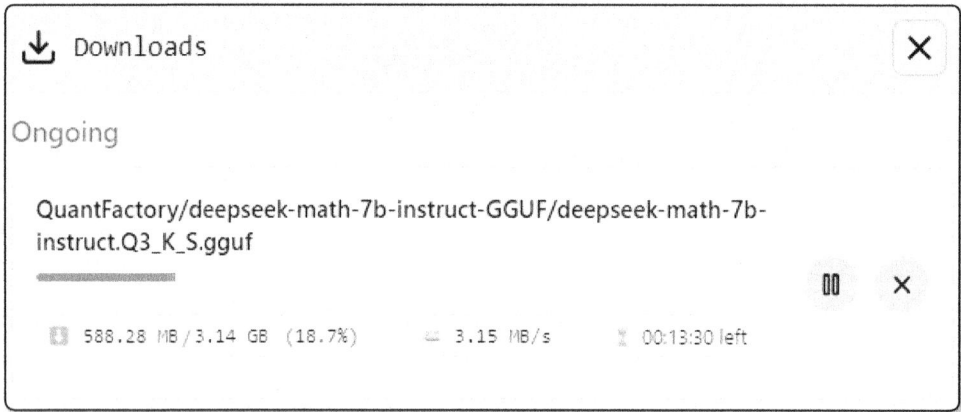

Es un modelo cuantizado (Q3_K_S), lo que significa que **usa menos memoria y es más eficiente** que versiones completas.

▸ Solo pesa **3.14 GB**, lo cual es **más ligero** que otras versiones de DeepSeek.

▸ Está optimizado para **razonamiento matemático y generación de código**.

▶ **Está enfocado en tareas matemáticas y programación**, por lo que si necesitas un modelo para conversación general, podrías buscar **DeepSeek LLM 7B Chat** en su lugar.

▶ **El nivel de cuantización (Q3_K_S) reduce la precisión**, aunque mejora el rendimiento en PCs menos potentes.

DeepSeek está disponible en diferentes formatos y tamaños. Si tu equipo no tiene una GPU potente, es recomendable descargar una versión más ligera, como las optimizadas en **GGUF o GGML**. Si tienes un servidor con una GPU de alto rendimiento (como una **NVIDIA RTX 3090 o superior**), puedes optar por versiones más completas que ofrecen mayor precisión.

¿Qué versión de DeepSeek elegir si tu PC no es muy potente?

▶ **Si solo tienes CPU (sin una GPU potente):**

• Elige modelos **cuantizados en GGUF o GGML**, que reducen el tamaño y el consumo de memoria.

▶ **Si tienes una GPU NVIDIA de gama media o baja:**

• Puedes usar una versión un poco más grande, pero optimizada para CUDA.

▶ **Si tienes una GPU AMD:**

• Usa modelos optimizados para ROCm, aunque la compatibilidad puede variar.

Si prefieres una opción alternativa a LM Studio y quieres probar DeepSeek de manera más flexible:

1. Descarga Ollama desde https://ollama.com

2. Instálalo y abre una terminal o línea de comandos.

3. Escribe el siguiente comando para descargar el modelo:

```
ollama pull deepseek:7b
```

4. Ejecuta DeepSeek en tu PC:

```
ollama run deepseek
```

• PASO 5. Ejecutar el modelo en local

Una vez instalado LM Studio y descargado DeepSeek, puedes cargar el modelo en la aplicación y comenzar a interactuar con él sin conexión a internet.

Para ello, haz clic en Load Model:

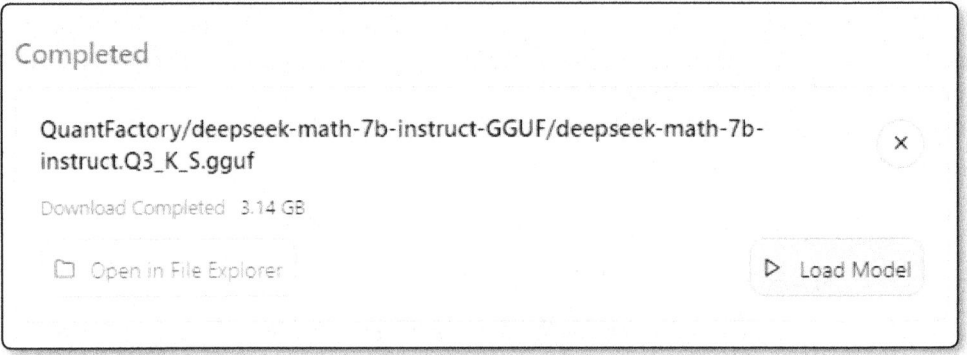

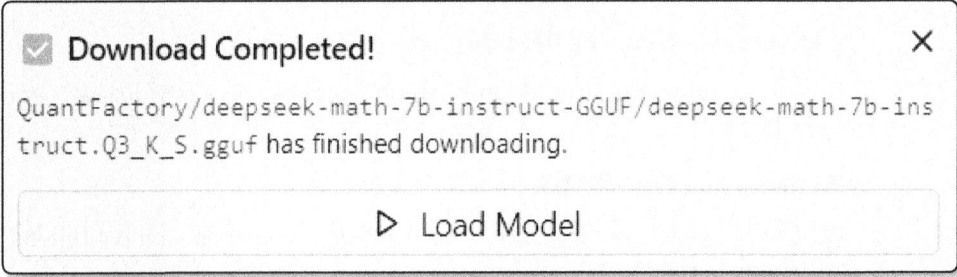

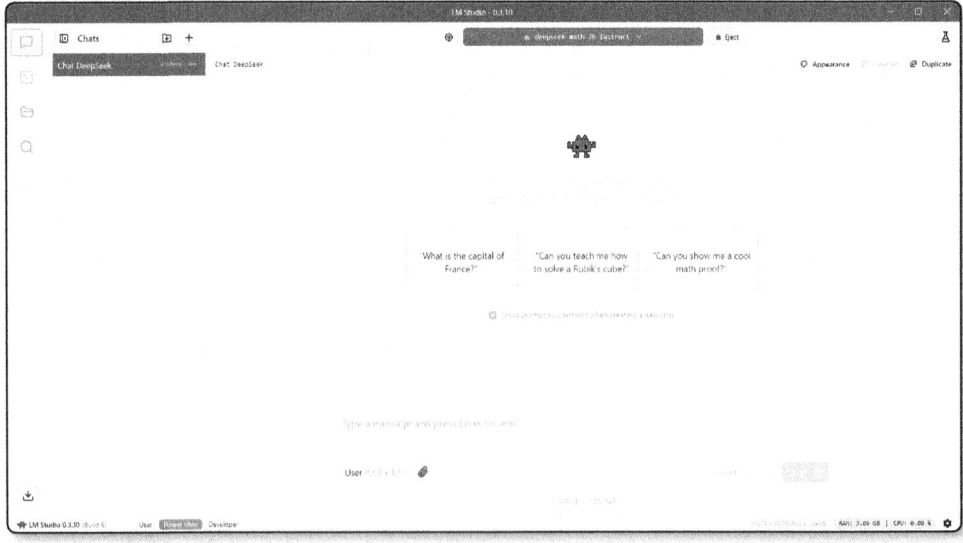

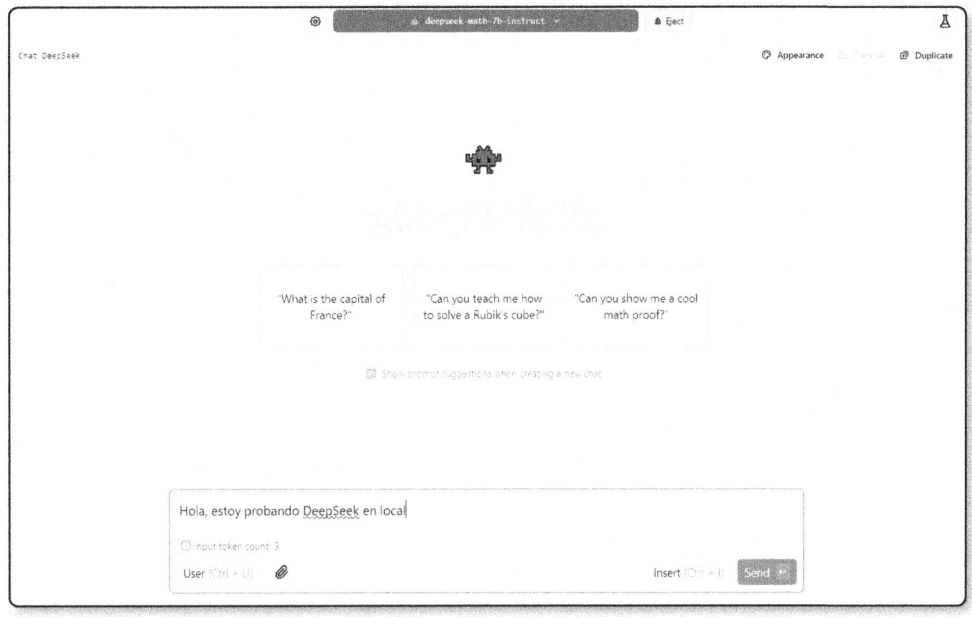

La **interfaz local** de DeepSeek ofrece opciones avanzadas de configuración que generalmente no están disponibles en la versión en la nube. Esto es una gran ventaja para quienes buscan control total sobre cómo responde el modelo y quieren personalizar su comportamiento.

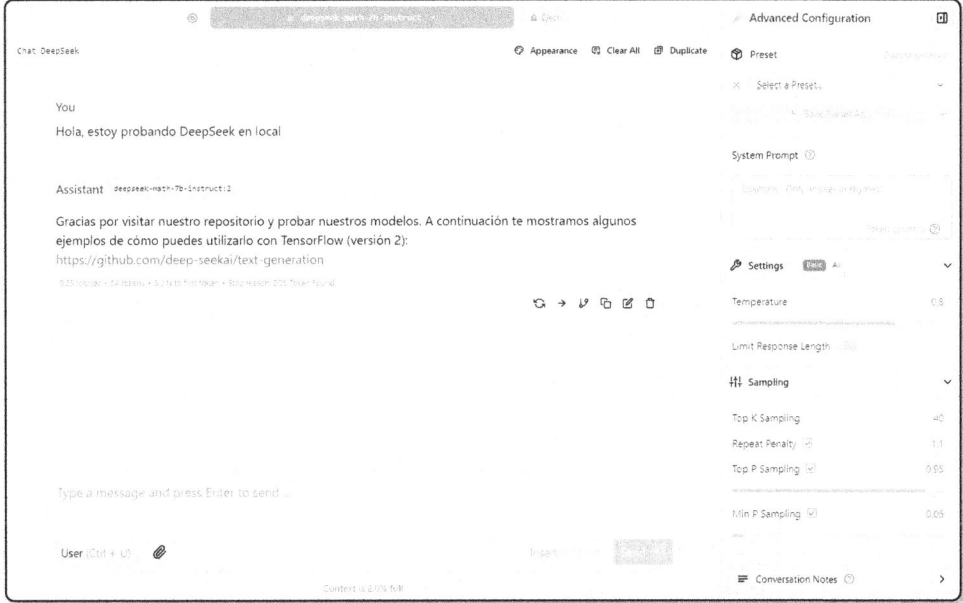

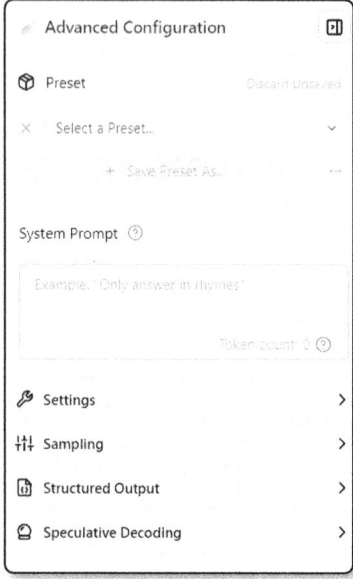

A continuación, se explica qué opciones puedes modificar en la versión local y por qué no están en la nube:

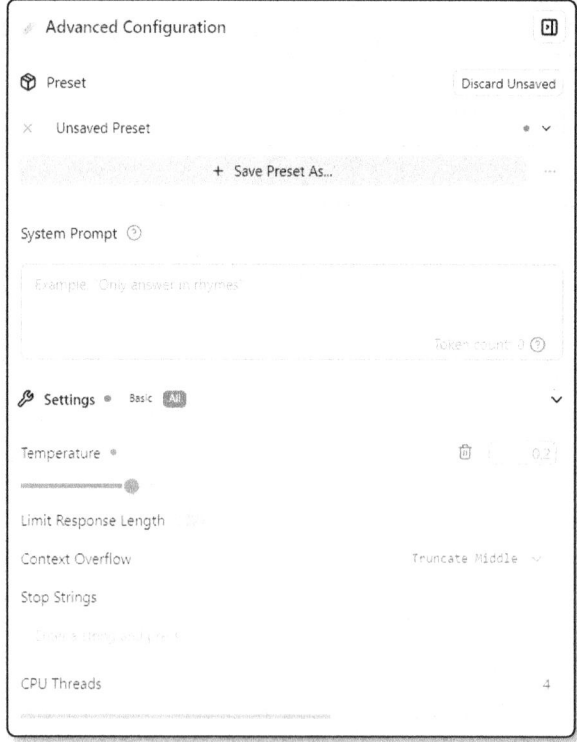

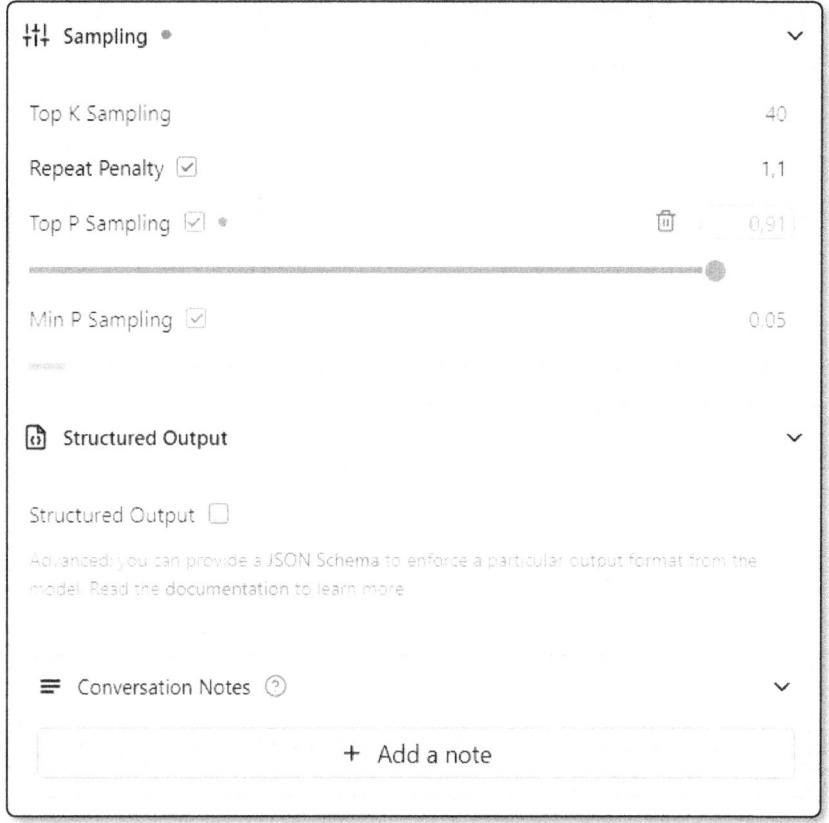

System Prompt (Instrucciones del sistema)

▶ Solo está disponible en local.

▶ Permite escribir una instrucción general para que DeepSeek responda de una manera específica en toda la sesión. Por ejemplo: "Responde siempre en tono formal y con explicaciones detalladas" o "Solo responde en español".

▶ En la nube, generalmente esto está predefinido por el proveedor, sin la posibilidad de personalizarlo.

▶ Presenta la ventaja de la personalización del estilo de respuesta desde el inicio, sin necesidad de repetir instrucciones en cada pregunta.

Temperature (Temperatura de respuesta)

- Modificable solo en local.

- Controla la creatividad del modelo. Valores más altos (ejemplo: 1.2) hacen que las respuestas sean más variadas e innovadoras, mientras que valores más bajos (ejemplo: 0.2–0.4) generan respuestas más precisas y deterministas.

- En la nube, el proveedor fija este valor y no se puede modificar.

- Presenta la ventaja de ajustar la creatividad del modelo según las necesidades de cada usuario.

Top K Sampling (Selección de palabras más probables)

- Solo está disponible en local.

- Determina cuántas opciones de palabras posibles se consideran en cada paso de generación de texto. Un valor bajo (ejemplo: 20) hace que el modelo sea más predecible, mientras que un valor alto (ejemplo: 80) aumenta la diversidad en las respuestas.

- En la nube, este parámetro está preconfigurado y no puede cambiarse.

- Presenta la ventaja de controlar el equilibrio entre precisión y diversidad en la generación de texto.

Repeat Penalty (Penalización por repetición)

- Solo está disponible en local.

- Evita que el modelo repita frases o palabras innecesariamente. Un valor de 1.0 no impone restricciones, mientras que valores más altos (ejemplo: 1.2–1.5) reducen la repetición de ideas.

- En la nube, no es posible modificarlo, lo que puede hacer que algunas respuestas sean más repetitivas.

- Presenta la ventaja de hacer que el modelo sea más variado y menos redundante en sus respuestas.

Top P Sampling (Filtrado por probabilidad acumulada)

▶ Solo está disponible en local.

▶ Permite controlar qué tan "seguras" son las palabras que el modelo elige al generar texto. Valores altos (ejemplo: 0.9–1.0) permiten mayor creatividad, mientras que valores bajos (ejemplo: 0.5–0.7) hacen que las respuestas sean más estructuradas y predecibles.

▶ En la nube, este parámetro está bloqueado por el proveedor.

▶ Presenta la ventaja de permitir un ajuste fino en la calidad y coherencia de las respuestas generadas.

Min P Sampling (Probabilidad mínima de selección)

▶ Solo está disponible en local.

▶ Define el umbral mínimo para considerar palabras en la respuesta del modelo. Valores bajos hacen que las respuestas sean más seguras y estructuradas.

▶ En la nube, esta opción no está disponible, lo que significa que las respuestas pueden seguir patrones más estándar sin ajuste posible.

▶ Presenta la ventaja de controlar la precisión de las respuestas generadas por DeepSeek.

Limit Response Length (Límite de longitud de respuesta)

▶ Solo está disponible en local.

▶ Permite restringir el número de tokens en la respuesta, lo que evita que el modelo genere textos demasiado largos o cortos según la necesidad.

▶ En la nube, no es posible modificarlo, por lo que las respuestas pueden variar en extensión sin control del usuario.

▶ Presenta la ventaja de permitir respuestas más concisas o detalladas según el contexto.

En la versión en la nube de DeepSeek (y de otros modelos como ChatGPT), **estas opciones están predefinidas por el proveedor** para garantizar respuestas más estándar y optimizar el uso del servidor.

En el menú **"Appearance"** se puede cambiar el modo de visualización (por ejemplo, a **Markdown** para mejorar la legibilidad del texto), ajustar el tamaño de la fuente y decidir si expandir automáticamente ciertos elementos del chat, como los bloques de razonamiento o la anchura del contenedor de la conversación. Estas opciones son especialmente útiles para quienes trabajan con respuestas extensas y necesitan un formato más estructurado y cómodo de leer.

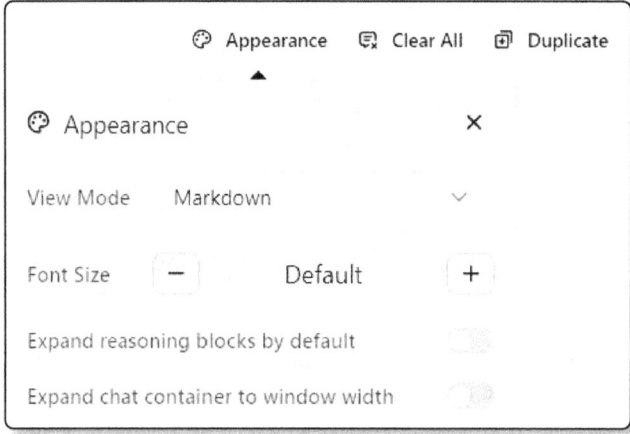

En el **gestor de chats**, es posible **renombrar, duplicar o eliminar** conversaciones previas de DeepSeek. Además, se ofrece la opción **"Show in File Explorer"**, que permite localizar el archivo del chat directamente en el sistema de archivos del ordenador. Esto es una funcionalidad clave para quienes desean guardar, organizar o compartir sus conversaciones de manera eficiente.

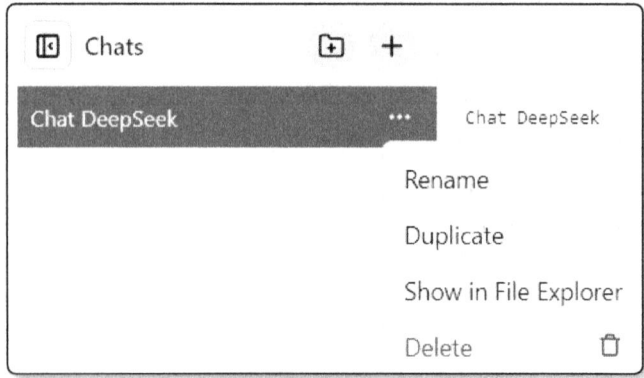

Todas estas características hacen que la interfaz local sea mucho más flexible en comparación con la versión en la nube, donde normalmente no se permite el control sobre los archivos de chat ni su personalización visual.

7.2 PERSONALIZACIÓN Y ADAPTABILIDAD DE DEEPSEEK

La interfaz avanzada de **DeepSeek en local** permite personalizar su funcionamiento según el propósito deseado. A continuación, veremos todo esto en profundidad.

7.2.1 Personalización de respuestas mediante System Prompt

El **System Prompt** es un campo en la configuración avanzada de DeepSeek donde podemos escribir instrucciones que influirán en todas las respuestas que genere el modelo durante una sesión. En lugar de dar indicaciones en cada pregunta, simplemente establecemos una directriz general que se aplicará de manera continua.

Por ejemplo, si queremos que DeepSeek siempre responda en un tono formal y con explicaciones detalladas, podríamos escribir algo como:

"Responde siempre en un tono formal, con explicaciones estructuradas y bien argumentadas. Usa ejemplos cuando sea necesario y evita respuestas demasiado cortas".

Si, por el contrario, queremos un tono más conversacional y relajado, podríamos usar algo como:

"Responde de manera informal y amigable, como si estuvieras explicándole a un amigo. Usa ejemplos sencillos y evita tecnicismos innecesarios".

Este ajuste es clave porque evita que tengamos que repetir nuestras preferencias en cada pregunta. Además, nos permite adaptar DeepSeek a distintos usos sin necesidad de entrenarlo desde cero.

Dependiendo del uso que queramos darle a DeepSeek, podemos escribir instrucciones que lo adapten a diferentes situaciones. Aquí algunos ejemplos según distintos contextos:

Si DeepSeek se usa como asistente en una empresa, es importante que mantenga un tono profesional y que sus respuestas sean claras y alineadas con la imagen de la compañía. Un buen **System Prompt** para este caso sería:

"Responde de manera clara, concisa y profesional. Mantén un tono respetuoso y evita expresiones informales. Si no tienes suficiente información para responder con certeza, indica que necesitas más datos en lugar de adivinar".

Para quienes usan DeepSeek como herramienta de apoyo en la enseñanza, es importante que sus respuestas sean didácticas y adaptadas al nivel del estudiante. Un **System Prompt** adecuado podría ser:

"Explica los conceptos con un lenguaje claro y accesible para estudiantes de nivel medio. Utiliza ejemplos prácticos y metáforas cuando sea necesario. Si el tema es complejo, desglósalo en pasos sencillos".

En el caso de programadores, DeepSeek puede configurarse para generar código bien estructurado y alineado con las mejores prácticas. Un **System Prompt** útil sería:

"Genera código limpio y eficiente en Python siguiendo las convenciones de PEP 8. Incluye comentarios explicativos en cada función y evita prácticas obsoletas. Siempre responde con el formato adecuado para que el código sea directamente ejecutable".

7.2.2 7.2.2. Ajuste de parámetros para optimizar resultados y gestión de presets personalizados

Un **preset** es una configuración predefinida que podemos guardar y reutilizar cuando lo necesitemos. En DeepSeek, podemos personalizar varios parámetros, como la **temperatura** (para controlar la creatividad), el **System Prompt** (para definir el tono y estilo de las respuestas), y otros ajustes como **Top P Sampling** o **Repeat Penalty**.

A continuación, se explican los valores más apropiados para cada parámetro dependiendo de lo que se quiera conseguir:

Temperature (Temperatura) → Control de creatividad

Parámetro	Qué hace	Valores bajos	Valores medios	Valores altos
Temperature (Temperatura)	Define qué tan impredecibles o variadas serán las respuestas.	0.1–0.4 → Precisión y respuestas estructuradas. Útil para: código sin errores, respuestas técnicas o científicas, traducciones exactas. Por ejemplo, 'Explícame cómo calcular la derivada de una función'.	0.5–0.8 → Equilibrio entre creatividad y precisión. Útil para: explicaciones didácticas, artículos técnicos, chatbots. Por ejemplo, 'Genera un informe técnico sobre ciberseguridad'.	0.9–1.5 → Mayor creatividad y variedad en respuestas. Útil para: escritura creativa, generación de ideas, estilos de conversación más naturales. Por ejemplo, 'Escribe una historia corta sobre un astronauta perdido en Marte'.

Top K Sampling → Control de la diversidad en las palabras elegidas

Parámetro	Qué hace	Valores bajos	Valores medios	Valores altos
Top K Sampling	Define cuántas opciones de palabras considera el modelo antes de elegir la respuesta.	10–30 → Mayor precisión y respuestas predecibles. Útil para: • Código de programación. • Preguntas técnicas con respuestas objetivas. Por ejemplo, 'Escribe una consulta SQL para obtener el total de ventas por cliente' → El código generado será preciso y sin variaciones innecesarias.	30–60 → Buen equilibrio entre precisión y diversidad. Útil para: • Explicaciones con más ejemplos y matices. • Resúmenes de documentos técnicos. Por ejemplo, 'Resume los puntos clave de una ley sobre privacidad de datos' → La respuesta tendrá detalles específicos sin divagar demasiado.	60–100 → Mayor variabilidad y riqueza en el lenguaje. Útil para: • Escritura creativa con más diversidad de vocabulario. • Conversaciones informales con un tono más natural. Por ejemplo, 'Escribe un diálogo entre un pirata y un robot' → La respuesta contendrá frases más variadas y expresivas.

Top P Sampling → Probabilidad acumulativa para restringir la creatividad

Parámetro	Qué hace	Valores bajos	Valores medios	Valores altos
Top P Sampling	Filtra las palabras menos probables para hacer que la respuesta sea más predecible o diversa.	0.5–0.7 → Más coherencia y seguridad en las respuestas. Útil para: • Traducción de textos técnicos. • Respuestas precisas en chatbots de atención al cliente. Por ejemplo, 'Traduce un contrato de español a inglés manteniendo el significado exacto' → La traducción será más fiel al texto original.	0.7–0.9 → Equilibrio entre diversidad y coherencia. Útil para: • Explicaciones técnicas con ejemplos variados. • Creación de contenido educativo. Por ejemplo, 'Explica cómo funciona el cifrado RSA con una analogía sencilla' → La respuesta combinará claridad y creatividad.	0.9–1.0 → Mayor libertad creativa en las respuestas. Útil para: • Escritura creativa y generación de ideas. • Conversaciones en tono más informal. Por ejemplo, 'Crea una historia de ciencia ficción con un final inesperado' → La respuesta tendrá una narración más impredecible y rica en detalles.

Repeat Penalty → Control de la repetición en respuestas

Parámetro	Qué hace	Valores bajos	Valores medios	Valores altos
Repeat Penalty	Penaliza la repetición de palabras o estructuras en la respuesta.	1.0–1.1 → Respuestas más libres, permitiendo alguna repetición. Útil para: • Explicaciones que requieren énfasis en ciertos puntos. • Respuestas en forma de listas. Por ejemplo, 'Explica las ventajas de usar inteligencia artificial en seguridad informática'. Puede repetir algunas ideas clave para reforzar el concepto.	1.1–1.3 → Respuestas más variadas sin repetir información innecesaria. Útil para: • Redacción de contenido técnico sin redundancias. • Generación de informes detallados sin repetir frases. Por ejemplo, 'Genera un informe sobre vulnerabilidades en redes Wi-Fi'. Se evitarán frases repetitivas dentro del informe.	1.3–1.5 → Evita completamente la repetición, generando respuestas más concisas. Útil para: • Resúmenes de documentos extensos. • Traducciones en lenguaje técnico. Por ejemplo, 'Resume un artículo sobre criptografía en 3 párrafos'. La respuesta se centrará en los puntos clave sin reiteraciones.

Min P Sampling → Probabilidad mínima de selección de palabras

Parámetro	Qué hace	Valores bajos	Valores medios	Valores altos
Min P Sampling	Evita el uso de palabras con baja probabilidad dentro del contexto, reduciendo la posibilidad de respuestas poco comunes o inusuales.	0.05–0.1 → Respuestas más seguras y estructuradas. Útil para: • Resúmenes de documentos técnicos. • Respuestas precisas en informes. Por ejemplo, 'Explica los principios de la criptografía moderna'. La respuesta será técnica y sin desviaciones innecesarias.	0.1–0.3 → Equilibrio entre respuestas estructuradas y creativas. Útil para: • Explicaciones con ejemplos variados. • Creación de contenido educativo. Por ejemplo, 'Explica el cambio climático usando una metáfora'. La respuesta tendrá mayor riqueza en el lenguaje sin perder precisión.	0.3–0.5 → Mayor originalidad y variedad en las respuestas. Útil para: • Escritura creativa. • Diálogos en guiones o novelas. Por ejemplo, 'Escribe un poema sobre el futuro de la humanidad'. La respuesta será más original y rica en expresiones poéticas.

Configurar DeepSeek según la tarea

Para respuestas precisas y estructuradas (traducciones, código, informes técnicos):

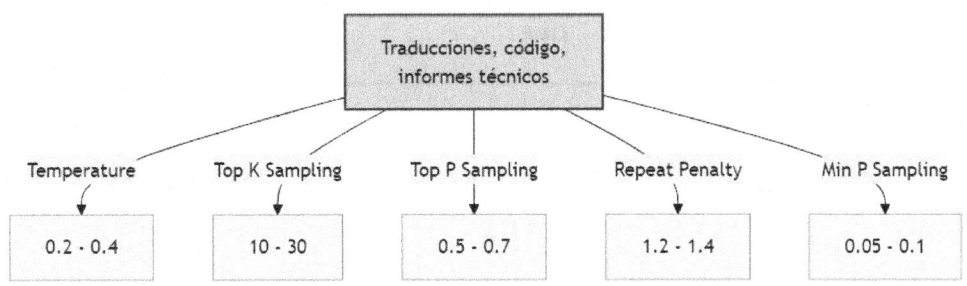

- ⚑ Temperature: 0.2–0.4
- ⚑ Top K Sampling: 10–30
- ⚑ Top P Sampling: 0.5–0.7
- ⚑ Repeat Penalty: 1.2–1.4
- ⚑ Min P Sampling: 0.05–0.1

Para respuestas equilibradas (explicaciones técnicas, contenido educativo, informes narrados):

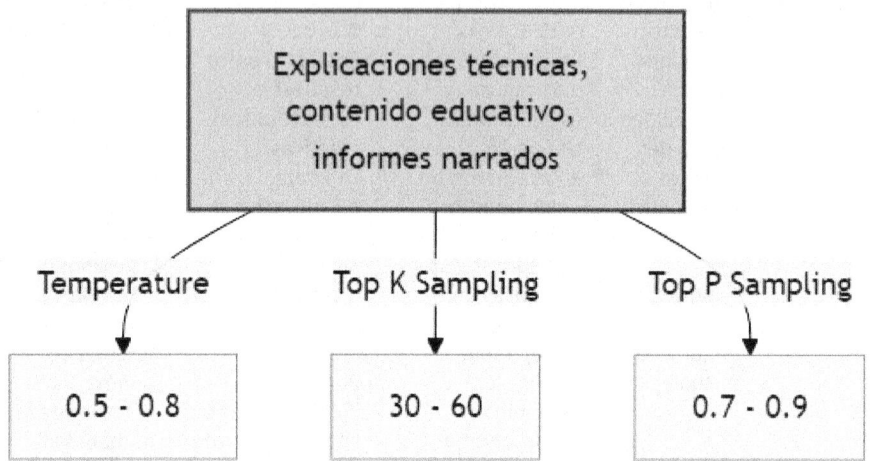

▶ Temperature: 0.5–0.8
▶ Top K Sampling: 30–60
▶ Top P Sampling: 0.7–0.9

Para creatividad y escritura libre (historias, guiones, ideas nuevas):

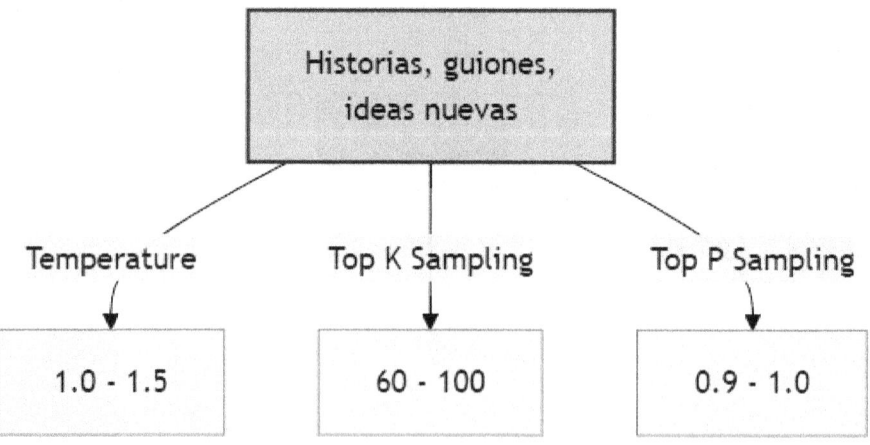

▶ Temperature: 1.0–1.5
▶ Top K Sampling: 60–100
▶ Top P Sampling: 0.9–1.0

7.2.3 DeepSeek en entornos empresariales y colaborativos

Para que una empresa aproveche al máximo DeepSeek, es importante integrarlo con otras herramientas que ya forman parte del flujo de trabajo. Afortunadamente, DeepSeek es lo suficientemente flexible como para adaptarse a diversos entornos sin necesidad de modificar por completo la infraestructura tecnológica existente.

Las empresas generan y almacenan grandes volúmenes de información en bases de datos internas, plataformas de documentación y sistemas de gestión del conocimiento. DeepSeek puede integrarse con estas herramientas para facilitar el acceso a información clave y optimizar la búsqueda de documentos relevantes.

DeepSeek puede integrarse con plataformas como **Notion, Confluence o SharePoint**, permitiendo a los empleados hacer preguntas en lenguaje natural sobre documentos internos y recibir respuestas precisas sin necesidad de buscar manualmente entre múltiples archivos.

Por ejemplo, un empleado podría preguntarle a DeepSeek:

"¿Cuál es la política de teletrabajo de la empresa?"

Si DeepSeek está conectado a Confluence o SharePoint, recuperará automáticamente la información de la documentación corporativa y proporcionará una respuesta clara y estructurada.

Muchas empresas utilizan chatbots para responder preguntas frecuentes de los empleados sobre políticas internas, beneficios o procesos administrativos. Integrando DeepSeek en plataformas de **Slack, Microsoft Teams o Google Chat**, se puede crear un asistente virtual que automatice la gestión de consultas sin necesidad de intervención humana.

Por ejemplo, en un canal de Slack de una empresa, un empleado podría escribir:

"¿Cuántos días de vacaciones tengo disponibles?"

DeepSeek podría conectarse con el sistema de gestión de recursos humanos (HRMS) y devolver la información en segundos, reduciendo la carga de trabajo del departamento de RR.HH.

Sitio web de Slack

Los equipos de desarrollo pueden beneficiarse de DeepSeek como asistente de codificación, automatización de documentación y generación de código optimizado.

DeepSeek puede conectarse con entornos de desarrollo como **VS Code, JetBrains (IntelliJ, PyCharm) o Jupyter Notebook** para ayudar a los programadores con generación de código, depuración y explicación de funciones complejas.

Descarga de VS code

▶ Un desarrollador podría escribir un comentario en su código y pedirle a DeepSeek que complete una función siguiendo ese enunciado.

▶ También puede sugerir mejoras en la estructura del código, optimizar algoritmos o detectar errores comunes en la sintaxis.

DeepSeek puede integrarse con **GitHub, GitLab o Bitbucket** para generar documentación de código automáticamente, revisar commits y sugerir mejores prácticas.

Por ejemplo, si un equipo está trabajando en un nuevo módulo y quiere asegurarse de que el código está bien documentado, DeepSeek podría generar automáticamente descripciones para cada función y añadir comentarios explicativos en los archivos del repositorio.

Las empresas que trabajan con grandes volúmenes de información pueden usar DeepSeek para procesar datos, generar informes y facilitar la toma de decisiones.

DeepSeek puede integrarse con plataformas como **Power BI, Tableau y Google Data Studio** para analizar datos en lenguaje natural.

▶ Un analista de negocios podría preguntar: *"¿Cuáles fueron las ventas del último trimestre por categoría de producto?"*

▶ DeepSeek extraería los datos de la base de datos y generaría un resumen claro o incluso un informe con gráficos explicativos.

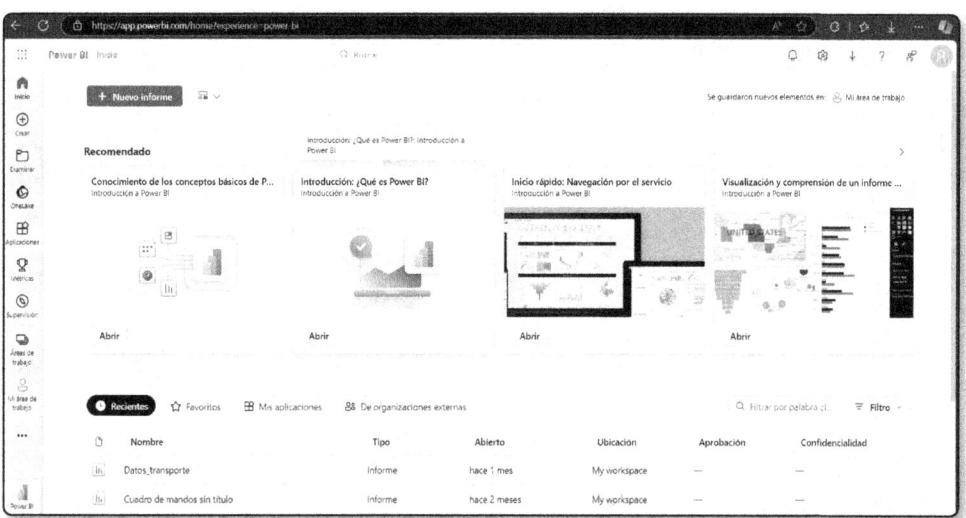

Plataforma Power BI

Esto es especialmente útil para directivos y empleados que necesitan tomar decisiones rápidas basadas en información estructurada sin necesidad de conocimientos avanzados en análisis de datos.

DeepSeek puede conectarse a bases de datos como **PostgreSQL, MySQL o MongoDB** para generar consultas en SQL de manera automática.

Por ejemplo, un usuario podría escribir en lenguaje natural:

"Muéstrame los clientes que han realizado compras superiores a 500€ en los últimos 6 meses".

DeepSeek interpretaría la petición y generaría una consulta SQL correcta, facilitando el trabajo de los analistas de datos y reduciendo errores humanos en la escritura de consultas.

La ejecución de DeepSeek en local permite su uso en entornos que requieren estrictos controles de seguridad y cumplimiento normativo, como empresas del sector financiero, sanitario o gubernamental.

DeepSeek puede integrarse con plataformas de **gestión de cumplimiento normativo (GRC)** para ayudar a empresas a analizar documentos legales y evaluar riesgos.

Por ejemplo, una firma de abogados podría usar DeepSeek para extraer cláusulas clave de un contrato y generar un resumen con los puntos más importantes, facilitando la revisión legal de documentos extensos.

DeepSeek también puede usarse en entornos de ciberseguridad, integrándose con **SIEMs como Splunk o Elastic Security** para analizar registros de eventos y detectar patrones sospechosos.

Sitio web de Elastic Security

Un analista de seguridad podría preguntarle a DeepSeek:

"¿Se han detectado accesos inusuales en los servidores en las últimas 24 horas?"

DeepSeek analizaría los logs de seguridad y generaría un informe detallado sobre posibles amenazas.

Las empresas que ofrecen servicios al público pueden utilizar DeepSeek para mejorar la interacción con sus clientes y optimizar la creación de contenido.

DeepSeek puede incorporarse en plataformas como **Zendesk, Intercom o Freshdesk** para automatizar la atención al cliente y proporcionar respuestas precisas a preguntas frecuentes.

Un cliente podría escribir en un chat:

"¿Cuáles son las condiciones de reembolso?"

DeepSeek buscaría la información en la base de datos de la empresa y generaría una respuesta basada en la política de devoluciones vigente.

DeepSeek puede integrarse con **Google Ads, HubSpot o WordPress** para generar textos publicitarios optimizados para SEO y estrategias de contenido digital.

Sitio web de Google Ads

Un equipo de marketing podría pedirle a DeepSeek que redacte un artículo optimizado con palabras clave relevantes o que genere anuncios para una campaña de Google Ads.

7.2.4 Limitaciones y mejores prácticas en la personalización

Personalizar DeepSeek es una gran ventaja cuando se ejecuta en local, ya que permite ajustar el modelo según las necesidades específicas del usuario o de la empresa. Sin embargo, esta flexibilidad también conlleva ciertos riesgos si la configuración no se realiza correctamente. Elegir valores inadecuados en los parámetros o definir instrucciones mal estructuradas en el **System Prompt** puede llevar a respuestas incoherentes, imprecisas o incluso incorrectas. Por ello, es importante conocer cuáles son las principales limitaciones en la personalización de DeepSeek y seguir una serie de buenas prácticas para optimizar su rendimiento en función de la tarea específica.

Cuando se personaliza DeepSeek, especialmente a través de ajustes como **Temperature, Top P Sampling, Top K Sampling y Repeat Penalty**, es fácil caer en valores extremos que pueden hacer que las respuestas del modelo sean impredecibles o demasiado rígidas:

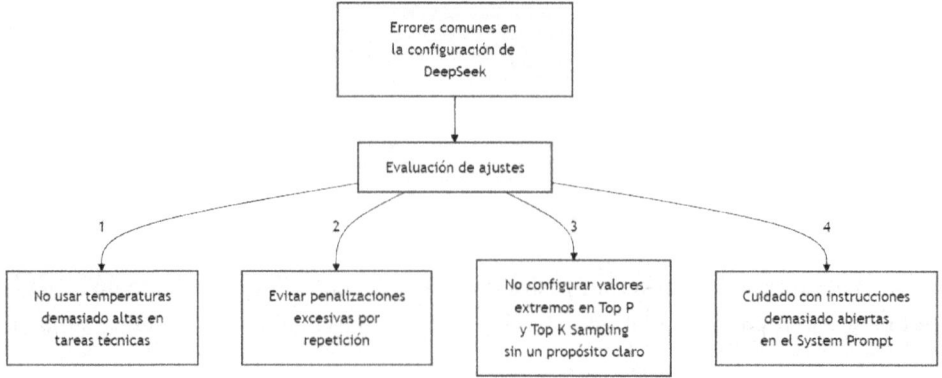

1. **No usar temperaturas demasiado altas en tareas técnicas**

El parámetro **Temperature** controla la creatividad del modelo. Si se configura con un valor alto (por ejemplo, 1.5 o más), el modelo generará respuestas más variadas y creativas, lo que es útil para escritura creativa o brainstorming, pero no para tareas que requieren precisión.

- **Problema**: si se usa una temperatura alta en programación o traducción técnica, DeepSeek podría "inventar" partes del código o modificar términos técnicos de forma incorrecta.

- **Solución**: para tareas técnicas o de precisión (código, cálculos matemáticos, análisis de datos), se recomienda mantener la **Temperature** entre **0.2 y 0.4** para garantizar respuestas más estructuradas y coherentes.

2. **Evitar penalizaciones excesivas por repetición**

El parámetro **Repeat Penalty** se usa para evitar que DeepSeek repita palabras o frases innecesariamente. Sin embargo, si se establece un valor demasiado alto (1.5 o más), el modelo puede forzar tanto la variabilidad que termine generando respuestas con palabras poco comunes o reformulaciones confusas.

- **Problema**: un usuario puede notar que DeepSeek evita repetir información importante, lo que hace que sus explicaciones sean demasiado abstractas o poco claras.

- **Solución**: para evitar este problema, se recomienda establecer un **Repeat Penalty** entre **1.1 y 1.3**, permitiendo un equilibrio entre claridad y variedad en las respuestas.

3. **No configurar valores extremos en Top P y Top K Sampling sin un propósito claro**

Los parámetros **Top P Sampling** y **Top K Sampling** determinan cuántas opciones de palabras considera el modelo al generar una respuesta. Si se configuran con valores demasiado bajos, la IA solo elegirá palabras muy comunes, lo que puede hacer que las respuestas sean poco variadas o demasiado predecibles. Por el contrario, si se configuran con valores muy altos, la IA puede elegir palabras más inusuales, lo que puede generar respuestas incoherentes.

- **Problema**: si **Top K** está en **10-20**, el modelo será demasiado repetitivo y poco creativo. Si está en **80-100**, puede producir respuestas con palabras poco comunes o mal estructuradas.

- **Solución**: para tareas estructuradas como generación de código o explicaciones técnicas, se recomienda un **Top K** entre **20 y 40** y un **Top P** entre **0.5 y 0.7**. Para tareas más creativas como generación de historias o brainstorming, se pueden usar valores más altos, como **Top K 60-80** y **Top P 0.9-1.0**.

4. **Cuidado con instrucciones demasiado abiertas en el System Prompt**

Uno de los errores más comunes en la personalización de DeepSeek es definir un **System Prompt** con instrucciones ambiguas o demasiado generales.

- **Problema**: si el System Prompt es demasiado amplio, DeepSeek podría no saber cómo estructurar sus respuestas.

- **Solución**: es mejor definir instrucciones claras y específicas. Por ejemplo, en lugar de escribir:

"Responde de forma clara y útil".

Se puede especificar algo más detallado:

"Responde de manera clara y detallada, con explicaciones paso a paso cuando sea necesario. Usa un tono profesional y evita información innecesaria".

Cada tarea requiere una configuración distinta para obtener el mejor rendimiento de DeepSeek. A continuación, se exponen algunas recomendaciones para optimizar la IA según el uso que le vayas a dar.

Para tareas técnicas y generación de código

Si se usa DeepSeek para escribir código, depurar errores o generar consultas en SQL, se recomienda:

- **Temperature: 0.2–0.4** (máxima precisión).
- **Top K Sampling: 10–30** (control sobre las respuestas).
- **Top P Sampling: 0.5–0.7** (coherencia en las respuestas).
- **Repeat Penalty: 1.2–1.3** (evita repeticiones excesivas).

Por ejemplo, si un programador necesita generar una función en Python, es mejor que DeepSeek ofrezca respuestas predecibles y estructuradas en lugar de generar soluciones demasiado creativas que podrían contener errores.

Para redacción de contenido y escritura creativa

Si DeepSeek se usa para escribir artículos, historias o contenido publicitario, es mejor que tenga más creatividad y flexibilidad en las respuestas. En este caso, se recomienda:

▸ **Temperature: 1.0–1.5** (respuestas más dinámicas y variadas).

▸ **Top K Sampling: 60–100** (mayor diversidad de palabras).

▸ **Top P Sampling: 0.9–1.0** (respuestas más expresivas).

▸ **Repeat Penalty: 1.0–1.1** (permite repeticiones naturales en diálogos o narraciones).

Por ejemplo, si un redactor quiere generar un artículo sobre tendencias tecnológicas, DeepSeek puede aportar un lenguaje más variado y natural con estas configuraciones.

Para resúmenes de documentos y tareas académicas

Cuando se usa DeepSeek para generar resúmenes de documentos técnicos o académicos, es clave priorizar la precisión y la claridad.

▸ **Temperature: 0.4–0.6** (mantiene claridad sin perder fluidez).

▸ **Top K Sampling: 30–50** (balance entre precisión y diversidad).

▸ **Top P Sampling: 0.7–0.9** (evita información innecesaria).

▸ **Repeat Penalty: 1.3–1.5** (evita redundancias en los resúmenes).

Por ejemplo, si un estudiante necesita un resumen de un artículo científico sobre ciberseguridad, DeepSeek con estas configuraciones extraerá los puntos clave sin repetir información ni divagar.

7.3 VENTAJAS DE EJECUTAR DEEPSEEK EN LOCAL

Ejecutar **DeepSeek en tu propio ordenador,** en lugar de depender de servidores en la nube, ofrece múltiples beneficios tanto para desarrolladores como para usuarios que buscan mayor privacidad, personalización y eficiencia.

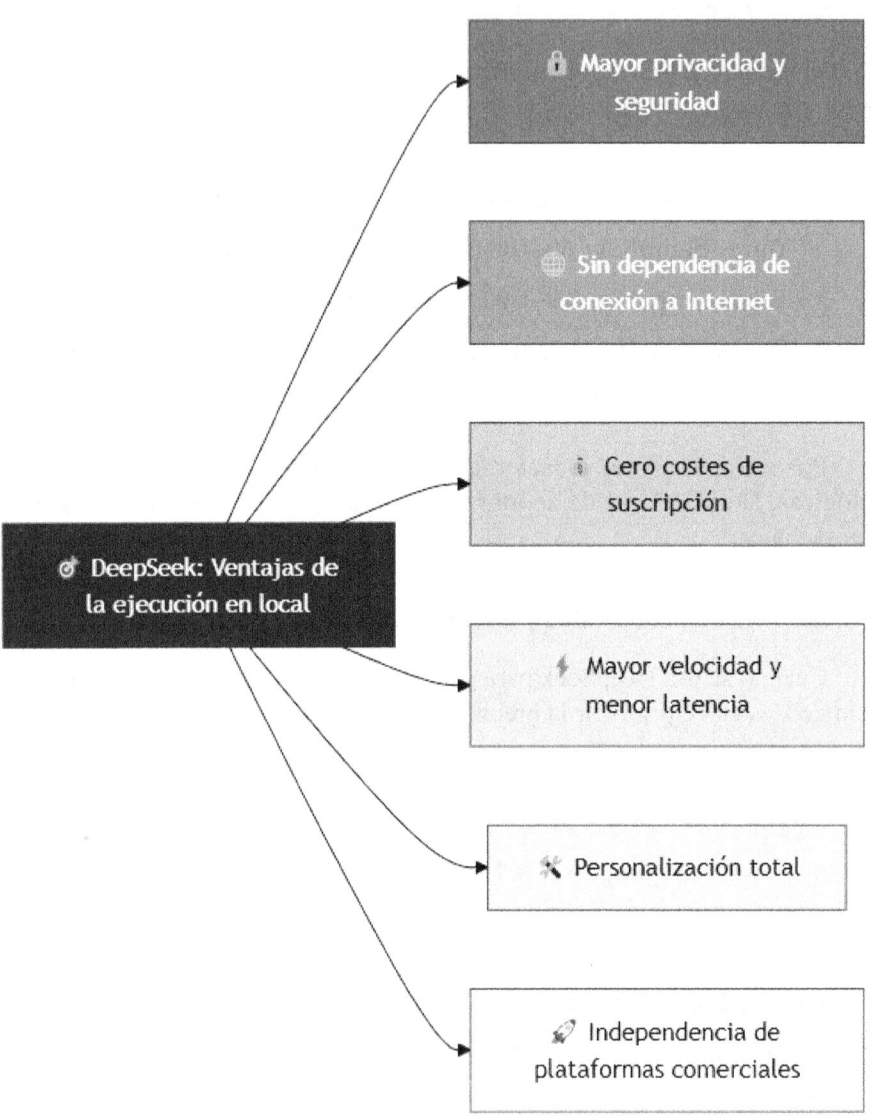

Cuando usas un modelo alojado en la nube, como ChatGPT, todas tus consultas y datos deben enviarse a servidores externos, lo que puede representar un riesgo si manejas información sensible. **Al ejecutar DeepSeek en local, todos los datos se procesan directamente en tu ordenador**, sin salir a Internet ni depender de terceros.

Este punto es clave para:

▶ **Empresas** que manejan información confidencial y no quieren exponer datos internos a plataformas externas.

▶ **Usuarios preocupados por la privacidad**, que prefieren mantener sus interacciones en su propio equipo.

▶ **Investigadores o profesionales del sector legal y médico**, donde el tratamiento de datos debe cumplir con normativas estrictas de protección de la información.

En resumen, al usar DeepSeek localmente, tienes la garantía de que **nadie más tiene acceso a tus consultas ni a los datos que procesas**.

Uno de los mayores problemas de los modelos en la nube es que **dependen de una conexión estable** para funcionar. Si la red es lenta o se cae, el acceso a la IA se interrumpe.

Ejecutar DeepSeek en local significa que **puedes usarlo en cualquier momento, incluso sin conexión a Internet**. Esto es especialmente útil en:

▶ **Ambientes de trabajo con acceso restringido a la red**, como oficinas con medidas de seguridad estrictas.

▶ **Zonas rurales o lugares con conexión inestable**, donde depender de servidores remotos no es una opción fiable.

▶ **Casos en los que necesitas IA en el momento**, sin depender de la velocidad de respuesta de un servidor externo.

Tener el modelo instalado en tu equipo garantiza que siempre puedas acceder a la IA sin preocuparte por la conectividad.

Muchos modelos de IA comerciales funcionan con un modelo de pago por suscripción. Por ejemplo, para acceder a **ChatGPT-4 necesitas pagar ChatGPT Plus**, y en muchos casos, el uso de su API también implica costos por cada consulta realizada.

DeepSeek, al ser **de código abierto**, permite su uso sin suscripciones ni pagos recurrentes. Puedes descargarlo, instalarlo y ejecutarlo sin preocuparte por tarifas ocultas o limitaciones de uso.

Esto es una gran ventaja para:

▶ **Estudiantes y pequeños desarrolladores** que no pueden pagar una suscripción mensual.

▶ **Empresas que buscan reducir costos** en el uso de inteligencia artificial sin depender de servicios externos.

▶ **Proyectos de código abierto o académicos**, donde se necesita acceso libre a modelos avanzados sin restricciones comerciales.

Con DeepSeek en local, **pagas una vez en hardware y electricidad, pero nunca por el uso del modelo.**

Cuando usas un modelo en la nube, cada consulta debe viajar a un servidor, ser procesada y luego devolverte una respuesta. Esto introduce **latencia** (tiempo de espera), especialmente si los servidores están congestionados o tu conexión no es rápida.

Con DeepSeek ejecutándose en tu propio equipo, el procesamiento se realiza **de manera inmediata**, sin demoras causadas por la red. Esto es fundamental para:

▶ **Programadores que necesitan respuestas rápidas** cuando usan IA para depuración o generación de código.

▶ **Usuarios que trabajan con grandes volúmenes de texto** y no pueden esperar tiempos de respuesta prolongados.

▶ **Casos donde se necesita IA en tiempo real**, como asistentes personales o chatbots de uso interno.

Al eliminar la necesidad de comunicarse con un servidor remoto, **DeepSeek puede ser mucho más rápido en entornos optimizados**.

Los modelos cerrados como **ChatGPT o Gemini** son genéricos y no permiten personalización directa. Puedes "entrenarlos" con instrucciones dentro de una conversación, pero no puedes modificar su funcionamiento interno o mejorar su rendimiento en áreas específicas.

Con DeepSeek en local, tienes **control total** sobre el modelo, lo que significa que puedes:

▼ **Entrenarlo con datos propios**, para que se especialice en un área concreta, como derecho, medicina, finanzas o programación.

▼ **Modificar su arquitectura**, ajustando su tamaño o cambiando cómo procesa la información.

▼ **Optimizar su desempeño**, reduciendo el consumo de memoria o mejorando su eficiencia en tareas específicas.

Esto es **clave para empresas y desarrolladores**, ya que les permite adaptar la IA a sus necesidades sin restricciones.

Al depender de modelos cerrados, los usuarios quedan atados a **las decisiones de las empresas que los controlan**. Esto significa que en cualquier momento:

▼ **Pueden cambiar los precios** o limitar funciones gratuitas.

▼ **Pueden eliminar características** o modificar su funcionamiento.

▼ **Pueden dejar de dar soporte** si la empresa decide descontinuar el modelo.

DeepSeek, al ser **de código abierto y ejecutable en local**, te da total independencia. No importa lo que ocurra con OpenAI, Google u otras empresas, siempre tendrás acceso a la IA sin restricciones comerciales.

Aunque requiere un poco más de configuración inicial y un equipo con recursos suficientes, las ventajas de instalar DeepSeek de manera local son enormes en comparación con depender de plataformas cerradas en la nube.

7.4 OPTIMIZACIÓN DEL RENDIMIENTO EN EQUIPOS LOCALES

Si quieres usar **DeepSeek en tu ordenador**, pero notas que va lento o que consume demasiados recursos, no te preocupes, hay varias maneras de optimizar su rendimiento. No todos los ordenadores están diseñados para manejar modelos de IA pesados, pero con algunos ajustes puedes hacer que funcione sin problemas, incluso en equipos con menos potencia.

Lo primero que debes hacer es asegurarte de que estás usando **una versión de DeepSeek que tu PC pueda manejar**. Existen modelos más ligeros que consumen menos memoria y procesador, gracias a una técnica llamada **cuantización**, que reduce el tamaño del modelo sin afectar demasiado su precisión.

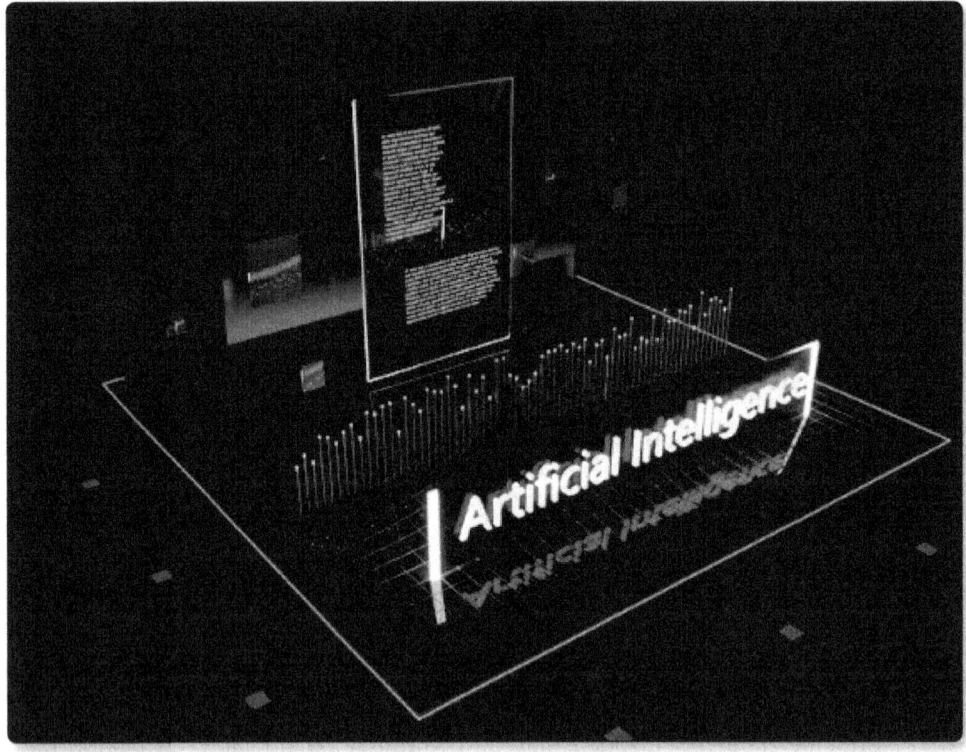

Si tu PC **tiene poca RAM o no tiene una GPU potente**, lo mejor es descargar un modelo más pequeño, como **DeepSeek 7B GGUF Q4_0 o Q5_1**. Estos modelos están optimizados para ejecutarse en ordenadores con menos recursos.

Si tienes **una tarjeta gráfica decente (como una NVIDIA GTX 1650 o superior)**, puedes permitirte usar una versión más grande, como **Q6_K o modelos optimizados para CUDA**. Esto mejorará la precisión sin sacrificar demasiado el rendimiento.

Si tu ordenador tiene una tarjeta gráfica NVIDIA, puedes hacer que DeepSeek funcione **mucho más rápido** instalando **CUDA**, una tecnología que permite a la GPU encargarse de los cálculos en lugar del procesador.

Para activarlo, solo tienes que:

1. Descargar **CUDA** desde la página de NVIDIA: https://developer.nvidia.com/cuda-downloads.

2. Instalarlo y asegurarte de que está funcionando correctamente.

3. Configurar **LM Studio u Ollama** para que use la GPU en lugar del procesador.

Si tienes una tarjeta gráfica **AMD**, el equivalente a CUDA es **ROCm**, aunque su compatibilidad es más limitada.

Si tu ordenador **no tiene GPU dedicada**, no pasa nada, puedes seguir usando DeepSeek, pero necesitarás optimizarlo aún más para que funcione bien.

Los modelos de IA necesitan **mucha RAM y procesamiento**, así que lo mejor es cerrar cualquier programa que esté usando recursos en segundo plano antes de ejecutar DeepSeek.

Si tienes **muchas pestañas abiertas en el navegador**, ciérralas. Si estás usando **programas pesados como editores de video o juegos**, apágalos antes de iniciar DeepSeek.

Puedes revisar qué programas están consumiendo más memoria en:

▶ **Windows:** abre el **Administrador de tareas (Ctrl + Shift + Esc)** y revisa el consumo de CPU y RAM.

▶ **Mac:** usa el **Monitor de actividad** para ver qué apps están usando más recursos.

Cuantos más recursos liberes, **mejor funcionará DeepSeek** en tu ordenador.

Si usas **LM Studio** para ejecutar DeepSeek, puedes **ajustar algunas configuraciones** para que el modelo no consuma tantos recursos:

- ▶ **Reducir la cantidad de tokens generados** en cada respuesta: esto evita que DeepSeek use más memoria de la necesaria.

- ▶ **Ajustar el número de hilos de CPU utilizados**: si tu procesador se calienta demasiado o notas que el ordenador se ralentiza, baja el número de hilos de procesamiento.

- ▶ **Activar la GPU si tienes una**, para que DeepSeek use la tarjeta gráfica en lugar del procesador.

Si usas **Ollama**, también puedes modificar su configuración para que consuma menos RAM y CPU.

Si DeepSeek tarda mucho en cargar o las respuestas se generan con demasiada lentitud, puede que el problema no sea el procesador, sino **el disco duro**.

Si usas un **HDD (disco duro mecánico)**, considera cambiar a un **SSD (disco de estado sólido)**. Los SSD son **mucho más rápidos**, lo que reduce los tiempos de carga y hace que DeepSeek funcione de manera más fluida.

Si ya tienes un SSD, asegúrate de que **DeepSeek y LM Studio están instalados en ese disco** y no en otro más lento.

7.5 CARACTERÍSTICAS AVANZADAS DE DEEPSEEK EN LOCAL: USO PRÁCTICO EN DIVERSOS CONTEXTOS

La versión local de **DeepSeek** ofrece una gran cantidad de opciones avanzadas que permiten personalizar su funcionamiento según el contexto en el que se utilice. A diferencia de la versión en la nube, donde muchas de estas configuraciones están predefinidas y no pueden modificarse, en local se tiene **control total sobre la generación de texto**, lo que hace que sea especialmente útil en entornos como el desarrollo de software, la investigación académica, la generación de contenido creativo y la asistencia virtual.

Por ejemplo, en el ámbito del **desarrollo de software**, las opciones avanzadas permiten que DeepSeek se adapte a las necesidades del programador. Con la configuración de **System Prompt**, se puede indicar que todas las respuestas sigan un estándar específico, como asegurarse de que el código generado cumpla con las reglas de estilo de Python (**PEP 8**) o que las explicaciones sean detalladas. Además, ajustar la **Temperature** a un valor bajo, como 0.2, hace que las respuestas sean más precisas y coherentes, evitando sugerencias creativas innecesarias que podrían introducir errores en el código. Para quienes trabajan en depuración, la penalización por repetición (**Repeat Penalty**) puede ayudar a evitar respuestas redundantes, asegurando información más clara y efectiva.

En el caso de **escritores y creadores de contenido**, la posibilidad de modificar la **Temperature, Top K Sampling y Top P Sampling** es clave para controlar el nivel de creatividad del modelo. Un valor alto de **Temperature** (1.2 o más) permite que las respuestas sean más variadas, lo que resulta útil para generar ideas para una historia o crear descripciones más expresivas. Si se busca evitar repeticiones y mejorar la originalidad del texto, aumentar el **Top K Sampling** (40–80) garantiza que el modelo utilice un vocabulario más amplio. Esto es especialmente útil para novelistas, guionistas o periodistas que necesitan inspiración para redactar en diferentes estilos.

En el ámbito de la **investigación académica**, donde se requiere precisión y síntesis, la opción de **Limit Response Length** permite generar resúmenes concisos de textos extensos, evitando que el modelo divague o agregue información innecesaria. Además, un **Min P Sampling** bajo (0.05–0.1) ayuda a filtrar respuestas menos relevantes y enfocarse solo en información clave. Esto es especialmente útil para investigadores que analizan documentos científicos, leyes o informes extensos y necesitan obtener los puntos más importantes en poco tiempo. Otra funcionalidad valiosa es la posibilidad de cambiar el modo de visualización a **Markdown** en la configuración de apariencia, lo que facilita la estructuración de textos y resúmenes de manera más ordenada.

Para quienes desarrollan **asistentes virtuales personalizados o chatbots**, la capacidad de ajustar el **System Prompt** es crucial para garantizar que DeepSeek mantenga un tono y un estilo de comunicación coherente. Por ejemplo, en un chatbot de soporte técnico, se puede establecer que siempre responda de manera formal y técnica, evitando respuestas demasiado informales o abiertas. Además, con un **Top P Sampling** bajo (0.5–0.7), se asegura que el asistente genere respuestas más estructuradas y confiables, en lugar de ofrecer opciones demasiado variadas que podrían confundir al usuario. También es útil la opción de **guardar y gestionar chats localmente**, ya que permite archivar conversaciones y revisarlas en el futuro sin depender de la nube.

Otro contexto en el que la versión local de DeepSeek se vuelve indispensable es en **entornos de baja conectividad o con restricciones de seguridad**. En empresas o instituciones donde no se permite enviar datos a servidores externos, la capacidad de ejecutar DeepSeek sin conexión a Internet es una gran ventaja. Además, la opción de **"Show in File Explorer"** facilita el acceso y la organización de los archivos de conversación, algo que no es posible en la versión en la nube. Esto es especialmente útil en sectores como la ciberseguridad, donde el análisis de datos y la toma de decisiones deben realizarse en entornos completamente aislados de redes externas.

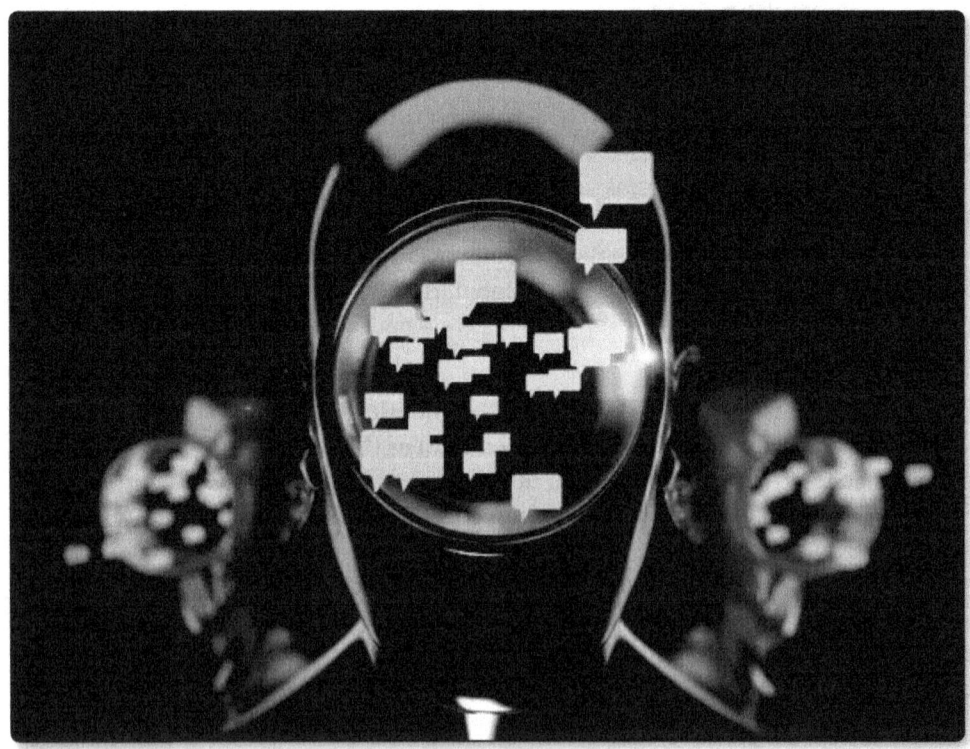

A continuación, se presentan **10 aplicaciones concretas** en distintos ámbitos donde las opciones avanzadas de configuración pueden marcar una gran diferencia:

1. **Generación de código optimizado en desarrollo de software**

   Un desarrollador que utilice DeepSeek en local como asistente de codificación puede configurarlo para generar código optimizado y alineado con las buenas prácticas de programación. Para lograrlo, puede aprovechar varias de las opciones avanzadas disponibles en la versión local, que le permiten adaptar la IA a su flujo de trabajo y necesidades específicas.

   Para empezar, puede definir un System Prompt que establezca directrices claras sobre el código que debe generar DeepSeek. Por ejemplo, puede escribir: *"Escribe código en Python siguiendo las convenciones de PEP 8, incluyendo comentarios explicativos en cada función y evitando redundancias innecesarias"*. De esta manera, cada vez que le pida ayuda con una función o bloque de código, la IA respetará estas normas sin necesidad de repetir la instrucción en cada consulta.

   Además, ajustar la Temperature a un valor bajo, como 0.2 o 0.3, garantizará que el código generado sea preciso y consistente, evitando soluciones demasiado creativas o con estructuras no convencionales. También puede utilizar Repeat Penalty para reducir la posibilidad de que DeepSeek genere fragmentos repetitivos o redundantes.

   Otra opción útil es la personalización del muestreo de palabras con Top K Sampling y Top P Sampling. Configurando un Top P bajo (0.5–0.7), el modelo priorizará respuestas más seguras y estructuradas, lo que es ideal para generar código que funcione de manera eficiente sin introducir enfoques demasiado experimentales.

   Un desarrollador también puede beneficiarse de la opción de gestionar y guardar conversaciones con DeepSeek. Gracias a la funcionalidad de Show in File Explorer, puede acceder fácilmente a fragmentos de código generados en sesiones anteriores, permitiéndole reutilizar soluciones previamente aprobadas sin necesidad de reescribir consultas.

2. **Chatbots de atención al cliente con respuestas consistentes**

   Un banco que implemente DeepSeek en local como asistente de atención al cliente puede garantizar respuestas consistentes, seguras y alineadas con su política corporativa, sin exponer información sensible a servidores externos. A diferencia de una solución basada en la nube, ejecutar DeepSeek en los sistemas internos del banco permite un control total sobre el procesamiento de datos, lo que es crucial en el sector financiero, donde la confidencialidad es una prioridad.

Para optimizar su funcionamiento, el equipo de TI del banco puede configurar un System Prompt específico, asegurando que DeepSeek responda siempre con un tono profesional y con información clara y verificada. Por ejemplo, se puede definir un prompt como: *"Responde en un tono formal y claro, explicando los productos financieros del banco sin hacer recomendaciones de inversión y sin dar consejos personalizados"*. De esta manera, todas las interacciones del chatbot mantendrán coherencia y evitarán información ambigua o fuera de las normativas.

Además, ajustando Top P Sampling a un valor bajo (0.5–0.7), se consigue que el chatbot priorice respuestas seguras y estructuradas, evitando improvisaciones o variaciones innecesarias en la forma de responder. También es recomendable establecer un Repeat Penalty adecuado para evitar que el asistente repita frases innecesariamente o genere respuestas redundantes.

Otro beneficio clave de ejecutar DeepSeek en local es la posibilidad de integrarlo con la base de datos interna del banco, lo que le permite acceder a información actualizada sobre productos financieros, tasas de interés y políticas sin depender de una conexión externa. Además, la función de Show in File Explorer permite almacenar un registro local de las conversaciones, útil para auditorías internas y para garantizar que el chatbot cumple con las normativas bancarias y de protección al consumidor.

3. **Redacción de artículos optimizados para SEO**

Un redactor especializado en tecnología puede utilizar DeepSeek en local para generar artículos optimizados para SEO, asegurando que las palabras clave se integren de manera natural sin caer en repeticiones forzadas. A diferencia de herramientas en la nube, la versión local permite un control total sobre el tono, la estructura y la creatividad del contenido, lo que es clave para mantener una calidad alta en la escritura.

Para lograr un artículo bien estructurado, el redactor puede configurar un System Prompt con instrucciones precisas. Por ejemplo: *"Escribe artículos sobre tendencias tecnológicas con un tono profesional, incorporando palabras clave de manera natural y evitando repeticiones innecesarias. Usa una estructura clara con introducción, desarrollo y conclusión"*. Esto garantiza que el modelo genere textos con una lógica coherente, sin necesidad de correcciones constantes.

Ajustar Temperature a un nivel moderado (0.8–1.0) permite que el contenido sea dinámico y creativo, evitando respuestas demasiado rígidas. Además, configurando Top K Sampling en un valor alto (40–80), el redactor puede asegurarse de que DeepSeek utilice un vocabulario variado, enriqueciendo el texto sin hacer que suene repetitivo. Para mayor precisión, también puede reducir la Repeat Penalty (1.1–1.2), evitando que el modelo repita frases o estructuras de manera innecesaria.

Otra ventaja de la versión local es la posibilidad de guardar y gestionar las conversaciones. Si un redactor trabaja en varios artículos sobre el mismo tema, puede acceder a respuestas anteriores a través de Show in File Explorer, reutilizando fragmentos sin depender de copias manuales.

4. **Resúmenes de documentos extensos en investigación académica**

   Un estudiante de derecho que necesita analizar una sentencia judicial de 100 páginas puede utilizar DeepSeek en local para generar un resumen preciso y bien estructurado en pocos párrafos. A diferencia de los modelos en la nube, donde los límites de tokens pueden restringir la cantidad de texto procesado, la versión local permite ajustar la longitud de respuesta y personalizar el nivel de detalle según las necesidades del usuario.

   Para lograr un resumen efectivo, el estudiante puede configurar System Prompt con una instrucción clara, como: *"Extrae los puntos clave de este documento legal y preséntalos de forma concisa y estructurada, diferenciando los antecedentes, argumentos y la decisión final".* Esto garantizará que DeepSeek organice la información de manera lógica y útil para el análisis.

   Además, con la opción Limit Response Length, se puede definir un límite de tokens para evitar que el modelo genere respuestas demasiado largas. Ajustando Min P Sampling a un valor bajo (0.05–0.1), se priorizan los conceptos más relevantes y se evita información redundante. Esto es especialmente útil para estudiantes que deben procesar grandes volúmenes de texto en poco tiempo.

   Otra ventaja de la ejecución en local es la gestión de archivos. Gracias a Show in File Explorer, el estudiante puede guardar los resúmenes generados y organizarlos en su ordenador sin depender de plataformas externas, asegurando privacidad y acceso rápido a sus documentos.

5. **Generación de guiones y diálogos para cine o videojuegos**

   Un escritor de videojuegos puede utilizar DeepSeek en local para generar diálogos dinámicos y realistas para distintos personajes, asegurando que cada uno tenga una voz única y diferenciada. A diferencia de los modelos en la nube, donde las respuestas pueden ser más genéricas y menos ajustables, la versión local permite controlar el tono, la estructura y la coherencia de los diálogos de manera precisa.

Para lograrlo, el guionista puede configurar un System Prompt detallado, como: *"Genera diálogos para un videojuego de aventura. Cada personaje debe tener un estilo de habla único: un guerrero serio y directo, un mago sabio con un tono poético y un mercader astuto y carismático. Usa frases que reflejen sus personalidades"*. Esto garantiza que DeepSeek genere interacciones más auténticas y adaptadas al contexto narrativo.

Ajustando Temperature a un nivel alto (1.2–1.5), se consigue que los diálogos sean más creativos y variados, evitando respuestas predecibles. Además, con un Top K Sampling elevado (40–80), el modelo seleccionará opciones de palabras más diversas, haciendo que cada personaje tenga un lenguaje más distintivo.

Otra funcionalidad útil en la versión local es la posibilidad de guardar y revisar conversaciones anteriores, gracias a Show in File Explorer. Esto permite al guionista recuperar líneas de diálogo generadas previamente y mantener la coherencia en la historia sin perder fragmentos valiosos.

6. **Traducción y adaptación de textos en entornos profesionales**

Un bufete de abogados que maneja documentos legales en varios idiomas puede utilizar DeepSeek en local para traducir contratos sin comprometer la confidencialidad de la información. A diferencia de las soluciones en la nube, donde los datos se envían a servidores externos, la ejecución en local permite procesar documentos de manera segura y privada, evitando riesgos legales asociados a la filtración de información sensible.

Para garantizar una traducción precisa y alineada con el lenguaje jurídico, el bufete puede configurar un System Prompt como: *"Traduce contratos legales manteniendo la terminología jurídica específica. Asegúrate de que el significado no se altere y respeta la estructura formal del documento"*. Esto evitará traducciones literales incorrectas y asegurará que los términos legales se interpreten correctamente.

Además, ajustando Repeat Penalty, se puede reducir la repetición de frases comunes en documentos legales, haciendo que las traducciones sean más fluidas y naturales. Un Top P Sampling moderado (0.6–0.8) permitirá que el modelo mantenga coherencia sin perder precisión en la terminología.

Otra ventaja de la versión local es la posibilidad de gestionar archivos de traducción con Show in File Explorer, lo que facilita el acceso rápido a documentos traducidos sin necesidad de depender de servidores externos. Esto resulta fundamental en bufetes que manejan documentos sensibles como acuerdos de confidencialidad, contratos de compraventa o términos de servicio.

7. **Creación de informes técnicos en sectores industriales**

Un ingeniero de seguridad informática que realiza auditorías de sistemas puede utilizar DeepSeek en local para generar informes automatizados sobre vulnerabilidades detectadas, ahorrando tiempo en la redacción y asegurando que los datos técnicos sean presentados de manera estructurada. A diferencia de los modelos en la nube, donde el acceso a información confidencial puede ser riesgoso, la ejecución en local permite trabajar con datos internos sin exponerlos a servidores externos, garantizando el cumplimiento de normativas de seguridad.

Para que DeepSeek genere informes de manera precisa, el ingeniero puede configurar un System Prompt como: *"Genera informes de auditoría de seguridad informática con un tono técnico y preciso. Incluye una descripción de las vulnerabilidades detectadas, su nivel de riesgo y recomendaciones para mitigarlas"*. Esto asegurará que el documento tenga una estructura clara y profesional, adaptada a los estándares del sector.

Ajustando Limit Response Length, se puede controlar la extensión de los informes, evitando descripciones demasiado largas o imprecisas. Además, un Min P Sampling bajo (0.05–0.1) garantizará que la información generada se centre en los datos más relevantes sin desviaciones innecesarias.

Otra funcionalidad clave es la posibilidad de almacenar y gestionar informes previos con Show in File Explorer, lo que permite a los ingenieros acceder a documentos anteriores y mantener un historial de auditorías de seguridad sin depender de almacenamiento en la nube.

8. **Generación de contenido educativo y explicaciones didácticas**

Una profesora de matemáticas puede utilizar DeepSeek en local para generar explicaciones adaptadas a distintos niveles educativos, desde secundaria hasta la universidad. A diferencia de los modelos en la nube, donde las respuestas pueden ser más generalistas y difíciles de personalizar, la versión local permite ajustar el nivel de profundidad, la estructura de las respuestas y el tono pedagógico de acuerdo con las necesidades de los estudiantes.

Para asegurarse de que DeepSeek explique los conceptos de forma clara, la profesora puede configurar un System Prompt como: *"Explica conceptos de cálculo diferencial para estudiantes de secundaria con ejemplos sencillos y paso a paso. Usa un lenguaje accesible y evita términos avanzados a menos que sean necesarios"*. Esto garantizará que las respuestas sean comprensibles para su audiencia.

Si la profesora necesita que las explicaciones sean más detalladas, puede aumentar la Temperature (0.8–1.0), lo que permitirá que el modelo explore más ejemplos y diferentes maneras de explicar un mismo tema. También puede utilizar Top K Sampling en un nivel moderado (30–50) para evitar que las respuestas sean demasiado repetitivas y lograr una mayor diversidad en los ejemplos.

Otra ventaja de usar DeepSeek en local es la posibilidad de gestionar y guardar explicaciones previas con Show in File Explorer. Esto permite a la profesora reutilizar contenido ya generado para elaborar material didáctico, exámenes o guías de estudio sin depender de plataformas en la nube.

9. **Planificación de proyectos y gestión de tareas**

Un gestor de proyectos en una empresa de construcción puede utilizar DeepSeek en local para generar planes de trabajo detallados, asignar tareas y optimizar la gestión de recursos, sin depender de software en la nube que pueda comprometer la seguridad de la información interna.

Para estructurar un plan de trabajo eficiente, el gestor puede configurar un System Prompt con instrucciones específicas, como: *"Genera un plan de trabajo detallado para un proyecto de construcción de 6 meses. Incluye fases de planificación, ejecución y control, con tareas específicas para cada etapa y tiempos estimados"*. Esto permitirá que DeepSeek genere un esquema estructurado y bien organizado.

Ajustando Limit Response Length, se puede definir la extensión de las respuestas para obtener planes de trabajo más concisos o detallados según sea necesario. Además, con un Top P Sampling bajo (0.6–0.7), se puede garantizar que las recomendaciones sean más precisas y menos especulativas.

Una de las grandes ventajas de la versión local es la posibilidad de guardar y modificar planes previos con Show in File Explorer, lo que permite reutilizar plantillas de planificación para distintos proyectos, agilizando el proceso sin necesidad de crear documentos desde cero en cada nueva obra.

10. **Uso en entornos sin conexión y de alta seguridad**

Un equipo de analistas de inteligencia puede usar DeepSeek en local para procesar información sin que esta salga de una red aislada.

Un equipo de analistas de inteligencia que maneja información sensible puede utilizar DeepSeek en local para procesar datos sin que estos salgan de una red aislada, garantizando privacidad total y protección contra filtraciones. A diferencia de los modelos en la nube, donde todas las consultas se envían a servidores externos, la ejecución en local permite operar en un entorno completamente cerrado, algo fundamental en sectores como ciberseguridad, defensa o inteligencia corporativa.

Para optimizar su uso, el equipo puede configurar un System Prompt con directrices específicas, como: *"Analiza documentos de inteligencia y resume los datos clave con un enfoque analítico y estructurado. Prioriza la identificación de patrones y riesgos potenciales sin especulaciones".* Esto asegurará que DeepSeek procese la información de manera clara y relevante, sin desviaciones innecesarias.

Además, gracias a la opción de Limit Response Length, se pueden obtener resúmenes concisos de grandes volúmenes de datos, lo que facilita el análisis rápido de informes extensos. Ajustando Min P Sampling a un valor bajo (0.05–0.1), el modelo se enfocará en la información más relevante, descartando detalles irrelevantes.

Otra ventaja clave de la versión local es la posibilidad de gestionar documentos y registros de análisis sin conexión mediante Show in File Explorer, permitiendo que los analistas almacenen y organicen la información procesada sin riesgo de exposición a terceros. Esto es especialmente útil en operaciones de inteligencia gubernamental, auditorías de seguridad y análisis de amenazas, donde cualquier fuga de datos podría tener consecuencias críticas.

7.6 AUTOEVALUACIÓN DE LA SECCIÓN

7.6.1 Actividades recomendadas

Para comprender las diferencias en funcionalidad y personalización, realiza la misma consulta en la versión en la nube de DeepSeek (si está disponible) y en la versión local instalada en tu equipo. Analiza los tiempos de respuesta, la capacidad de personalización y la calidad de las respuestas. ¿Cuál ofrece mayor control sobre las respuestas? ¿Cuál tiene menor latencia?

Modifica los parámetros de configuración en la versión local de DeepSeek y observa cómo afectan las respuestas del modelo. Prueba diferentes valores de Temperature, Top K Sampling y Repeat Penalty en una misma consulta. Reflexiona sobre cómo estos ajustes pueden optimizar el rendimiento en distintos contextos, como programación, generación de texto o traducción.

Escribe diferentes System Prompts para orientar el comportamiento de DeepSeek en cada sesión. Por ejemplo, prueba con "Responde siempre en un tono formal y técnico" y luego con "Utiliza un lenguaje sencillo y coloquial". ¿Cómo cambia la respuesta en función de las instrucciones? ¿En qué escenarios sería útil personalizar este parámetro?

Si tienes acceso a varios dispositivos, prueba a ejecutar DeepSeek en un equipo potente y en otro con menos capacidad. Evalúa cómo se comporta el modelo en términos de velocidad, consumo de recursos y calidad de respuesta. ¿Qué versión del modelo se adapta mejor a cada equipo? ¿Cómo influyen los modelos cuantizados en el rendimiento?

Piensa en un escenario donde el acceso a internet sea limitado o donde la privacidad sea un factor clave, como en una empresa que maneja datos sensibles. Reflexiona sobre cómo la ejecución local de DeepSeek puede ser una ventaja en estos casos. Escribe un breve análisis sobre la importancia de poder operar sin depender de servidores en la nube.

7.6.2 Preguntas tipo test

1. ¿Cuál de las siguientes es una ventaja de ejecutar DeepSeek en local?

a) Permite mayor privacidad y control sobre los datos.

b) Mejora el acceso a información en línea.

c) Reduce la precisión de las respuestas.

d) Solo funciona con conexión a internet.

Respuesta correcta: a)

2. ¿Qué parámetro controla la creatividad y variabilidad en las respuestas de DeepSeek?

a) Repeat Penalty.

b) Limit Response Length.

c) Temperature.

d) Min P Sampling.

Respuesta correcta: c)

3. Si un usuario quiere evitar que DeepSeek genere respuestas repetitivas, ¿qué parámetro debe ajustar?

a) Top K Sampling.

b) Repeat Penalty.

c) Top P Sampling.

d) System Prompt.

Respuesta correcta: b)

4. ¿Cuál es una de las ventajas de usar modelos cuantizados de DeepSeek en equipos con pocos recursos?

a) Aumentan el consumo de memoria.

b) Reducen el rendimiento del modelo.

c) Permiten ejecutar DeepSeek en dispositivos con hardware limitado.

d) No afectan la velocidad de procesamiento.

Respuesta correcta: c)

5. ¿Qué ventaja ofrece la configuración "Show in File Explorer" en la versión local de DeepSeek?

a) Permite visualizar la interfaz en distintos temas de color.

b) Facilita el acceso y organización de archivos generados por el modelo.

c) Mejora la velocidad de procesamiento del modelo.

d) Automatiza la generación de contenido en tiempo real.

Respuesta correcta: b)

7.6.3 Frases con huecos para rellenar

1. Para optimizar el rendimiento de DeepSeek en equipos con pocos recursos, es recomendable utilizar modelos _____.

(Respuesta: cuantizados)

2. A diferencia de la versión en la nube, la versión local de DeepSeek permite modificar parámetros como _____ para controlar la creatividad en las respuestas.

(Respuesta: Temperature)

3. Si un usuario desea evitar respuestas redundantes, puede aumentar el valor de _____.

(Respuesta: Repeat Penalty)

4. DeepSeek permite ejecutar modelos de IA sin conexión a internet, lo que garantiza mayor _____ en entornos empresariales y de investigación.

(Respuesta: privacidad)

5. Una de las principales ventajas de ejecutar DeepSeek en local es la reducción de _____ en la generación de respuestas.

(Respuesta: latencia)

8

ÉTICA, SEGURIDAD Y DEEPSEEK EN EL FUTURO

El uso de inteligencia artificial plantea cuestiones éticas y de privacidad que no pueden pasarse por alto. En esta última sección analizaremos los principios de transparencia en el procesamiento de datos, las medidas para eliminar prejuicios en los resultados y las garantías de confidencialidad para los usuarios. También daremos consejos para un uso responsable de DeepSeek, asegurando que la tecnología se utilice de manera ética y segura.

8.1 PRINCIPIOS ÉTICOS DE DEEPSEEK

El desarrollo de la inteligencia artificial ha abierto un mundo de posibilidades, pero también plantea **desafíos éticos** que deben abordarse con responsabilidad. DeepSeek, al igual que otras IAs avanzadas, no solo debe garantizar un procesamiento eficiente de datos, sino que también debe hacerlo **de manera justa, transparente y equitativa**.

8.1.1 Transparencia en el procesamiento de datos

El avance de la inteligencia artificial trae consigo un dilema constante: ¿cómo equilibrar la innovación con la protección de la privacidad? DeepSeek, la IA china que ha revolucionado el mercado, no es la excepción. Su impresionante capacidad para procesar datos a gran velocidad ha generado preocupación en torno a los límites regulatorios y éticos, especialmente porque opera bajo un sistema de privacidad mucho más flexible que el de Occidente.

China tiene un marco normativo que obliga a las empresas tecnológicas a colaborar con el gobierno en el acceso y procesamiento de datos. La **Ley de Ciberseguridad de 2017** y la **Ley de Protección de Información Personal (PIPL) de 2021** establecen ciertas reglas, pero los expertos advierten que el Estado mantiene un amplio margen de discrecionalidad. De hecho, organismos como **Human Rights Watch** señalan que sigue habiendo serias brechas en la protección de datos personales.

Regiones como Europa cuentan con normativas estrictas, como el **Reglamento General de Protección de Datos (GDPR)**, que impone sanciones millonarias a empresas que incumplen las normas. En 2022, las multas por violaciones de privacidad en la UE superaron los **2.800 millones de euros**, demostrando un claro compromiso con la privacidad individual.

¿Qué es el RGPD y por qué es importante?

El **Reglamento 2016/679 del Parlamento Europeo y del Consejo**, más conocido como RGPD, establece cómo deben tratarse los datos personales dentro de la **Unión Europea**. Su objetivo principal es dar a las personas un mayor control sobre su información y unificar las normativas de protección de datos en los países miembros. Esto beneficia tanto a las empresas, al reducir la burocracia, como a los ciudadanos, al proporcionarles más seguridad sobre el uso de sus datos.

Es importante destacar que el RGPD **solo se aplica a datos de personas físicas**, excluyendo a personas jurídicas y fallecidas. Además, solo afecta al ámbito comercial, financiero y profesional, dejando fuera el uso de datos en contextos personales o domésticos.

En España, con la entrada en vigor del RGPD, la **Ley Orgánica de Protección de Datos de 1999** quedó reemplazada por la **Ley Orgánica de Protección de Datos Personales y garantía de derechos digitales de 2018**, que adapta la normativa a los estándares europeos.

¿Desde cuándo está en vigor el RGPD?

Aunque el reglamento se aprobó el **24 de mayo de 2016**, su aplicación obligatoria comenzó el **25 de mayo de 2018**. Esto permitió que las empresas e instituciones tuvieran dos años para ajustar sus políticas y procesos al nuevo marco legal.

Para garantizar su cumplimiento en cada país, el RGPD exige la creación de **agencias de protección de datos independientes**. En España, esta función recae en la **Agencia Española de Protección de Datos (AEPD)**, encargada de supervisar y hacer cumplir la normativa dentro del **Espacio Económico Europeo (EEE)**.

¿Quién debe cumplir con el RGPD?

El RGPD se aplica a **todas las empresas y organizaciones** que operan en el mercado de la Unión Europea o el EEE. Para entender mejor cómo se gestiona el tratamiento de datos, se establecen dos figuras clave:

- **Responsable del tratamiento:** es la persona o empresa que decide por qué y cómo se procesan los datos personales, aunque no tenga acceso directo a ellos.

- **Encargado del tratamiento:** es una entidad independiente que gestiona los datos en nombre del responsable, siguiendo sus instrucciones. Por ejemplo, un proveedor de servicios que almacena información de clientes de otra empresa.

Es obligatorio que entre ambas partes exista un **contrato de tratamiento de datos**, tal como establece el **artículo 28 del RGPD**, garantizando que los datos se manejan de forma segura y legal.

El RGPD protege los derechos de las personas en cuanto al uso de su información personal. Entre los derechos que otorga destacan:

- **Acceso a los datos personales** que una empresa tiene sobre ellos.

- **Portabilidad de datos**, permitiendo transferir información a otra entidad si lo desean.

- **Derecho al olvido**, que permite solicitar la eliminación de sus datos en ciertas circunstancias.

- **Notificación de brechas de seguridad**, obligando a las empresas a informar si ha habido una filtración de datos personales.

Gracias a estas medidas, los usuarios tienen un mayor control sobre sus datos en un mundo donde constantemente compartimos información en plataformas digitales.

Para cumplir con el RGPD, las empresas deben seguir varios pasos esenciales:

1. **Realizar una auditoría de privacidad**, identificando qué datos se recopilan y cómo se procesan.

2. **Actualizar las políticas de privacidad**, asegurándose de que sean claras, accesibles y cumplan con el reglamento.

3. **Establecer procedimientos internos**, que permitan a los usuarios ejercer sus derechos de acceso, rectificación y eliminación de datos.

El **20 de agosto de 2021**, China promulgó su **Ley de Protección de la Información Personal (PIPL, por sus siglas en inglés)**, que entró en vigor el **1 de noviembre de 2021**. Esta normativa marca un antes y un después en la regulación de datos personales en el país, ya que establece un marco legal claro y estructurado para la gestión de la información personal.

Aunque anteriormente China ya contaba con disposiciones sobre protección de datos en su **Código Civil, la Ley Criminal y la Ley de Protección al Consumidor**, entre otras normativas, la PIPL es el primer cuerpo legal integral que regula específicamente la protección de la información personal en el país.

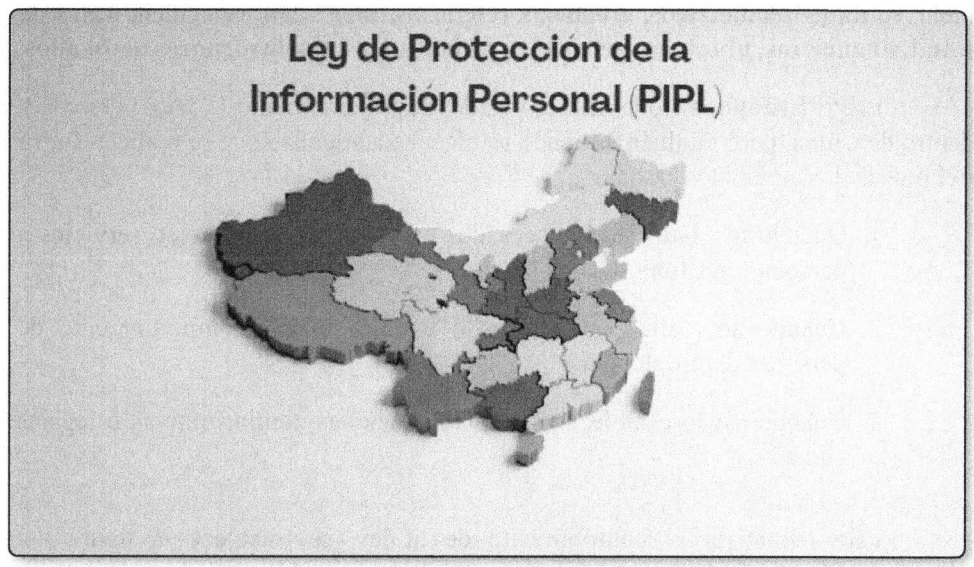

Esta ley forma parte de un marco más amplio de **seguridad y protección de datos**, que también incluye la **Ley de Seguridad de Datos** y la **Ley de Ciberseguridad**. Su objetivo es fortalecer la seguridad jurídica y garantizar altos niveles de protección en el contexto de la **economía digital global**.

Al igual que el **Reglamento General de Protección de Datos (RGPD) de la Unión Europea**, la PIPL define los conceptos clave relacionados con la protección de datos, regula su uso dentro y fuera de China y establece sanciones severas para los incumplimientos. Las multas pueden alcanzar **hasta 50 millones de RMB o el 5% del volumen total de negocios** de la empresa infractora, además de restricciones para ejercer ciertos cargos directivos.

La ley protege los derechos e intereses de las personas en cuanto a la gestión de su información personal. Regula todas las actividades de **recolección, almacenamiento, uso, procesamiento, transmisión, provisión, divulgación y eliminación de datos personales**.

Se considera **información personal** a cualquier dato que **identifique o pueda identificar a una persona física**, sin importar el medio en el que esté registrado. Sin embargo, la **información anonimizada** queda fuera del alcance de la ley.

Adicionalmente, la PIPL otorga **protección especial** a la **información personal sensible**, es decir, aquella que podría afectar la dignidad o seguridad de una persona si es filtrada o usada de manera ilegal. Ejemplos de este tipo de información incluyen **datos biométricos, creencias religiosas, identidad específica, datos de salud, financieros, ubicación geográfica y cualquier dato de menores de 14 años**.

La PIPL se aplica a todas las actividades de procesamiento de datos personales dentro de China, pero también extiende su alcance a aquellas que se realicen **fuera del país** en los siguientes casos:

1. Cuando los datos sean procesados para ofrecer productos o servicios a personas en China.

2. Cuando se realice un análisis o evaluación del comportamiento de personas dentro del país.

3. Cuando así lo establezcan otras regulaciones administrativas o legales chinas.

Para garantizar el cumplimiento de la ley, se establece la figura del **"Responsable de Protección de Información Personal"**, similar al **Delegado de Protección de Datos (DPO)** en el RGPD. Las empresas que manejen grandes volúmenes de datos deberán designar a esta persona para supervisar el tratamiento de la información.

Asimismo, las **plataformas de internet con un gran número de usuarios** deberán implementar un **sistema de cumplimiento** y contar con un organismo de supervisión independiente que garantice la protección de los datos.

El procesamiento de información personal debe regirse por los principios de **legalidad, legitimidad, necesidad y buena fe**. Esto significa que:

- Solo se pueden recopilar datos con un **propósito claro y razonable**.
- No se debe recolectar más información de la necesaria.
- Se debe garantizar la transparencia en el procesamiento de los datos.
- Los usuarios deben informarse de cómo se usarán sus datos.

La PIPL permite el tratamiento de datos personales solo en determinadas condiciones, como:

1. **Consentimiento del individuo.**

2. **Cumplimiento de un contrato** en el que la persona sea parte interesada.

3. **Cumplimiento de obligaciones legales.**

4. **Protección de la salud pública** o **seguridad de las personas en casos de emergencia.**

5. **Interés público**, como la difusión de noticias o investigaciones de interés general.

6. **Tratamiento de datos ya publicados por la propia persona.**

7. **Otras situaciones contempladas en la legislación china.**

El consentimiento del usuario es la base principal para el tratamiento de datos, salvo en los casos **del 2 al 7**, en los cuales no es necesario.

Toda actividad de procesamiento de datos debe notificarse **previamente** a los usuarios, salvo excepciones establecidas en la ley. Antes de procesar los datos, las empresas deben informar sobre:

1. **Quién es el responsable del manejo de los datos** y cómo contactarlo.

2. **El propósito del procesamiento**, qué datos serán usados y por cuánto tiempo se almacenarán.

3. **Los derechos del usuario** y cómo ejercerlos.

Si hay cambios en el tratamiento de los datos, los usuarios deben ser **informados y dar su consentimiento nuevamente**.

Las organizaciones que procesen información personal deben:

▼ Implementar **medidas de seguridad adecuadas**, como el cifrado y la anonimización.

▼ Definir **protocolos de manejo de datos** y formar a su personal en protección de información.

▼ Establecer **planes de respuesta ante incidentes de seguridad**.

▼ Mantener un **registro de actividades de tratamiento de datos** para auditorías.

Si una empresa necesita transferir datos personales fuera de China, deberá cumplir con al menos una de las siguientes condiciones:

1. Pasar una **evaluación de seguridad** organizada por el gobierno.

2. Someterse a una **certificación de protección de datos**.

3. Firmar **contratos estándar** con la empresa receptora de los datos.

4. Cumplir con **otras disposiciones legales** establecidas en la normativa china.

Al igual que el RGPD, la PIPL otorga a los ciudadanos derechos como:

▼ **Acceder a sus datos personales.**

▼ **Solicitar la corrección o eliminación de datos inexactos.**

▼ **Oponerse al tratamiento de sus datos.**

▼ **Retirar su consentimiento en cualquier momento.**

▼ **Conocer cómo se están utilizando sus datos.**

Cuando el gobierno chino necesite acceder a datos personales por razones de **seguridad nacional o investigaciones criminales**, deberá cumplir con estrictos procedimientos legales. Esto incluye la necesidad de una **orden judicial** y el respeto a los derechos de los ciudadanos.

DeepSeek tiene acceso a enormes bases de datos que mejoran su eficiencia, pero también pueden generar riesgos. Según estudios del **Stanford Institute for Human-Centered AI**, el **80% de los datos generados por usuarios en China**

provienen de sistemas de monitoreo y vigilancia, en algunos casos sin un consentimiento informado.

La ausencia de un marco global unificado influye en la situación. Ya que, mientras algunas regiones imponen regulaciones estrictas, otras permiten un uso más flexible de los datos, dando una ventaja competitiva a plataformas como DeepSeek sobre sus competidores occidentales.

¿Qué significa que DeepSeek sea código abierto? DeepSeek ha liberado gran parte de su código, lo que permite que cualquiera pueda personalizar su modelo. Sin embargo, sus datos de entrenamiento permanecen protegidos.

Estados Unidos ha impuesto **sanciones** que prohíben la exportación de chips avanzados a China. Sin embargo, DeepSeek ha encontrado formas de sortear estas limitaciones:

- **Almacenó miles de chips Nvidia A100 antes de las sanciones.**

- **Usó chips de AMD y software ROCM** en su desarrollo.

- **Optimizó sus modelos para funcionar con menos recursos**, logrando resultados comparables a ChatGPT con solo **2.000 GPU en lugar de 10.000**.

Expertos en ciberseguridad y organismos como la **OCDE** han propuesto la creación de auditorías internacionales para evaluar el uso ético de herramientas de IA como DeepSeek. Modelos como el **Paris Call for Trust and Security in Cyberspace** buscan establecer criterios comunes para garantizar que estas tecnologías respeten los derechos humanos.

El **"Paris Call for Trust and Security in Cyberspace"** (Llamado de París para la Confianza y la Seguridad en el Ciberespacio) es una iniciativa internacional lanzada por **Francia el 12 de noviembre de 2018** con el objetivo de promover un ciberespacio más seguro y confiable a través de la cooperación entre **gobiernos, empresas, organizaciones de la sociedad civil y expertos en ciberseguridad**.

Este llamado busca **fortalecer la seguridad digital global** y **proteger los derechos humanos en línea**, promoviendo un conjunto de principios y compromisos para garantizar la estabilidad del ciberespacio. **No es un tratado vinculante**, pero ha sido respaldado por numerosos países, empresas tecnológicas y organizaciones internacionales.

Los principales objetivos de esta iniciativa son:

1. **Proteger la infraestructura crítica** de ciberataques.

2. **Defender los procesos electorales** contra la manipulación digital.

3. **Promover la ciberhigiene y la ciberseguridad** en empresas y ciudadanos.

4. **Combatir la proliferación de herramientas maliciosas** como ransomware o ataques de denegación de servicio (DDoS).

5. **Garantizar la seguridad de la cadena de suministro digital**, evitando que se infiltren vulnerabilidades en hardware y software.

6. **Reforzar las normas internacionales en el ciberespacio**, alineadas con el derecho internacional y los derechos humanos.

7. **Fomentar la cooperación entre actores públicos y privados** para fortalecer la seguridad digital global.

El "Paris Call" ha sido respaldado por **más de 1.200 actores internacionales**, incluyendo **más de 80 países**, empresas tecnológicas como **Microsoft, Google, IBM**

y Cisco, así como organizaciones de la sociedad civil y académicas. Sin embargo, algunas potencias como **Estados Unidos, China y Rusia** no han firmado el acuerdo, lo que refleja diferencias en la visión sobre la gobernanza del ciberespacio.

Esta iniciativa busca abordar los **riesgos crecientes en el ciberespacio**, incluyendo ataques a infraestructuras críticas, manipulación digital en procesos políticos y el uso malicioso de la inteligencia artificial. También **fortalece la cooperación internacional en ciberseguridad**, promoviendo un enfoque multilateral para gestionar amenazas digitales en un mundo interconectado.

DeepSeek representa un avance impresionante, pero también plantea dudas sobre la privacidad y la regulación de la inteligencia artificial. Si no se establecen estándares éticos sólidos a nivel global, los riesgos pueden superar los beneficios. El reto está en encontrar el equilibrio entre innovación y protección de datos sin comprometer la privacidad y la seguridad de los usuarios.

8.1.2 Eliminación de prejuicios en los resultados

A menudo, las inteligencias artificiales heredan **prejuicios** de los datos con los que se entrenaron. En DeepSeek, este problema no es la excepción: si su modelo inicial recibió información mayoritariamente de un solo contexto cultural o de ciertas fuentes con sesgos, las respuestas podrían reflejar esa parcialidad. Para combatirlo, se han implementado **algoritmos de corrección** que identifican y ajustan patrones discriminatorios en la medida de lo posible. Por ejemplo, si se detecta que al referirse a un determinado colectivo el sistema utiliza expresiones con connotaciones peyorativas, se corrige el conjunto de entrenamiento para equilibrar el vocabulario.

Una de las estrategias clave para **reducir los sesgos** consiste en diversificar las fuentes. De esta forma, DeepSeek no se nutre únicamente de datos procedentes de un país o una ideología, sino que incorpora también textos en múltiples idiomas y documentos con perspectivas culturales distintas. Esto ayuda a la IA a desarrollar respuestas más plurales y respetuosas con la diversidad. Además, DeepSeek analiza el feedback de los usuarios para "aprender" en tiempo real: si se reporta que ciertas respuestas son ofensivas o parciales, el sistema realiza un seguimiento de esas interacciones para ajustar sus criterios. Aunque estos métodos no garantizan una eliminación absoluta de los prejuicios, su objetivo es **minimizar** su impacto y ofrecer respuestas lo más neutrales y equitativas posibles.

8.2 PRIVACIDAD DEL USUARIO

El manejo de datos personales es uno de los temas más delicados en la era digital, y DeepSeek no está exento de preocupaciones en este ámbito. Cada interacción con la plataforma deja un rastro de información que, dependiendo de su uso, puede representar **un riesgo o una ventaja** para el usuario. La seguridad digital no es solo una cuestión de tecnología, sino también de **normativas, buenas prácticas y decisiones informadas** por parte de los propios usuarios.

8.2.1 Protección de datos personales

DeepSeek ha llegado con fuerza al mundo de la inteligencia artificial, ofreciendo una alternativa a modelos como ChatGPT. Pero como ocurre con cualquier IA que maneja datos de los usuarios, es importante preguntarse hasta qué punto es segura y qué implicaciones tiene su uso.

Al registrarse en DeepSeek, es necesario proporcionar datos personales como el nombre de usuario, la dirección de correo electrónico y el número de teléfono. Además, la plataforma almacena todo el contenido ingresado, incluidos audios, archivos y el historial de chat. También se guardan los mensajes enviados al soporte técnico.

DeepSeek no solo almacena la información proporcionada por el usuario, sino que también recopila datos de manera automática. Entre ellos se incluyen la dirección IP, el modelo de dispositivo, el sistema operativo, el idioma configurado y hasta los patrones de tecleo. Asimismo, la plataforma emplea cookies y otras tecnologías de rastreo para analizar la interacción del usuario, identificar las herramientas más utilizadas y medir el tiempo de uso dentro de la aplicación.

Según lo establecido en su política de privacidad, la plataforma recopila información como los textos y audios introducidos, los archivos adjuntos y el historial de uso. El principal motivo de preocupación radica en que estos datos se almacenan en servidores ubicados en China, donde la legislación vigente permite a las autoridades acceder a la información de las empresas. Como consecuencia, se han generado dudas sobre la seguridad y privacidad de la plataforma, especialmente entre los usuarios fuera de dicho país.

La seguridad en el uso de DeepSeek depende de los objetivos de cada usuario. Mientras que para quienes buscan una inteligencia artificial potente y asequible puede representar una opción interesante, aquellas personas con mayores exigencias en materia de privacidad podrían considerar otras alternativas o ser más cautelosas al compartir información sensible en la plataforma.

En el ámbito europeo, la autoridad de protección de datos de Italia ha solicitado explicaciones a DeepSeek sobre el tratamiento de la información personal de los usuarios. Como resultado, la aplicación se retiró temporalmente de las tiendas de Apple y Google en ese país. De no cumplir con las normativas europeas, la empresa podría enfrentar restricciones similares en otras naciones como España, Francia o Alemania.

El entrenamiento de DeepSeek se basa en datos recopilados hasta octubre de 2023, lo que limita su capacidad para ofrecer información actualizada sobre eventos posteriores a esa fecha. Para contrarrestar esta limitación, la plataforma incorpora una función de búsqueda en internet, aunque esta puede estar sujeta a sesgos o restricciones. Algunos análisis han indicado que la IA evita abordar temas polémicos y proporciona respuestas más generales, lo que podría estar influenciado por la regulación china.

Como ya sabemos, para quienes priorizan la privacidad, existe la posibilidad de ejecutar DeepSeek de manera local en un dispositivo propio. Al tratarse de un modelo de código abierto, es posible descargarlo e instalarlo mediante herramientas como **Ollama**, lo que permite utilizar la IA sin necesidad de enviar datos a servidores externos.

Ollama es una herramienta para ejecutar modelos de lenguaje de inteligencia artificial de manera local en un dispositivo sin necesidad de depender de servidores en la nube. Es útil para quienes buscan privacidad y eficiencia al usar modelos de IA.

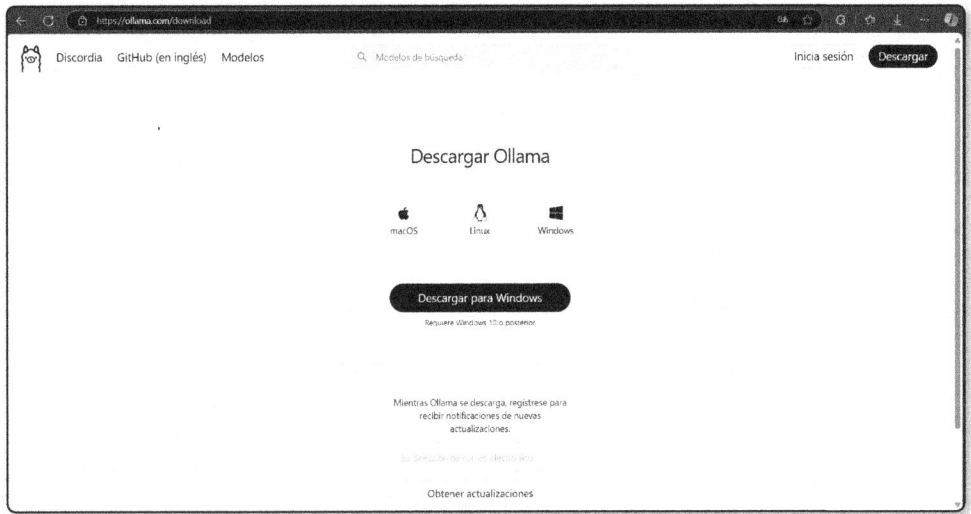

DeepSeek-R1 es una serie de modelos de razonamiento de primera generación desarrollados por DeepSeek. Su rendimiento es comparable al de OpenAI-O1 en tareas de matemáticas, código y razonamiento. Esta serie incluye modelos de diferentes tamaños, desde 1.5B hasta 671B parámetros, algunos de ellos basados en modelos como Llama y Qwen.

El equipo de DeepSeek ha aplicado una técnica llamada **destilación de modelos**, que permite transferir las capacidades de razonamiento de modelos grandes a versiones más pequeñas, manteniendo un buen rendimiento. Esto significa que se han creado modelos más eficientes en términos de tamaño y consumo de recursos, sin perder mucha precisión.

Puntos clave:

- ▶ **DeepSeek-R1** es una familia de modelos de IA diseñados para razonamiento avanzado.

- ▶ **Ollama** permite ejecutar estos modelos en local con comandos como ollama run deepseek-r1.

- ▶ **Destilación de modelos**: han convertido modelos grandes en versiones más compactas sin perder calidad.

- ▶ **Licencias**: los modelos utilizan licencias abiertas como MIT, Apache 2.0 o Llama, permitiendo su modificación y uso comercial.

Si necesitas ejecutar uno de estos modelos en tu dispositivo, puedes usar **Ollama** con los comandos que se proporcionan en su web, eligiendo el modelo que mejor se adapte a tus necesidades.

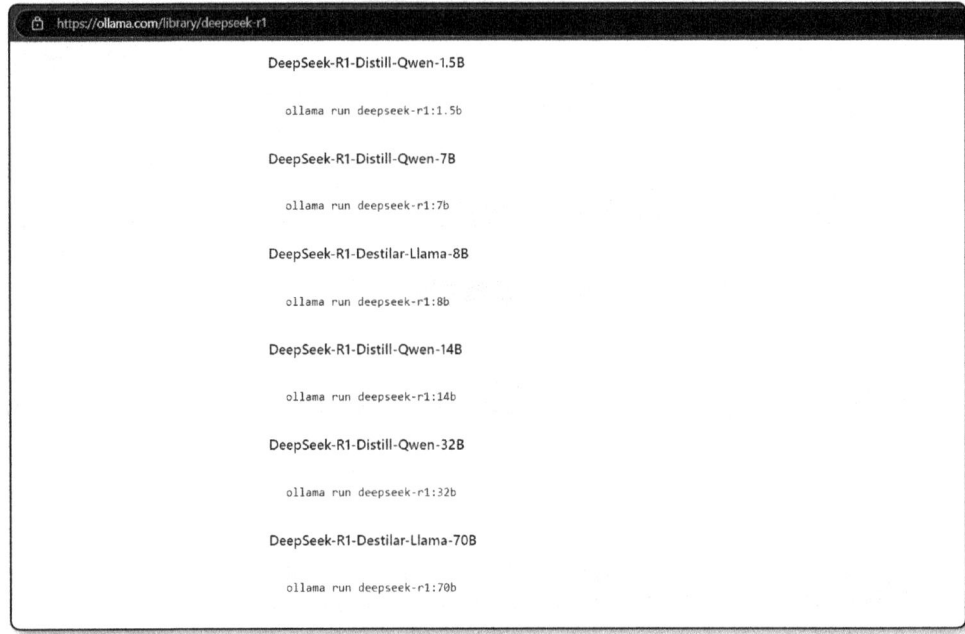

Los comandos son instrucciones para ejecutar los modelos de **DeepSeek-R1** en **Ollama**. Cada comando sigue la estructura:

```
ollama run deepseek-r1:<tamaño>
```

- ⫸ **ollama run** → Indica que se ejecutará un modelo de lenguaje en Ollama.

- ⫸ **deepseek-r1** → Es el nombre de la familia de modelos de IA que se ejecutará.

- ⫸ **:<tamaño>** → Especifica el tamaño del modelo en miles de millones (B) de parámetros.

DeepSeek-R1-Distill-Qwen-1.5B

```
ollama run deepseek-r1:1.5b
```

DeepSeek-R1-Distill-Qwen-7B

```
ollama run deepseek-r1:7b
```

DeepSeek-R1-Destilar-Llama-8B

```
ollama run deepseek-r1:8b
```

DeepSeek-R1-Distill-Qwen-14B

```
ollama run deepseek-r1:14b
```

DeepSeek-R1-Distill-Qwen-32B

```
ollama run deepseek-r1:32b
```

DeepSeek-R1-Destilar-Llama-70B

```
ollama run deepseek-r1:70b
```

¿Para qué sirven?

Estos modelos de **DeepSeek-R1** están optimizados para tareas de **razonamiento, matemáticas y generación de código**. Puedes ejecutarlos en Ollama para probar su capacidad de respuesta en distintas tareas de IA sin necesidad de depender de servidores en la nube.

Si tienes **Ollama instalado**, puedes probar cualquiera de estos modelos ejecutando el comando correspondiente en una terminal.

DeepSeek ha abierto un nuevo camino en la inteligencia artificial. Su enfoque accesible podría marcar una tendencia en la industria, pero sin perder de vista los riesgos asociados al manejo de datos.

8.2.2 Garantías de confidencialidad

Una de las dudas más recurrentes al usar cualquier IA es **¿qué pasa con mi información una vez la introduzco en el sistema?** Para tranquilizar a los usuarios más cautelosos, DeepSeek ha adoptado una serie de **mecanismos** que buscan proteger, en la medida de lo posible, la confidencialidad de los datos. Por un lado, la plataforma emplea técnicas de **cifrado** durante el tránsito de la información, de modo que un tercero no autorizado tenga más dificultades para acceder a los mensajes que se envían. Por otro lado, la compañía afirma que solo un grupo limitado de ingenieros tiene acceso a las bases de datos internas y que existen logs de auditoría que registran quién consulta los archivos, cuándo y con qué propósito.

Una práctica interesante consiste en permitir a los usuarios **gestionar su propio historial** de interacciones con la IA. Quienes no deseen que se guarde un registro permanente pueden configurar su cuenta para eliminar o anonimizar esa información después de cierto tiempo. No obstante, DeepSeek también señala que parte de los datos se utilizan para mejorar el modelo, un punto que genera inquietud en algunos sectores: aunque la plataforma asegure la seudonimización, existe el riesgo de que, en investigaciones muy minuciosas, se pueda llegar a rastrear al usuario de origen. Ante esta circunstancia, las **políticas de confidencialidad** buscan un equilibrio entre optimizar la experiencia de uso y respetar los deseos de los clientes de no dejar un rastro demasiado amplio.

8.3 CONSEJOS PARA UN USO RESPONSABLE

Para sacar el máximo partido a DeepSeek sin comprometer la **seguridad** y la **privacidad**, se recomienda seguir algunas pautas sencillas pero efectivas:

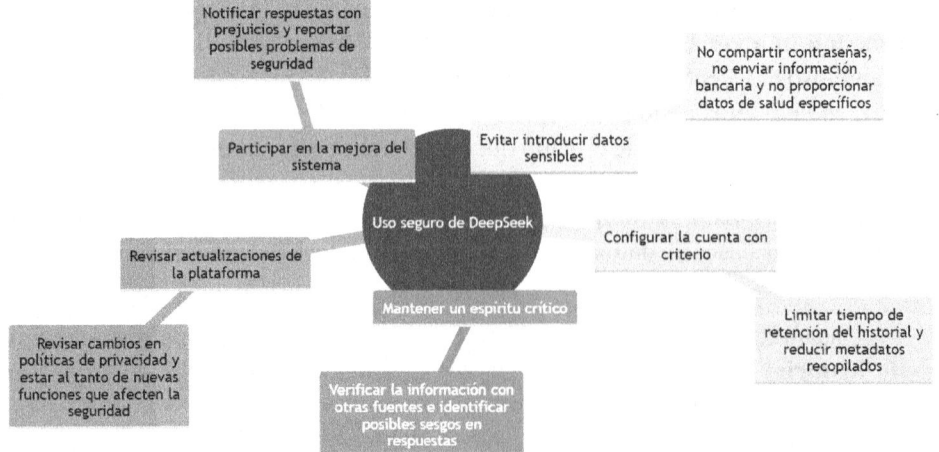

1. **Evitar introducir datos sensibles**: aunque DeepSeek ofrezca cifrado o promesas de seguridad, siempre existe un margen de incertidumbre. Por ello, resulta prudente no compartir información altamente confidencial (por ejemplo, contraseñas, detalles bancarios o información de salud muy específica) a través de la plataforma.

2. **Configurar la cuenta con criterio**: en la medida de lo posible, optar por activar ajustes que limiten el tiempo de retención del historial de chat o que reduzcan la cantidad de metadatos recopilados. Así, se disminuye la huella digital que dejamos como usuarios.

3. **Mantener un espíritu crítico**: aunque DeepSeek sea un motor de inteligencia artificial avanzado, puede equivocarse o reflejar sesgos. Es vital contrastar la información que brinda con otras fuentes, sobre todo si se trata de datos cruciales para una toma de decisiones.

4. **Revisar con frecuencia las actualizaciones de la plataforma**: las **políticas de privacidad** y las funcionalidades de DeepSeek pueden cambiar con el tiempo. Revisar de forma periódica los avisos oficiales ayuda a mantenerse al día con los ajustes que puedan afectar a la forma de tratar nuestros datos.

5. **Participar en la mejora del sistema**: si se detectan respuestas con prejuicios o se advierte una posible fuga de información, resulta útil notificarlo a DeepSeek. Esa retroalimentación permite refinar los mecanismos de seguridad y reducir los sesgos en las respuestas.

En definitiva, DeepSeek ofrece un abanico de ventajas y un gran potencial para la innovación, pero es responsabilidad de los usuarios —y de los desarrolladores— **garantizar** que la tecnología se maneje de manera ética, segura y respetuosa con la privacidad individual. Con el **uso responsable**, la **vigilancia** de la comunidad y la **implementación de normativas** apropiadas es posible equilibrar la potencia de la inteligencia artificial con la protección de los derechos fundamentales de las personas.

8.4 INNOVACIONES FUTURAS

La inteligencia artificial avanza a un ritmo vertiginoso, y **DeepSeek** no se queda atrás. Cada día surgen nuevas tecnologías que prometen hacer que estos modelos sean más precisos, rápidos y versátiles. Sin embargo, el futuro de DeepSeek no solo depende de mejoras técnicas, sino también de su capacidad para adaptarse a

distintos idiomas, culturas y necesidades. Además, los propios usuarios juegan un papel fundamental en su evolución: cada interacción con la IA aporta datos valiosos para refinar su desempeño.

8.4.1 Incorporación de nuevas tecnologías emergentes

El mundo de la inteligencia artificial avanza constantemente, y DeepSeek está explorando **múltiples innovaciones** para seguir a la vanguardia.

Actualmente, la mayoría de los modelos de IA se centran en procesar texto, pero el futuro de DeepSeek podría estar en la **multimodalidad**. Esto significa que la IA no solo comprendería y generaría texto, sino que también podría procesar **imágenes, audios y vídeos**. Imagina preguntarle a DeepSeek sobre una ecuación matemática y que pueda **dibujar el gráfico** en tiempo real, o pedirle que analice una imagen y te describa su contenido. Este tipo de integración abriría nuevas posibilidades en áreas como la educación, el análisis de datos y la asistencia visual.

DeepSeek podría desarrollar en el futuro un sistema de **personalización avanzada**, donde cada usuario tenga una experiencia ajustada a sus preferencias y necesidades. Por ejemplo, una persona interesada en temas médicos recibiría respuestas más detalladas y con fuentes verificadas del ámbito de la salud, mientras que un programador podría configurar la IA para priorizar respuestas sobre código y tecnología. Esta adaptación haría que la interacción con la IA fuese **mucho más eficiente y útil** en el día a día.

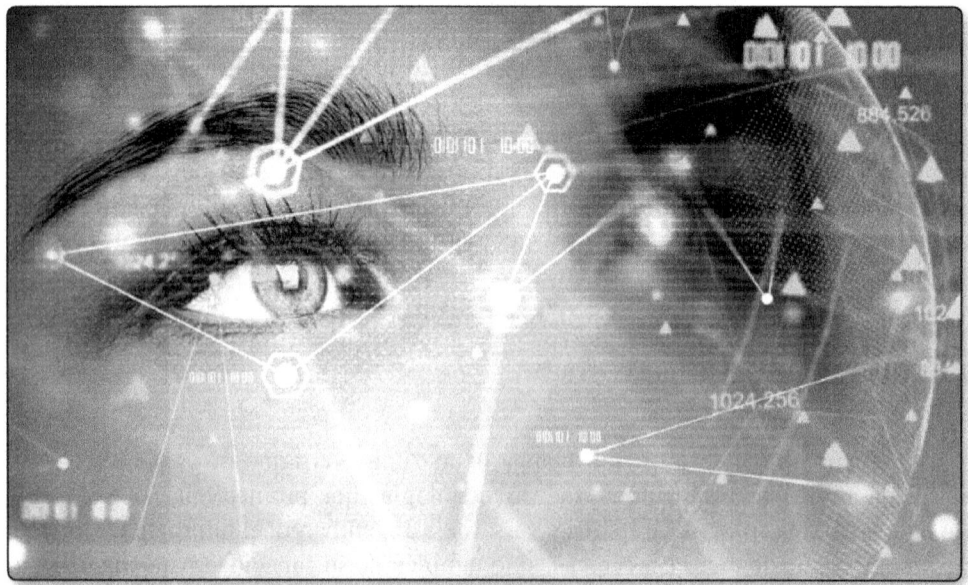

Otro gran paso para DeepSeek sería su integración con **dispositivos IoT (Internet de las Cosas)** y asistentes virtuales como Alexa, Google Assistant o Siri. En el futuro, podríamos ver a DeepSeek funcionando como una IA integrada en **casas inteligentes**, automóviles y dispositivos portátiles, ofreciendo asistencia en tiempo real sin necesidad de teclear preguntas.

Los modelos de IA actuales requieren una enorme cantidad de recursos para funcionar, lo que implica altos costos energéticos y de hardware. Una tendencia creciente en el sector es la optimización de los modelos para que sean más eficientes sin perder precisión. DeepSeek ya ha implementado **mejoras en la gestión de GPU**, permitiéndole operar con **menos recursos** que otros modelos similares. En el futuro, podríamos ver una IA aún más **liviana, rápida y accesible** para dispositivos con menos capacidad de procesamiento.

8.4.2 Expansión en idiomas y culturas

Uno de los retos más grandes para cualquier inteligencia artificial es la **diversidad lingüística y cultural**. La mayoría de los modelos de IA se han entrenado principalmente en inglés y chino, lo que hace que otras lenguas, especialmente aquellas menos habladas, **no reciban la misma calidad de respuestas**.

Aunque DeepSeek ya soporta varios idiomas, el futuro podría traer una **expansión más profunda** en lenguas que actualmente están poco representadas en la inteligencia artificial. Idiomas como el **vasco, el guaraní, el quechua o el maltés** tienen menos datos disponibles en internet, por lo que entrenar modelos en estos lenguajes es un desafío. Sin embargo, con técnicas de **aprendizaje transferido**, DeepSeek podría mejorar su comprensión y generación en estas lenguas sin necesidad de una cantidad masiva de datos de entrenamiento.

No basta con traducir palabras, una IA verdaderamente global debe **comprender el contexto cultural** en el que se usa. Por ejemplo, ciertas expresiones, referencias históricas o formas de humor varían enormemente entre países. DeepSeek podría desarrollar algoritmos más avanzados para **interpretar estos matices** y ofrecer respuestas más adaptadas a cada cultura.

Dentro de un mismo idioma, existen **grandes diferencias dialectales**. Por ejemplo, el español de Argentina, España y México tienen expresiones, modismos y estructuras gramaticales distintas. DeepSeek podría mejorar su reconocimiento de dialectos para que los usuarios reciban respuestas más cercanas a su manera natural de expresarse.

Otra mejora futura podría ser la capacidad de DeepSeek para proporcionar **respuestas basadas en información específica de cada región**. Esto significaría que, si alguien en Perú le pregunta sobre trámites administrativos o leyes locales, la IA pueda ofrecer una respuesta precisa y basada en fuentes nacionales en lugar de información genérica.

8.4.3 Cómo tus interacciones mejoran el sistema

Una de las claves para que DeepSeek evolucione de manera constante es la **retroalimentación de los usuarios**. Cada vez que interactuamos con la IA, estamos **aportando datos valiosos** que pueden ayudar a mejorar sus respuestas y su capacidad de comprensión. Pero ¿cómo funciona este proceso?

▼ **Análisis de patrones de uso**

DeepSeek aprende de la **forma en que los usuarios formulan sus preguntas**. Si muchas personas hacen la misma consulta de manera diferente, la IA analiza esas variaciones para entender mejor **cómo se estructura el lenguaje natural** en distintas situaciones.

▼ **Corrección de errores a través del feedback**

Si un usuario recibe una respuesta incorrecta o poco útil, puede marcarla o reformular su pregunta. Esta información es utilizada por los desarrolladores de DeepSeek para mejorar la precisión de las respuestas futuras. Cuanto más se use la plataforma, **más inteligente y precisa se vuelve**.

▼ Priorización de información relevante

Cuando muchas personas consultan sobre un mismo tema, DeepSeek ajusta sus algoritmos para mejorar la prioridad y la calidad de esas respuestas. Por ejemplo, si una noticia importante está en tendencia y los usuarios preguntan sobre ella, la IA optimiza la forma en que recupera información para proporcionar respuestas más actualizadas.

▼ Detección de contenido problemático

Los usuarios también pueden ayudar a mejorar la seguridad del sistema. Si alguien detecta una respuesta con información errónea o un sesgo problemático, puede reportarla para que los desarrolladores ajusten el modelo y reduzcan la propagación de contenido inexacto o perjudicial.

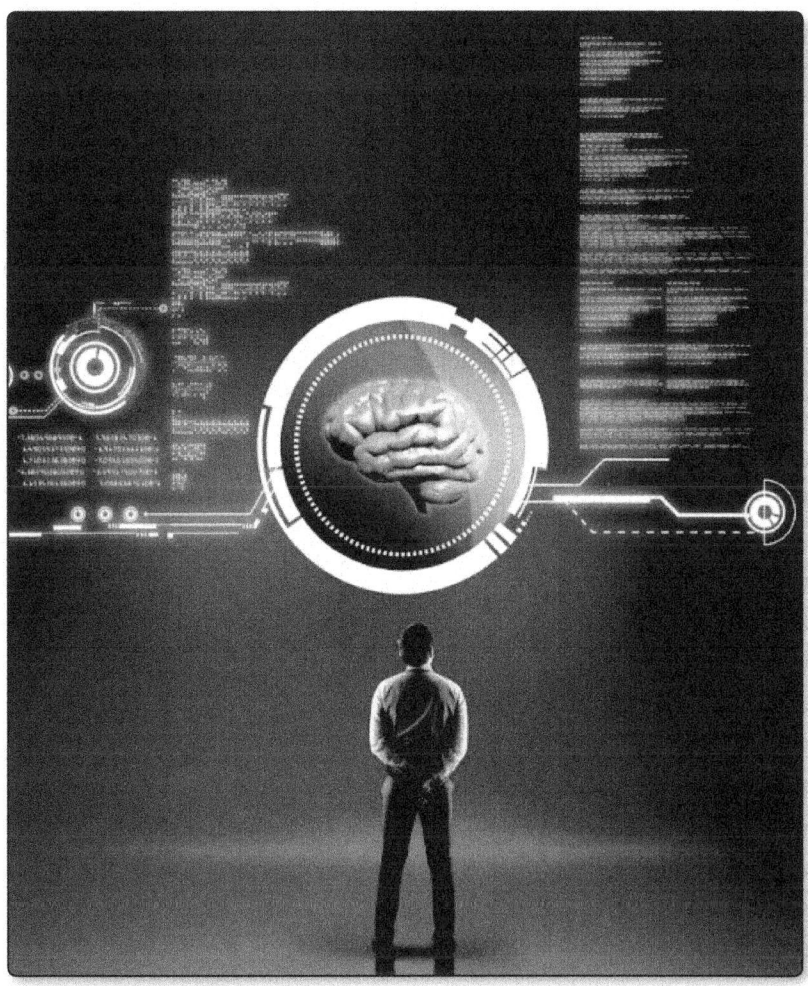

Cada interacción con DeepSeek contribuye a su evolución, permitiendo que la IA sea cada vez más precisa, inclusiva y útil. La inteligencia artificial del futuro no solo dependerá de algoritmos avanzados, sino también de la participación de quienes la utilizan día a día.

8.5 AUTOEVALUACIÓN DE LA SECCIÓN

8.5.1 Actividades recomendadas

Investiga las diferencias entre la regulación de datos en China (como la Ley de Protección de Información Personal–PIPL) y en Europa (como el Reglamento General de Protección de Datos–GDPR). ¿Cuál impone mayores restricciones a las empresas tecnológicas? ¿Cómo afectan estas leyes al uso de DeepSeek en cada región? Elabora una tabla comparativa con al menos tres diferencias clave.

Realiza una prueba con DeepSeek y otros modelos de IA (como ChatGPT o Gemini) para detectar posibles sesgos en sus respuestas. Pregunta sobre un tema controversial o cultural y compara los resultados. ¿Existen diferencias en el tono, enfoque o referencias utilizadas? Escribe un breve análisis sobre cómo se pueden mitigar estos sesgos en la IA.

Analiza la política de privacidad de DeepSeek y compárala con la de otra plataforma de inteligencia artificial. ¿Qué tipo de datos recopila cada una? ¿En qué servidores almacenan la información? ¿Ofrecen opciones para eliminar el historial de interacciones? Reflexiona sobre qué medidas debería adoptar DeepSeek para garantizar una mayor protección de datos.

Elabora un listado con tres ventajas y tres riesgos asociados al uso de DeepSeek en términos de ética y privacidad. Por ejemplo, una ventaja es su código abierto que permite mayor accesibilidad, pero un riesgo es la posibilidad de vigilancia gubernamental en ciertos países. Este ejercicio ayudará a comprender mejor el impacto de la IA en la sociedad.

Investiga sobre la tendencia de la IA multimodal y cómo podría aplicarse en DeepSeek. ¿Qué implicaciones tendría la incorporación de imágenes, audios y vídeos en su funcionamiento? Escribe un breve análisis sobre cómo esta evolución tecnológica podría mejorar o complicar los desafíos éticos de la IA.

8.5.2 Preguntas tipo test

1. ¿Qué principio ético es clave en el desarrollo de DeepSeek?

a) Maximizar la generación de datos sin restricciones.

b) Garantizar un procesamiento transparente y equitativo de la información.

c) Limitar el acceso de los usuarios a la IA.

d) Eliminar la supervisión humana en la toma de decisiones.

Respuesta correcta: b)

2. ¿Cómo intenta DeepSeek minimizar los sesgos en sus respuestas?

a) Evitando el uso de datos en idiomas distintos al chino.

b) Ajustando sus modelos con algoritmos de corrección y diversidad de fuentes.

c) Excluyendo el feedback de los usuarios en la mejora del sistema.

d) Priorizando solo información de medios gubernamentales.

Respuesta correcta: b)

3. ¿Cuál es una de las preocupaciones de privacidad en DeepSeek?

a) La recopilación de datos personales y su almacenamiento en servidores de China.

b) La imposibilidad de generar respuestas en distintos idiomas.

c) Su falta de acceso a internet para mejorar sus respuestas.

d) La prohibición del uso de criptografía en su sistema.

Respuesta correcta: a)

4. ¿Qué medida de seguridad implementa DeepSeek para proteger la confidencialidad de los usuarios?

a) Cifrado de datos durante la transmisión de la información.

b) Eliminación automática de todas las interacciones después de cada sesión.

c) Uso exclusivo de servidores en Estados Unidos.

d) Prohibición del acceso a su código fuente.

Respuesta correcta: a)

5. ¿Cuál es una posible mejora futura en DeepSeek?

a) Expansión hacia la inteligencia artificial multimodal.

b) Restricción de su acceso a un solo idioma.

c) Eliminación de la personalización de respuestas para los usuarios.

d) Reducción de su compatibilidad con otros sistemas.

Respuesta correcta: a)

8.5.3 Frases con huecos para rellenar

1. Uno de los principales retos éticos de DeepSeek es garantizar la _____ en el procesamiento de datos personales.

(Respuesta: transparencia)

2. Para reducir sesgos, DeepSeek utiliza _____ de distintas regiones y culturas en su entrenamiento.

(Respuesta: fuentes de datos)

3. La recopilación y almacenamiento de datos en servidores de _____ genera preocupaciones sobre la privacidad en DeepSeek.

(Respuesta: China)

4. El cifrado de datos ayuda a mejorar la _____ de la información que se intercambia en la plataforma.

(Respuesta: confidencialidad)

5. En el futuro, DeepSeek podría evolucionar hacia un modelo de inteligencia artificial _____, capaz de procesar imágenes, audios y vídeos además de texto.

(Respuesta: multimodal)

REFLEXIONES

A continuación, se presentan algunas preguntas que invitan a la reflexión sobre DeepSeek y su impacto en el ámbito de la inteligencia artificial, la tecnología y la sociedad:

¿PODRÍA DEEPSEEK REEMPLAZAR CIERTAS TAREAS HUMANAS O SIMPLEMENTE SERVIR COMO UNA HERRAMIENTA DE APOYO?

El avance de modelos de inteligencia artificial como **DeepSeek** plantea una cuestión que cada vez resuena más en distintos sectores: ¿estamos ante una tecnología que reemplazará ciertas tareas humanas o simplemente servirá como un complemento que potencie nuestras capacidades? La pregunta no es menor, ya que la automatización ha cambiado el mercado laboral en cada etapa de la historia, pero nunca con la rapidez y profundidad que hoy permiten las redes neuronales y el aprendizaje profundo.

Automatización inteligente: ¿hasta dónde llega?

DeepSeek, como otros modelos avanzados de IA, es capaz de procesar información a velocidades imposibles para el ser humano, generar texto coherente en segundos y hasta realizar análisis complejos con datos que una persona tardaría días en examinar. Es evidente que algunas tareas repetitivas y mecánicas pueden delegarse a la IA con total eficiencia. Un editor que revisa textos en busca de errores gramaticales o un analista que filtra grandes volúmenes de datos podría beneficiarse enormemente de la asistencia de DeepSeek, reduciendo su carga de trabajo y minimizando errores.

Pero aquí es donde surge la duda: ¿es esto una sustitución o simplemente una optimización? En muchos casos, más que reemplazar, la IA actúa como una herramienta que agiliza procesos. Un corrector humano, por ejemplo, podría usar DeepSeek para revisar automáticamente textos y luego enfocarse en aspectos más complejos como el estilo y la coherencia narrativa. Lo mismo ocurre en sectores como la programación, donde la IA puede sugerir código, pero sigue siendo el programador quien toma las decisiones críticas.

El límite de la creatividad y el juicio humano

Si bien DeepSeek es asombrosamente eficiente, hay algo en lo humano que sigue marcando la diferencia: la creatividad, la intuición y la capacidad de interpretar el contexto más allá de patrones de datos. La IA puede generar textos convincentes, pero no crea desde la experiencia personal ni comprende emociones como lo haría un escritor. Puede asistir en la toma de decisiones, pero no tiene la capacidad de razonar con base en dilemas éticos o entender matices sociales complejos.

El problema con depender totalmente de la IA para ciertas tareas no es solo una cuestión técnica, sino filosófica y ética. ¿Hasta qué punto queremos ceder nuestra capacidad de decidir y crear a un sistema que, por avanzado que sea, sigue funcionando con reglas preestablecidas y no con una comprensión genuina del mundo?

El futuro del trabajo con IA: convivencia, no reemplazo

Si algo ha demostrado la historia es que la tecnología no suele eliminar trabajos de manera absoluta, sino que los transforma. En este sentido, DeepSeek parece encajar más en el papel de **herramienta de apoyo** que en el de sustituto total. Profesionales de distintos ámbitos podrían aprovechar sus capacidades para mejorar la eficiencia sin perder el control sobre el proceso creativo y estratégico.

El desafío, entonces, no es evitar el uso de la IA por miedo a la automatización, sino aprender a integrarla de forma inteligente. Los trabajos del futuro no desaparecerán por completo, pero exigirán nuevas habilidades: saber trabajar con IA, interpretar sus resultados y, sobre todo, aportar el valor humano que una máquina, por más sofisticada que sea, todavía no puede replicar.

¿DeepSeek reemplazará ciertas tareas humanas? Sí, sin duda. Pero en muchas otras, seguirá siendo una aliada, no un reemplazo. Al final, la clave estará en cómo elegimos usarla.

¿CUÁLES SON LOS RIESGOS DE DEPENDER EXCESIVAMENTE DE MODELOS COMO DEEPSEEK EN LA TOMA DE DECISIONES?

La inteligencia artificial ha pasado de ser un recurso innovador para convertirse en una herramienta habitual en sectores tan diversos como la medicina, la educación, la ciberseguridad y el periodismo. Modelos avanzados como **DeepSeek** han demostrado una capacidad impresionante para analizar grandes volúmenes de datos y ofrecer respuestas estructuradas en cuestión de segundos. Pero aquí surge una pregunta inevitable: **¿qué pasa cuando dependemos demasiado de estas herramientas para tomar decisiones?**

La ilusión de la infalibilidad

Uno de los riesgos más evidentes es asumir que la IA es siempre precisa y confiable. DeepSeek y otros modelos similares funcionan basándose en patrones y probabilidades, no en una comprensión real del mundo. Si bien su rendimiento es asombroso en muchos casos, no está exento de sesgos o errores. Un algoritmo puede reforzar prejuicios preexistentes en los datos de entrenamiento o interpretar mal el contexto de una consulta, lo que podría llevar a decisiones erróneas.

Pensemos en el ámbito financiero, donde cada vez más empresas utilizan IA para evaluar riesgos de inversión o conceder créditos. Si se toma como una verdad absoluta lo que el modelo recomienda, sin intervención humana, podríamos caer en situaciones injustas, como negar un préstamo a alguien que en realidad es solvente, solo porque la IA detectó patrones negativos en su historial sin considerar matices importantes.

El problema de la falta de criterio humano

La IA no tiene intuición ni experiencia personal. Puede analizar datos y ofrecer opciones basadas en lo que ha aprendido, pero no comprende la ética ni el impacto emocional de ciertas decisiones. En áreas como la justicia o la medicina, este es un problema especialmente delicado. ¿Realmente queremos que un algoritmo decida la sentencia de una persona o determine si un paciente necesita una operación urgente sin la supervisión de un profesional?

Delegar en exceso en DeepSeek también podría generar un problema de responsabilidad. Si una empresa toma una decisión errónea basándose en la recomendación de una IA, **¿quién es responsable?** No se puede culpar a la máquina, pero tampoco sería justo que un humano asuma toda la culpa cuando simplemente siguió lo que el modelo sugirió. Esto puede crear una zona gris peligrosa, donde las decisiones parecen objetivas, pero en realidad no tienen a nadie detrás que las respalde con criterio propio.

El riesgo de la dependencia y la pérdida de habilidades

Otro aspecto preocupante es el impacto a largo plazo en nuestra capacidad de análisis y pensamiento crítico. Si acostumbramos a confiar ciegamente en modelos como DeepSeek, podríamos perder la habilidad de evaluar la información por nuestra cuenta. Es lo que ha ocurrido en otros ámbitos con la tecnología: hoy en día, muchas personas dependen completamente del GPS y han perdido la capacidad de orientarse sin un mapa o sin indicaciones automáticas.

Lo mismo podría suceder con la toma de decisiones estratégicas en empresas, la investigación académica o incluso el pensamiento creativo. Si siempre esperamos que la IA nos diga qué hacer, poco a poco podríamos perder la capacidad de cuestionar, analizar y resolver problemas por nuestra cuenta.

El equilibrio es la clave

No se trata de rechazar la inteligencia artificial, sino de saber **cuándo usarla y cuándo es necesario intervenir con criterio humano**. DeepSeek puede ser una herramienta increíblemente útil, pero solo si se utiliza como un complemento, no como un sustituto del juicio humano. La IA puede ayudar a analizar datos, prever tendencias y ofrecer sugerencias, pero la última palabra siempre debe estar en manos de las personas.

La verdadera inteligencia no está en la máquina, sino en **saber cómo aprovecharla sin perder nuestra capacidad de pensar, cuestionar y decidir por nosotros mismos**. La clave está en mantener un equilibrio: aprovechar la potencia de la IA sin caer en la trampa de la dependencia absoluta.

¿HASTA QUÉ PUNTO DEEPSEEK REPRESENTA UN PASO HACIA LA INTELIGENCIA ARTIFICIAL GENERAL?

El desarrollo de modelos avanzados de inteligencia artificial ha generado un debate cada vez más recurrente: **¿hasta qué punto estamos avanzando hacia la inteligencia artificial general (AGI, por sus siglas en inglés)?** En este contexto, DeepSeek se presenta como una tecnología impresionante, capaz de generar texto, responder preguntas complejas y procesar información con una fluidez que hace apenas unos años parecía inalcanzable. Pero, ¿es esto suficiente para hablar de un verdadero paso hacia la AGI?

¿Qué entendemos por inteligencia artificial general?

Antes de responder, conviene aclarar qué significa realmente la AGI. A diferencia de la inteligencia artificial estrecha, que está diseñada para realizar tareas específicas (como traducir idiomas, jugar al ajedrez o analizar datos médicos), la AGI **implica una capacidad de razonamiento y aprendizaje similar a la humana**. No se trata solo de responder preguntas con base en patrones, sino de comprender, adaptar y generar soluciones nuevas en cualquier contexto, sin necesidad de una programación explícita.

La clave de la AGI es la **autonomía cognitiva**: la capacidad de aprender de la experiencia, razonar de manera abstracta, resolver problemas en distintos ámbitos y, en última instancia, tomar decisiones de manera independiente. Y aquí es donde la pregunta se vuelve más interesante: **¿DeepSeek cumple con estos requisitos o sigue siendo una IA avanzada dentro de los límites de la inteligencia artificial estrecha?**

DeepSeek: un modelo potente, pero aún lejos de la AGI

DeepSeek es impresionante en muchos aspectos. Puede procesar enormes cantidades de información en segundos, generar textos con coherencia e incluso responder de manera aparentemente razonada. Sin embargo, en el fondo, sigue operando bajo un esquema basado en patrones y correlaciones estadísticas, no en comprensión real.

Por ejemplo, cuando DeepSeek responde una pregunta compleja, lo hace porque ha analizado grandes volúmenes de datos y ha identificado qué tipo de respuesta es más probable en función del contexto. Pero **no comprende el significado detrás de sus palabras**. No tiene conciencia de lo que dice ni puede generar conocimiento original como lo haría un ser humano.

Un ejemplo práctico: si le pedimos a DeepSeek que escriba un ensayo sobre filosofía existencialista, lo hará con gran precisión, pero no porque "comprenda" a Sartre o a Camus, sino porque ha identificado cómo suelen estructurarse los textos sobre el tema. No hay reflexión propia ni experiencia en su análisis, solo un sofisticado mecanismo de predicción de palabras.

Las barreras que aún nos separan de la AGI

Para que DeepSeek o cualquier otro modelo se acerque realmente a la AGI, tendría que superar varios desafíos fundamentales:

1. **Comprensión profunda del mundo:** la AGI no solo debe procesar información, sino **entender** conceptos de forma similar a un humano. No basta con reconocer patrones; es necesario integrar conocimientos de manera significativa y aplicarlos en contextos nuevos.

2. **Autonomía y razonamiento propio:** DeepSeek no aprende por sí mismo más allá de lo que se ha entrenado. No puede formular hipótesis, probarlas y aprender de sus errores como lo haría un investigador.

3. **Capacidad de adaptación generalizada:** mientras que la AGI debería poder resolver problemas en cualquier dominio, DeepSeek sigue dependiendo de los datos con los que se ha entrenado. No puede trasladar conocimientos de un ámbito a otro con la misma flexibilidad que una mente humana.

4. **Conciencia y subjetividad:** aunque no todos están de acuerdo en que la AGI deba ser consciente, sí es evidente que una IA verdaderamente general debería tener al menos una forma de autoconsciencia funcional para evaluar sus propias respuestas y mejorar sin intervención humana directa.

¿Es DeepSeek un paso hacia la AGI?

En términos de potencia computacional y procesamiento del lenguaje, DeepSeek es sin duda **uno de los modelos más avanzados hasta la fecha**. Representa un progreso importante en la capacidad de la IA para generar respuestas complejas y mejorar la interacción con los humanos. Sin embargo, la distancia entre este tipo de IA y una inteligencia artificial general sigue siendo significativa.

Más que un paso definitivo hacia la AGI, DeepSeek es **una mejora dentro de la inteligencia artificial estrecha**. Es un modelo que permite avances en automatización y optimización de tareas, pero **no piensa, no razona y no entiende el mundo como lo haría un ser humano**.

El futuro de la inteligencia artificial: evolución o revolución

Si bien DeepSeek no es todavía la AGI, sí podría **sentar las bases para el desarrollo de modelos más avanzados**. A medida que la IA evoluciona, es posible que veamos sistemas con mayor autonomía y capacidad de razonamiento, aunque aún estamos lejos de una inteligencia realmente comparable a la humana.

Por ahora, la inteligencia artificial sigue siendo **una herramienta poderosa, pero no un sustituto del pensamiento humano**. La AGI sigue siendo un objetivo a largo plazo, y aunque DeepSeek nos acerca un poco más, **aún queda mucho camino por recorrer antes de que la IA pase de ser una asistente avanzada a una entidad con verdadera inteligencia propia**.

¿CÓMO CAMBIARÁ LA INTERACCIÓN ENTRE HUMANOS Y MÁQUINAS EN LOS PRÓXIMOS AÑOS CON MODELOS COMO DEEPSEEK?

En los últimos años, la forma en que interactuamos con la tecnología ha cambiado drásticamente. Antes, las máquinas eran herramientas pasivas que ejecutaban órdenes precisas, pero con la llegada de modelos de inteligencia artificial como **DeepSeek**, esa relación ha evolucionado hasta un punto en el que la línea entre humano y máquina se vuelve más difusa. Ahora, no solo damos instrucciones, sino que recibimos respuestas con una naturalidad que antes solo imaginábamos en la ciencia ficción.

La gran pregunta es: **¿cómo afectará esta evolución a la manera en que nos comunicamos, trabajamos y dependemos de la inteligencia artificial en los próximos años?**

De asistentes a colaboradores: el cambio de rol de la IA

Hasta hace poco, los asistentes virtuales eran sistemas limitados que respondían con frases predefinidas. Siri, Alexa o Google Assistant, por ejemplo, pueden responder preguntas simples, encender luces o reproducir música, pero su capacidad de comprensión es bastante limitada. Con modelos como DeepSeek, la relación se transforma: la IA ya no es solo una herramienta de apoyo, sino un **colaborador capaz de analizar información compleja, sugerir soluciones y adaptarse al contexto de cada conversación**.

Imaginemos una empresa donde los empleados ya no tengan que buscar información manualmente, sino que puedan dialogar con una IA que les proporcione informes detallados en segundos. O pensemos en un profesor que pueda tener a su disposición una inteligencia artificial capaz de crear materiales personalizados para cada estudiante, adaptando el contenido según sus necesidades y ritmos de aprendizaje. En este nuevo panorama, la IA deja de ser una simple base de datos para convertirse en un socio estratégico en distintas áreas.

El riesgo de la dependencia: ¿dejar de pensar por nosotros mismos?

Este cambio en la interacción tiene enormes ventajas, pero también plantea un riesgo importante: **¿hasta qué punto podemos depender de estos sistemas sin perder nuestra capacidad de análisis y pensamiento crítico?** Con la comodidad de tener respuestas instantáneas, podríamos caer en la trampa de aceptar todo lo que nos dice la IA sin cuestionarlo.

Un ejemplo claro es lo que ocurre con la navegación GPS. Muchas personas confían ciegamente en las indicaciones del sistema sin verificar si realmente tiene sentido la ruta propuesta. Algo similar podría pasar con modelos como DeepSeek: si dejamos que la IA tome decisiones por nosotros sin cuestionar la validez de sus respuestas, podríamos perder autonomía intelectual.

Conversaciones más naturales, pero menos humanas

Otro aspecto clave es el impacto en la comunicación. Con el avance de modelos como DeepSeek, la interacción con las máquinas será cada vez más fluida y natural. No será raro ver **asistentes virtuales en atención al cliente que sean prácticamente indistinguibles de una persona**, o sistemas de IA que escriban correos electrónicos y documentos sin intervención humana.

Sin embargo, esta evolución también plantea un dilema: **¿podría esto afectar nuestras relaciones humanas?** Si cada vez nos comunicamos más con sistemas automatizados, podríamos perder la capacidad de leer emociones, interpretar gestos y desarrollar empatía en conversaciones reales. Al final, no es lo mismo discutir un problema con una IA que con un ser humano que realmente entiende lo que sentimos.

El futuro: un equilibrio entre tecnología y humanidad

No hay duda de que la interacción entre humanos y máquinas cambiará radicalmente en los próximos años. La clave estará en encontrar un equilibrio que nos permita aprovechar al máximo el potencial de la inteligencia artificial sin perder lo que nos hace humanos: **nuestra capacidad de pensar, cuestionar y conectar con los demás de manera emocional y auténtica**.

Modelos como DeepSeek serán herramientas poderosas, pero el verdadero desafío será aprender a usarlas con criterio, sin convertirnos en meros espectadores de la tecnología. En el futuro, la IA no solo responderá nuestras preguntas, sino que también nos planteará nuevas. La cuestión es: **¿estaremos preparados para seguir pensando por nosotros mismos?**

ACTIVIDADES FINALES

ACTIVIDAD 1. VERDADERO O FALSO

1. **DeepSeek es un modelo de inteligencia artificial cerrado y solo puede utilizarse mediante suscripción de pago.**

   Respuesta: falso.

2. **El modo Search de DeepSeek permite acceder a información en tiempo real desde internet.**

   Respuesta: verdadero.

ACTIVIDAD 2. RELACIONAR CONCEPTOS

1. **Une cada término con su descripción correcta.**

   1. DeepSeek-V3

   2. DeepSeek-R1

   3. Modo Search

   4. Código abierto

   5. Aprendizaje profundo (Deep Learning)

Definiciones:

a) Especializado en resolver problemas matemáticos y optimización de código.

b) Permite acceder a información en tiempo real desde internet.

c) Tecnología que permite a DeepSeek entender el lenguaje natural y mejorar con el tiempo.

d) Característica que permite a desarrolladores personalizar y modificar el modelo.

e) Modo estándar para búsquedas generales y generación de texto.

Respuestas:
1 – e
2 – a
3 – b
4 – d
5 – c

ACTIVIDAD 3. RESPONDER CON TUS PALABRAS

1. Menciona tres aplicaciones prácticas de DeepSeek en distintos sectores.

Respuesta:

1. Educación: ayuda a estudiantes y profesores a generar resúmenes, encontrar referencias académicas y traducir textos.

2. Empresas: optimiza la gestión de datos, mejora la atención al cliente con chatbots y facilita la automatización de tareas.

3. Ciberseguridad: permite analizar grandes volúmenes de información para detectar amenazas sin exponer datos sensibles a plataformas externas.

ACTIVIDAD 4. RELACIONAR TÉRMINOS CON DEFINICIONES

1. Une cada concepto con su definición correcta.

1. DeepSeek-R1

2. Mixture of Experts (MoE)

3. Modo Search

4. Aprendizaje profundo

5. Código abierto

Definiciones:

a) Estrategia que permite activar solo los parámetros necesarios en cada tarea.

b) Permite acceder a información en tiempo real desde internet.

c) Tecnología que mejora el análisis de datos a través de redes neuronales avanzadas.

d) Característica que permite a cualquier persona modificar y adaptar el modelo de IA.

e) Especializado en problemas matemáticos y optimización de código.

Respuestas:

1 – e
2 – a
3 – b
4 – c
5 – d

ACTIVIDAD 5. ADIVINANZA–¿DE QUÉ HABLO?

1. **Adivina la palabra relacionada con DeepSeek según la descripción.**

   a) Sin ser un humano, aprendo de ti. Con cada pregunta, me vuelvo más fuerte. ¿Quién soy?

   > (Respuesta: Inteligencia artificial)

   b) No soy un simple buscador, analizo y filtro lo que otros solo muestran. ¿Quién soy?

   > (Respuesta: DeepSeek)

   c) Soy una estrategia inteligente, solo activo lo necesario y ahorro recursos. ¿Quién soy?

   > (Respuesta: Mixture of Experts–MoE)

ACTIVIDAD 6. ORDENAR LETRAS–DESCUBRE LA PALABRA

1. **Ordena las siguientes letras para formar términos relacionados con DeepSeek.**

   a) psdeeek → (Respuesta: DeepSeek)

   b) nligetineica arialicifta → (Respuesta: inteligencia artificial)

   c) azsilairpoc uesqbau → (Respuesta: búsqueda por palabra clave)

   d) oadig eitreub → (Respuesta: código abierto)

   e) **nesiormec ** → (Respuesta: comprensión)

ACTIVIDAD 7. VERDADERO O FALSO

1. **Marca las siguientes afirmaciones como verdaderas (V) o falsas (F).**

   a) DeepSeek solo funciona con consultas en chino y no admite otros idiomas. (F)

   b) La IA de DeepSeek puede filtrar información poco confiable antes de mostrar resultados. (V)

c) DeepSeek-R1 es la versión estándar para realizar búsquedas generales. (F)

d) El modo Search de DeepSeek permite acceder a información en tiempo real. (V)

e) La arquitectura de DeepSeek usa Mixture of Experts (MoE) para optimizar su rendimiento. (V)

ACTIVIDAD 8. RELACIONAR FUNCIONES CON EL USO

1. Relaciona cada función de DeepSeek con su aplicación.

1. DeepSeek-V3

2. DeepSeek-R1

3. Modo Search

4. Código abierto

5. Privacidad del usuario

Aplicaciones:

a) Permite a los desarrolladores personalizar el modelo.

b) Garantiza que los datos personales no sean almacenados sin permiso.

c) Generación de texto y respuestas a preguntas generales.

d) Especializado en matemáticas y optimización de código.

e) Acceso a información actualizada en internet.

Respuestas:
1 – c
2 – d
3 – e
4 – a
5 – b

ACTIVIDAD 9. ADIVINANZA–¿QUIÉN SOY?

1. ¿Quién soy dentro de DeepSeek?

   a) No soy humano, pero te ayudo a encontrar respuestas con rapidez.

          (Respuesta: Inteligencia Artificial)

   b) No soy un motor de búsqueda tradicional, porque te doy respuestas en lugar de enlaces.

          (Respuesta: DeepSeek)

   c) Mi sistema es inteligente, solo activo lo necesario para cada tarea.

          (Respuesta: Mixture of Experts–MoE)

ACTIVIDAD 10. ORDENAR FRASES–ENCUENTRA LA IDEA CORRECTA

1. Ordena las palabras para formar frases relacionadas con DeepSeek.

   a) información / analiza / DeepSeek / respuestas / ofrece

      (Respuesta: DeepSeek analiza información y ofrece respuestas.)

   b) búsqueda / filtra / fiable / información / más / la

      (Respuesta: filtra la información para una búsqueda más fiable.)

   c) usuarios / permite / código / modificar / abierto

      (Respuesta: el código abierto permite modificar DeepSeek.)

ACTIVIDAD 11. RELACIONAR MODELO CON CARACTERÍSTICAS

1. Relaciona el modelo de IA con su característica principal.

    1. DeepSeek

    2. ChatGPT

3. Gemini

4. Claude

5. LLaMA

Características:

a) Modelo de IA enfocado en seguridad y ética.

b) IA de código abierto, optimizada para eficiencia.

c) Integrado con el ecosistema de Google.

d) Popular por sus capacidades conversacionales y generación de texto.

e) IA de código abierto de Meta, adaptable a proyectos de investigación.

Respuestas:
1 – b
2 – d
3 – c
4 – a
5 – e

ACTIVIDAD 12. VERDADERO O FALSO–COMPARANDO IAS

1. Indica si las siguientes afirmaciones son verdaderas (V) o falsas (F)

a) DeepSeek es completamente de código cerrado, similar a ChatGPT. (F)

b) Gemini es un modelo de inteligencia artificial de Google. (V)

c) DeepSeek puede acceder a información en tiempo real mediante su modo Search. (V)

d) Claude es una IA centrada en código abierto y eficiencia de hardware. (F)

e) Mixture of Experts (MoE) permite reducir el consumo de recursos en IA. (V)

ACTIVIDAD 13. ORDENAR CONCEPTOS DE MENOR A MAYOR

1. **Ordena los siguientes modelos de IA de menor a mayor en términos de cantidad total de parámetros.**

   a) LLaMA 2

   b) DeepSeek-R1

   c) DeepSeek-V3

   d) GPT-4

   a) DeepSeek-Coder-V2

Orden correcto:

LLaMA 2 → DeepSeek-R1 → DeepSeek-Coder-V2 → DeepSeek-V3 → GPT-4

TIPO TEST FINAL

1. **¿Qué es DeepSeek?**

   a) Un buscador tradicional basado en enlaces.

   b) **Una inteligencia artificial avanzada para búsqueda y análisis de información.**

   c) Un sistema de almacenamiento en la nube.

2. **¿Cuál es la principal diferencia de DeepSeek con otros motores de búsqueda?**

   a) Funciona exclusivamente con comandos de voz.

   b) No permite búsquedas en internet.

   c) **Comprende el significado de las consultas y organiza la información.**

3. **¿Qué modo de DeepSeek se especializa en resolver problemas matemáticos y optimización de código?**

   a) **DeepSeek-R1**

   b) DeepSeek-V3

   c) Modo Search

4. ¿Qué ventaja ofrece DeepSeek sobre ChatGPT?

a) Mayor capacidad de procesamiento de imágenes.

b) **Código abierto y personalización para desarrolladores.**

c) Solo responde preguntas en inglés.

5. ¿Qué característica tiene la arquitectura de DeepSeek?

a) Utiliza una estructura de búsqueda basada en etiquetas.

b) **Se basa en la arquitectura "Mixture of Experts" (MoE).**

c) Requiere una conexión a internet constante para funcionar.

6. ¿Qué función tiene el modo Search de DeepSeek?

a) **Acceder a información en tiempo real.**

b) Crear gráficos estadísticos automáticamente.

c) Redactar textos sin conexión.

7. ¿Cuál es el propósito principal de DeepSeek?

a) **Facilitar el acceso a información confiable y estructurada.**

b) Eliminar la necesidad de estudiar y aprender.

c) Sustituir los motores de búsqueda tradicionales.

8. ¿Cuál es una de las ventajas del código abierto de DeepSeek?

a) Solo los desarrolladores de la empresa pueden modificarlo.

b) **Cualquiera puede personalizarlo y adaptarlo.**

c) No permite cambios ni mejoras en su funcionamiento.

9. ¿Qué tipo de aprendizaje utiliza DeepSeek para mejorar sus respuestas?

a) **Aprendizaje profundo (Deep Learning).**

b) Aprendizaje manual por cada usuario.

c) No usa aprendizaje, solo muestra resultados estáticos.

10. ¿En qué sectores se puede aplicar DeepSeek?

   a) **Educación, empresas y ciberseguridad.**

   b) Solo en la búsqueda académica.

   c) Solo en redes sociales.

11. ¿Qué hace DeepSeek para mejorar la calidad de sus respuestas?

   a) Copia información sin verificarla.

   b) **Analiza datos y filtra información poco fiable.**

   c) Solo utiliza la información más popular sin validación.

12. ¿Cuál es un beneficio de DeepSeek en la educación?

   a) Permite a los estudiantes obtener respuestas sin esfuerzo.

   b) **Facilita la búsqueda de información relevante y confiable.**

   c) Sustituye a los profesores en las aulas.

13. ¿Qué ventaja tiene DeepSeek para las empresas?

   a) **Mejora la automatización de tareas y la toma de decisiones.**

   b) Permite a los empleados trabajar menos horas.

   c) Sustituye a todos los trabajadores humanos.

14. ¿Cómo garantiza DeepSeek la privacidad del usuario?

   a) **No almacena información innecesaria y permite el uso local.**

   b) Comparte datos con terceros para mejorar la búsqueda.

   c) No tiene medidas de seguridad.

15. ¿Qué ventaja tiene DeepSeek frente a modelos como ChatGPT o Gemini?

   a) **Es más eficiente en el uso de recursos y es de código abierto.**

   b) No requiere entrenamiento previo.

   c) No necesita procesar información para generar respuestas.

16.¿Cómo se diferencia DeepSeek de un motor de búsqueda tradicional?

a) Solo permite búsquedas con palabras clave exactas.

b) **No muestra enlaces, sino que organiza y analiza la información.**

c) No permite acceder a fuentes de datos externas.

17.¿Qué característica tiene DeepSeek-R1?

a) Se centra en la creación de contenido visual.

b) **Está especializado en razonamiento y matemáticas.**

c) Es el modo más básico y sin inteligencia artificial.

18.¿Qué hace el procesamiento de lenguaje natural (PLN) en DeepSeek?

a) **Facilita la interpretación de preguntas y respuestas.**

b) Solo traduce textos sin análisis.

c) Funciona únicamente en inglés.

19.¿Qué ventaja tiene el uso local de DeepSeek?

a) **Mayor privacidad y menor dependencia de servidores externos.**

b) Accede a información más actualizada.

c) No requiere instalación ni configuración.

20.¿Qué sector ha mostrado un gran interés en DeepSeek?

a) Industria del entretenimiento.

b) **Investigación académica y empresarial.**

c) Solo el ámbito militar.

21.¿Qué permite hacer la optimización de DeepSeek en hardware?

a) **Ejecutarlo en dispositivos con menor capacidad de procesamiento.**

b) Hacer que solo funcione en servidores de alta gama.

c) Limitar su uso solo a grandes empresas.

22.¿Cuál es el idioma principal en el que se desarrolló DeepSeek?

a) **Chino e inglés**.

b) Español y francés.

c) Solo en chino.

23.¿Qué permite la arquitectura Mixture of Experts en DeepSeek?

a) **Activar solo los parámetros necesarios, optimizando recursos.**

b) Ejecutar múltiples procesos al mismo tiempo sin limitaciones.

c) Limitar la IA a tareas muy específicas.

24.¿Qué modelo de DeepSeek es más adecuado para búsquedas generales?

a) DeepSeek-R1

b) **DeepSeek-V3**

c) Modo Search

25.¿Cómo ayuda DeepSeek a la ciberseguridad?

a) **Permite analizar grandes volúmenes de datos sin exponer información sensible.**

b) Bloquea automáticamente todos los accesos a internet.

c) No tiene aplicación en ciberseguridad.

26.¿Qué problema resuelve DeepSeek en la investigación académica?

a) **Filtra y organiza grandes cantidades de información relevante.**

b) Escribe artículos completos sin necesidad de fuentes.

c) Elimina la necesidad de investigar manualmente.

27.¿Por qué DeepSeek es útil en la traducción de textos?

a) **Traduce con contexto y mejora la comprensión de términos.**

b) Solo traduce palabra por palabra.

c) No tiene funciones de traducción.

28.¿Cómo contribuye DeepSeek a reducir la brecha digital?

a) **Ofrece acceso a información estructurada sin necesidad de conocimientos técnicos.**

b) Requiere que los usuarios tengan experiencia en programación.

c) Solo está disponible para empresas privadas.

29.¿Cómo se compara DeepSeek con ChatGPT en términos de accesibilidad?

a) **DeepSeek es de código abierto, mientras que ChatGPT es cerrado.**

b) Ambos modelos tienen la misma accesibilidad.

c) ChatGPT es de código abierto y DeepSeek es propietario.

30.¿Qué hace DeepSeek en términos de ética en IA?

a) **Se enfoca en la transparencia y la reducción de sesgos.**

b) No tiene regulaciones en cuanto a ética.

c) Limita su uso solo a usuarios verificados.

RESUMEN

DeepSeek es una inteligencia artificial avanzada diseñada para mejorar la búsqueda y el procesamiento de información. Su tecnología se basa en redes neuronales y aprendizaje profundo, lo que le permite interpretar consultas de manera precisa, filtrar información poco confiable y generar respuestas estructuradas. A diferencia de los motores de búsqueda tradicionales, DeepSeek no solo muestra enlaces, sino que analiza el contenido, extrae datos relevantes y los presenta de forma clara. Su objetivo principal es optimizar el acceso al conocimiento, facilitando la productividad y la toma de decisiones tanto para individuos como para empresas.

El sistema ofrece tres modos de funcionamiento: DeepSeek-V3, orientado a búsquedas generales y generación de texto; DeepSeek-R1, especializado en resolución de problemas matemáticos y optimización de código; y el modo Search, que accede a información en tiempo real desde internet. Su arquitectura se basa en el modelo "Mixture of Experts" (MoE), una estrategia que permite activar solo los parámetros necesarios en cada tarea, reduciendo el consumo de recursos y mejorando la eficiencia en comparación con otros modelos como GPT-4. Gracias a esta optimización, DeepSeek es capaz de competir con modelos cerrados como ChatGPT o Gemini con una inversión menor en infraestructura.

DeepSeek tiene aplicaciones en distintos ámbitos. En educación, ayuda a estudiantes y profesores a analizar textos, generar resúmenes y traducir documentos. En el ámbito empresarial, facilita la automatización de tareas, la gestión de datos y la atención al cliente mediante chatbots inteligentes. También se puede utilizar en la vida cotidiana para planificación de viajes, toma de decisiones financieras o búsqueda de información médica confiable. Además, su código abierto permite a desarrolladores personalizarlo para necesidades específicas, desde la creación de asistentes virtuales hasta la optimización de procesos industriales.

La seguridad y la ética son aspectos centrales en el desarrollo de DeepSeek. Se han implementado medidas para garantizar la privacidad del usuario, evitando la recopilación innecesaria de datos y asegurando la transparencia en los resultados. También se han desarrollado filtros para evitar la difusión de información sesgada o poco confiable. Su enfoque de código abierto democratiza el acceso a la inteligencia artificial, permitiendo que cualquier persona o empresa adapte la tecnología sin depender de modelos cerrados de grandes corporaciones.

A futuro, DeepSeek podría transformar la forma en que se accede y se procesa la información, reduciendo la brecha digital y haciendo la inteligencia artificial más accesible para todos. Su capacidad de adaptación y personalización lo convierten en una alternativa eficiente a los modelos de IA comerciales, abriendo nuevas oportunidades en sectores como la investigación, la ciberseguridad y la automatización empresarial.

GLOSARIO

En el siguiente **glosario** se presentan algunos términos relacionados con **DeepSeek**, la inteligencia artificial y la tecnología de búsqueda avanzada:

▶ **Abstracción en IA**. Capacidad de un modelo para generalizar conceptos a partir de datos específicos.

▶ **Adversarial Training**. Técnica de entrenamiento que mejora la robustez de un modelo ante ataques.

▶ **Algoritmo.** Conjunto de instrucciones que sigue una IA para resolver un problema.

▶ **Alineación de IA**. Proceso para garantizar que un modelo de IA siga objetivos humanos deseados.

▶ **Análisis de sentimientos**. Evaluación automática de opiniones en textos para detectar emociones.

▶ **Anotación de datos**. Etiquetado manual o automático de datos para entrenar modelos de IA.

▶ **API (Application Programming Interface)**. Conjunto de funciones que permiten la comunicación entre sistemas o programas.

▶ **Aprendizaje automático (Machine Learning)**. Método por el cual los sistemas aprenden de datos sin programarse explícitamente.

▶ **Aprendizaje auto-supervisado**. Método donde la IA genera sus propias etiquetas de entrenamiento.

▶ **Aprendizaje basado en refuerzo**. Técnica en la que una IA mejora mediante prueba y error.

▼ **Aprendizaje federado**. Entrenamiento de IA distribuido sin necesidad de compartir datos centrales.

▼ **Aprendizaje incremental**. Capacidad de una IA para actualizarse con nuevos datos sin perder conocimiento previo.

▼ **Aprendizaje por transferencia**. Uso de modelos entrenados previamente para nuevas tareas.

▼ **Aprendizaje profundo (Deep Learning)**. Rama del aprendizaje automático basada en redes neuronales con múltiples capas.

▼ **Aproximación bayesiana**. Técnica estadística usada en IA para actualizar creencias con nuevos datos.

▼ **Arquitectura de modelo**. Diseño de la estructura de redes neuronales en un sistema de IA.

▼ **Atención en IA**. Mecanismo en modelos como DeepSeek que prioriza información relevante en una entrada.

▼ **Autocodificadores.** Modelos que reducen dimensiones de datos manteniendo su información esencial.

▼ **Balanceo de datos**. Ajuste de un conjunto de datos para evitar sesgos en el entrenamiento de IA.

▼ **Bias-Variance Tradeoff**. Equilibrio entre precisión y generalización en modelos de aprendizaje automático.

▼ **Big Data**. Conjunto de datos masivos que requieren procesamiento avanzado.

▼ **Búsqueda semántica**. Tipo de búsqueda que comprende el significado de las palabras, no solo las coincidencias exactas.

▼ **Capa de embeddings**. Componente en redes neuronales que representa palabras en espacios vectoriales.

▼ **Causalidad en IA**. Análisis de relaciones de causa y efecto en modelos de aprendizaje.

▼ **Chatbot.** Programa de IA diseñado para mantener conversaciones con humanos.

▼ **Clasificación de datos**. Proceso en el que DeepSeek organiza información según categorías.

▼ **Cloud Computing**. Tecnología que permite el almacenamiento y procesamiento de datos en la nube.

▼ **Codificación one-hot**. Representación numérica de categorías en IA para facilitar su procesamiento.

▼ **Compresión de modelos**. Reducción del tamaño de una IA para mejorar su eficiencia sin perder precisión.

▼ **Contexto en PLN**. Capacidad de una IA para interpretar el significado de palabras según el entorno en el que aparecen.

▼ **Corpus lingüístico**. Conjunto extenso de textos utilizados para entrenar modelos de PLN.

▼ **Cuantización de modelos**. Técnica para reducir el tamaño de modelos de IA sacrificando precisión mínima.

▼ **Data Augmentation**. Método para generar más datos sintéticos y mejorar el entrenamiento de IA.

▼ **Datos estructurados**. Información organizada en formatos definidos, como bases de datos.

▼ **Datos no estructurados**. Información en formatos no organizados, como textos o imágenes.

▼ **DeepSeek**. Modelo de inteligencia artificial avanzado para procesamiento y búsqueda de información.

▼ **DeepSeek NLP**. Tecnología de procesamiento de lenguaje natural aplicada en DeepSeek.

▼ **DeepSeek Search**. Función de DeepSeek enfocada en realizar búsquedas inteligentes.

▼ **Desambiguación.** Proceso mediante el cual la IA resuelve el significado de palabras con múltiples interpretaciones.

▼ **Descomposición en valores singulares (SVD)**. Técnica de reducción de dimensiones en aprendizaje automático.

▼ **Embedding contextualizado**. Representación de palabras que cambia según el contexto en un texto.

▼ **Embeddings.** Representación matemática de palabras o frases que facilita su análisis por parte de la IA.

▼ **Encoders y decoders**. Componentes en IA que procesan y generan secuencias de datos.

▼ **Entrenamiento de IA**. Proceso en el que los modelos aprenden a partir de grandes volúmenes de datos.

▰ **Escalabilidad de IA**. Capacidad de un modelo para manejar grandes volúmenes de datos sin pérdida de rendimiento.

▰ **Esquema de atención jerárquico**. Mecanismo en modelos de IA para procesar texto en distintos niveles de importancia.

▰ **Evaluación automática**. Métodos para medir la calidad de respuestas generadas por IA sin intervención humana.

▰ **Exploración de datos**. Análisis preliminar para entender patrones en los datos.

▰ **Exploración-explotación.** Estrategia en aprendizaje por refuerzo para equilibrar la innovación y la optimización.

▰ **Feature Engineering**. Selección y transformación de variables para mejorar el rendimiento de un modelo de IA.

▰ **Fenómeno del valle de la extrañeza**. Sensación de incomodidad cuando una IA imita demasiado bien el comportamiento humano.

▰ **Fine-Tuning.** Ajuste final de un modelo de IA sobre datos específicos para mejorar su rendimiento en una tarea concreta.

▰ **Generación de lenguaje natural (NLG)**. Capacidad de una IA para crear textos coherentes y comprensibles.

▰ **Generalización en IA**. Capacidad de un modelo para aplicarse a datos nuevos sin sobreajustarse a los datos de entrenamiento.

▰ **GPT (Generative Pre-trained Transformer)**. Arquitectura de IA que permite generar texto de manera natural.

▰ **Gradiente descendente**. Algoritmo de optimización clave en el entrenamiento de redes neuronales.

▰ **Gramáticas formales**. Reglas estructurales utilizadas en PLN para modelar el lenguaje.

▰ **Hiperparámetros.** Variables de un modelo de IA que afectan su entrenamiento y rendimiento.

▰ **IA explicable (XAI)**. Modelos diseñados para que sus decisiones sean comprensibles por humanos.

▰ **IA Generativa**. Inteligencia artificial capaz de crear contenido nuevo, como textos, imágenes o código.

▰ **Indexación.** Proceso mediante el cual un motor de búsqueda organiza la información para recuperarla más rápido.

▶ **Indexación semántica latente (LSI)**. Técnica para mejorar la recuperación de información en motores de búsqueda.

▶ **Inferencia causal**. Estudio en IA sobre cómo ciertos eventos influyen en otros.

▶ **Inferencia de IA**. Aplicación de un modelo entrenado para hacer predicciones o responder consultas.

▶ **Integración de datos**. Proceso de combinar información de distintas fuentes para mejorar las respuestas de DeepSeek.

▶ **Inteligencia artificial (IA)**. Campo de estudio que busca desarrollar sistemas capaces de realizar tareas humanas.

▶ **Interfaz de programación (API)**. Canal que permite la comunicación entre DeepSeek y otras aplicaciones.

▶ **Interfaz de usuario (UI)**. Elemento visual que permite la interacción con un sistema de IA.

▶ **Interpolación vs extrapolación**. Diferencia entre predecir dentro o fuera del rango de entrenamiento de IA.

▶ **Interpretabilidad de modelos**. Capacidad de entender cómo y por qué un modelo de IA toma ciertas decisiones.

▶ **JSON (JavaScript Object Notation)**. Formato de intercambio de datos utilizado en IA y APIs.

▶ **Jupyter Notebook**. Entorno interactivo usado para programar y entrenar modelos de IA.

▶ **Kernel de búsqueda**. Núcleo del motor de búsqueda que filtra y procesa información relevante.

▶ **Knowledge Graph**. Representación estructurada del conocimiento que ayuda a DeepSeek a entender conceptos.

▶ **Latencia**. Tiempo de respuesta que tarda DeepSeek en procesar y devolver resultados.

▶ **Lemmatización**. Proceso de reducción de palabras a su forma base para mejorar búsquedas.

▶ **Lenguaje de marcado semántico**. Formatos que facilitan la interpretación de datos estructurados en IA.

▶ **Lenguaje natural**. Forma de comunicación humana que DeepSeek debe interpretar y procesar.

▶ **Limitaciones computacionales**. Restricciones en hardware o tiempo que afectan el entrenamiento de modelos.

▶ **Lógica difusa**. Enfoque matemático que permite manejar incertidumbre en los modelos de IA.

▶ **Machine Learning Ops (MLOps)**. Práctica de gestionar y automatizar modelos de aprendizaje automático.

▶ **Memoria en redes neuronales**. Capacidad de ciertos modelos para recordar información a largo plazo.

▶ **Métrica de evaluación**. Indicadores que miden el rendimiento de un modelo de IA.

▶ **Modelo autorregresivo**. Algoritmo en IA que predice elementos basándose en datos previos de una secuencia.

▶ **Modelo de lenguaje**. Sistema de IA entrenado para entender y generar texto.

▶ **Modelo de Markov**. Enfoque probabilístico usado en IA para modelar secuencias de datos.

▶ **Modelo generativo vs discriminativo**. Diferencia entre modelos que crean datos y los que clasifican datos existentes.

▶ **Motor de búsqueda**. Software que recupera información de bases de datos o la web.

▶ **Multimodalidad.** Capacidad de DeepSeek para procesar múltiples tipos de datos (texto, imágenes, voz).

▶ **Named Entity Recognition (NER)**. Tecnología que identifica entidades (lugares, nombres, fechas) en textos.

▶ **Normalización batch**. Técnica que mejora el rendimiento y estabilidad del entrenamiento de redes neuronales.

▶ **Normalización de datos**. Ajuste de datos para mejorar su interpretación por parte de IA.

▶ **OCR (Reconocimiento Óptico de Caracteres)**. Tecnología que convierte imágenes de texto en datos digitales.

▶ **Ontología.** Representación estructurada del conocimiento dentro de un dominio.

▶ **Operadores de búsqueda**. Comandos usados para refinar resultados en motores como DeepSeek.

▶ **Optimización basada en gradientes**. Método matemático usado para ajustar parámetros de IA durante el aprendizaje.

▼ **Optimización de consultas**. Mejora de búsquedas para obtener respuestas más precisas.

▼ **Overfitting**. Problema en IA donde un modelo se ajusta demasiado a los datos de entrenamiento y pierde capacidad predictiva.

▼ **Pipeline de datos**. Flujo de procesamiento de información en un sistema de IA.

▼ **PLN (Procesamiento del Lenguaje Natural)**. Rama de la IA que permite a los sistemas entender texto humano.

▼ **Ponderación de parámetros**. Asignación de valores a diferentes elementos en un modelo de IA.

▼ **Preentrenamiento de modelos**. Fase en la que una IA aprende conocimientos generales antes de especializarse en una tarea.

▼ **Prompt Engineering**. Técnica para optimizar las instrucciones dadas a un modelo de IA generativa.

▼ **Propagación hacia adelante**. Proceso mediante el cual una red neuronal procesa datos de entrada hasta la salida.

▼ **Propagación hacia atrás**. Algoritmo que ajusta pesos en redes neuronales para minimizar errores.

▼ **Ranking de resultados**. Ordenación de respuestas según su relevancia en DeepSeek.

▼ **Reconocimiento de patrones**. Identificación de estructuras en datos para mejorar predicciones.

▼ **Red convolucional**. Tipo de red neuronal especializada en procesar imágenes y datos espaciales.

▼ **Red recurrente**. Arquitectura de IA que maneja datos secuenciales, como texto o series temporales.

▼ **Redes neuronales**. Modelos de IA inspirados en el cerebro humano para procesar información.

▼ **Refinamiento de respuestas**. Ajuste de resultados para mejorar su precisión y utilidad.

▼ **Regresión en IA**. Técnica utilizada para predecir valores numéricos a partir de datos.

▼ **Regularización en IA**. Técnicas para prevenir el sobreajuste en modelos de aprendizaje automático.

▶ **Representación latente**. Estructura interna de datos en modelos de IA que captura características ocultas.

▶ **Resampling de datos**. Técnicas para equilibrar conjuntos de datos en el entrenamiento de modelos.

▶ **Retroalimentación en IA**. Uso de datos de salida para mejorar el rendimiento de un modelo.

▶ **Segmentación de texto**. División de un documento en frases, párrafos o secciones para mejorar el análisis.

▶ **Selección de características**. Proceso de identificar las variables más relevantes para entrenar una IA.

▶ **Sesgo algorítmico**. Distorsión en los resultados de IA debido a datos de entrenamiento sesgados.

▶ **Sesgo en datos**. Distorsión en los conjuntos de datos que puede afectar la imparcialidad de la IA.

▶ **Similitud de coseno**. Método para medir la relación entre dos textos en modelos de búsqueda.

▶ **Sinónimos en búsqueda**. Expansión de consultas para incluir términos equivalentes y mejorar resultados.

▶ **Sparse vs Dense Representation**. Diferencia entre representaciones de datos dispersas y compactas en IA.

▶ **Stochastic Gradient Descent (SGD)**. Variación del gradiente descendente utilizada para mejorar la velocidad de entrenamiento.

▶ **Submuestreo de datos**. Reducción intencional del tamaño de un conjunto de datos para mejorar la eficiencia.

▶ **Sumarización automática**. Capacidad de una IA para generar resúmenes concisos de textos largos.

▶ **Taxonomía de datos**. Clasificación jerárquica de la información en DeepSeek.

▶ **Temperatura en generación de texto**. Parámetro que controla la creatividad de una IA al generar respuestas.

▶ **Tokenización.** Proceso de dividir un texto en unidades más pequeñas para su análisis.

▶ **Traducción automática**. Uso de IA para convertir textos entre idiomas en tiempo real.

▸ **Transformaciones de datos**. Modificaciones realizadas a los datos para mejorar su procesamiento en IA.

▸ **Transformers.** Tipo de modelo de IA usado en DeepSeek para comprender contexto y significado.

▸ **Truncamiento de secuencias**. Reducción de textos largos para ajustarlos a modelos de IA con límites de entrada.

▸ **Umbral de confianza**. Nivel de seguridad que debe alcanzar un modelo para considerar una respuesta válida.

▸ **Vectorización de texto**. Conversión de palabras en representaciones numéricas para su análisis.

▸ **Visualización de datos**. Presentación gráfica de información extraída por DeepSeek.

▸ **Web Scraping**. Extracción automatizada de datos de sitios web.

▸ **Weighting de términos**. Asignación de importancia a palabras clave en una búsqueda.

▸ **XML (Extensible Markup Language)**. Formato de estructuración de datos en motores de búsqueda.

▸ **Zero-shot Learning**. Habilidad de DeepSeek para responder preguntas sin haber sido entrenado explícitamente en ellas.

SÍGUENOS EN INSTAGRAM Y ACCEDE GRATIS A NUESTRA BIBLIOTECA DIGITAL DURANTE 30 DÍAS.

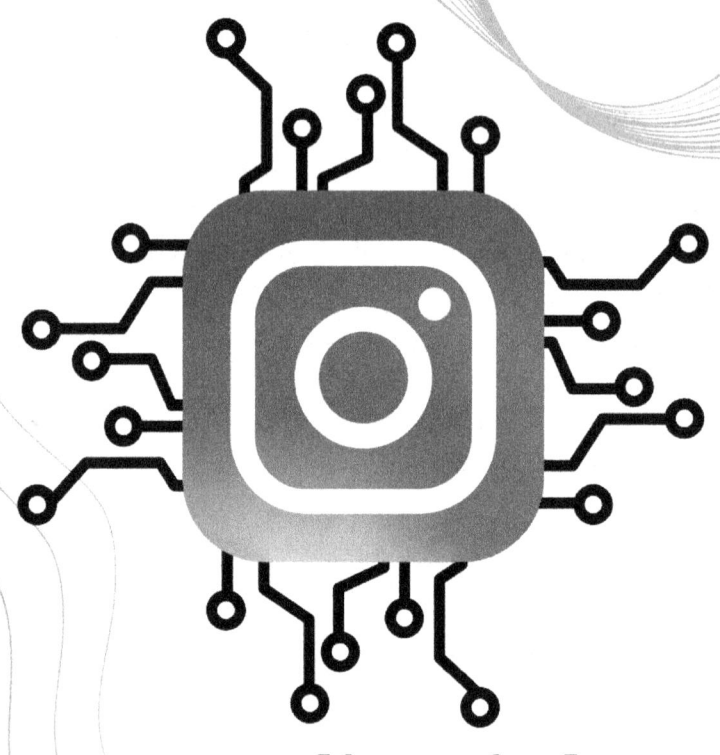

@grupoeditorialrama

¡ENVIANOS TU MAIL POR PRIVADO!

Grupo Editorial
ra-ma

40 ANIVERSARIO